《蘇州全書》編纂出版委員會 編

·禮說

蘇州全書

甲編

古吳軒出版社
蘇州大學出版社

圖書在版編目（CIP）數據

禮説 / (清) 惠士奇撰 . -- 蘇州 : 古吳軒出版社 :
蘇州大學出版社 , 2024.6
（蘇州全書）
ISBN 978-7-5546-2336-7

Ⅰ. ①禮… Ⅱ. ①惠… Ⅲ. ①《周禮》—研究 Ⅳ.
① K224.06

中國國家版本館 CIP 數據核字（2024）第 064849 號

責任編輯 黄菲菲
助理編輯 黄超群
裝幀設計 周　晨　李　璇
責任校對 戴玉婷

書　　名 禮説
撰　　者 〔清〕惠士奇
出版發行 古吳軒出版社
地址：蘇州市八達街118號蘇州新聞大厦30F　電話：0512-65233679
蘇州大學出版社
地址：蘇州市十梓街1號　電話：0512-67480030
印　　刷 常州市金壇古籍印刷廠有限公司
開　　本 889 × 1194　1/16
印　　張 49.75
版　　次 2024 年 6 月第 1 版
印　　次 2024 年 6 月第 1 次印刷
書　　號 ISBN 978-7-5546-2336-7
定　　價 340.00 元

《蘇州全書》編纂工程

總主編

劉小濤　吳慶文

學術顧問

（按姓名筆畫爲序）

王　芳　王　宏　王　堯　王　鍔　王紅蕾　王華寶　王爲松　王衛平
王餘光　王鍾陵　朱棟霖　朱誠如　任　平　全　勤　江慶柏　江澄波
汝　信　阮儀三　杜澤遜　李　捷　吳　格　吳永發　何建明　言恭達
沈坤榮　沈燮元　武秀成　范小青　范金民　茅家琦　周　秦　周少川
周國林　周勛初　周新國　胡可先　胡曉明　姜　濤　姜小青　韋　力
姚伯岳　馬亞中　袁行霈　華人德　莫礪鋒　徐　俊　徐　海　徐　雁
徐惠泉　徐興無　唐力行　陸振嶽　陸儉明　陳子善　陳正宏　陳尚君
陳紅彥　陳廣宏　黃愛平　黃顯功　崔之清　張乃格　張志清　張伯偉
張海鵬　葉繼元　葛劍雄　單霽翔　程章燦　程毅中　喬治忠　鄔書林
賀雲翱　詹福瑞　趙生群　廖可斌　熊月之　樊和平　劉　石　劉躍進
閻曉宏　錢小萍　戴　逸　韓天衡　嚴佐之　顧　薌

《蘇州全書》編纂出版委員會

前言

中華文明源遠流長，文獻典籍浩如烟海。這些世代累積傳承的文獻典籍，是中華民族生生不息的文脉和根基。蘇州作爲首批國家歷史文化名城，素有『人間天堂』之美譽。自古以來，這裏的人民憑藉勤勞和才智，創造了極爲豐厚的物質財富和精神文化財富，使蘇州不僅成爲令人嚮往的『魚米之鄉』，更是實至名歸的『文獻之邦』，爲中華文明的傳承和發展作出了重要貢獻。

蘇州被稱爲『文獻之邦』由來已久，早在南宋時期，就有『吴門文獻之邦』的記載。宋代朱熹云：『文，典籍也；獻，賢也。』蘇州文獻之邦的地位，是歷代先賢積學修養、劬勤著述的結果。明人歸有光《送王汝康會試序》云：『吴爲人材淵藪，文字之盛，甲於天下。』朱希周《長洲縣重修儒學記》亦云：『吴中素稱文獻之邦，蓋子游之遺風在焉，士之嚮學，固其所也。』《江蘇藝文志·蘇州卷》收録自先秦至民國蘇州作者一萬餘人，著述達三萬二千餘種，均占江蘇全省三分之一强。古往今來，蘇州曾引來無數文人墨客駐足流連，留下了大量與蘇州相關的文獻。時至今日，蘇州仍有約百萬册的古籍留存，入選『國家珍貴古籍名録』的善本已達三百一十九種，位居全國同類城市前列。其中的蘇州鄉邦文獻，歷宋元明清，涵經史子集，寫本刻本，交相輝映。此外，散見於海内外公私藏家的蘇州文獻更是不可勝數。它們載録了數千年傳統文化的精華，也見證了蘇州曾經作爲中國文化中心城市的輝煌。

蘇州文獻之盛得益於崇文重教的社會風尚。春秋時代，常熟人言偃就北上問學，成爲孔子唯一的南方弟子。歸來之後，言偃講學授道，文開吴會，道啓東南，被後人尊爲『南方夫子』。西漢時期，蘇州人朱買臣負薪讀書，穹窿山中至今留有其『讀書臺』遺迹。兩晉六朝，以『顧陸朱張』爲代表的吴郡四姓涌現出大批文士，在不少學科領域都貢獻卓著。及至隋唐，蘇州大儒輩出，《隋書·儒林傳》十四人入傳，其中籍貫吴郡者二人；《舊唐書·儒學傳》三十四人入正傳，其中籍貫吴郡（蘇州）者五人。文風之盛可見一斑。北宋時期，范仲淹在家鄉蘇州首創州學，並延名師胡瑗等人教授生徒，此後縣學、書院、社學、義學等不斷興建，蘇州文化教育日益發展。故明人徐有貞云：『論者謂吾蘇也，郡甲天下之郡，學甲天下之學，人才甲天下之人才，偉哉！』在科舉考試方面，蘇州以鼎甲萃集爲世人矚目，清初汪琬曾自豪地將狀元稱爲蘇州的土産之一，有清一代蘇州狀元多達二十六位，占全國的近四分之一，由此而被譽爲『狀元之鄉』。近現代以來，蘇州在全國較早開辦新學，發展現代教育，涌現出顧頡剛、葉聖陶、費孝通等一批大師巨匠。中華人民共和國成立後，社會主義文化教育事業蓬勃發展，蘇州英才輩出、人文昌盛，文獻著述之富更勝於前。

蘇州文獻之盛受益於藏書文化的發達。蘇州藏書之風舉世聞名，千百年來盛行不衰，具有傳承歷史長、收藏品質高、學術貢獻大的特點，無論是卷帙浩繁的圖書還是各具特色的藏書樓，以及延綿不絶的藏書傳統，都成爲中華文化重要的組成部分。據統計，蘇州歷代藏書家的總數，高居全國城市之首。南朝時期，蘇州就出現了藏書家陸澄，藏書多達萬餘卷。明清兩代，蘇州藏書鼎盛，絳雲樓、汲古閣、傳是樓、百宋一廛、藝芸書舍、鐵琴銅劍樓、過雲樓等藏書樓譽滿海内外，彙聚了大量的珍貴文獻，對古代典籍的收藏保護厥功至偉，亦於文獻校勘、整理裨益甚巨。《舊唐書》自宋至明四百多年間已難以考覓，直至明嘉靖十七年（一五三八），聞人詮在蘇州爲官，搜討舊籍，方從吴縣王延喆家得《舊唐書》『紀』和『志』部分，從長洲張汴家得《舊唐書》『列傳』部分，『遺籍俱出宋時模板，旬月之間，二美璧合』，于是在蘇州府學中槧刊，《舊唐書》自此得以彙而成帙，復行於世。清代嘉道年間，蘇州黄丕烈和顧廣圻均爲當時藏書名家，且善校書，『黄跋顧校』在中國文獻史上影響深遠。

蘇州文獻之盛也獲益於刻書業的繁榮。蘇州是我國刻書業的發祥地之一，早在宋代，蘇州的刻書業已經發展到了相當高的水平，至今流傳的杜甫、李白、韋應物等文學大家的詩文集均以宋代蘇州官刻本爲祖本。宋元之際，蘇州磧砂延聖院還主持刊刻了中國佛教史上著名的《磧砂藏》。明清時期，蘇州成爲全國的刻書中心，所刻典籍以精善享譽四海，明人胡應麟有言：『凡刻之地有三，吴也、越也、閩也。』他認爲『其精，吴爲最』，『其直重，吴爲最』。又云：『余所見當今刻本，蘇常爲上，金陵次之，杭又次之。』清人金埴論及刻書，仍以胡氏所言三地爲主，則謂『吴門爲上，西泠次之，白門爲下』。明代私家刻書最多的汲古閣、清代坊間刻書最多的掃葉山房均爲蘇州人創辦，晚清時期頗有影響的江蘇官書局也設於蘇州。據清人朱彝尊記述，汲古閣主人毛晉『力搜秘册，經史而外，百家九流，下至傳奇小説，廣爲鏤版，由是毛氏鋟本走天下』。由於書坊衆多，蘇州還產生了書坊業的行會組織崇德公所。明清時期，蘇州刻書數量龐大，品質最優，裝幀最爲精良，爲世所公認，國内其他地區不少刊本也都冠以『姑蘇原本』，其傳播遠及海外。

蘇州傳世文獻既積澱着深厚的歷史文化底藴，又具有穿越時空的永恒魅力。從范仲淹的『先天下之憂而憂，後天下之樂而樂』，到顧炎武的『天下興亡，匹夫有責』，這種胸懷天下的家國情懷，早已成爲中華民族精神的重要組成部分，傳世留芳，激勵後人。南朝顧野王的《玉篇》，隋唐陸德明的《經典釋文》、陸淳的《春秋集傳纂例》等均以實證明辨著稱，對後世影響深遠。明清時期，馮夢龍的《喻世明言》《警世通言》《醒世恒言》，在中國文學史上掀起市民文學的熱潮，具有開創之功。吴有性的《温疫論》、葉桂的《温熱論》，開温病學研究之先河。蘇州文獻中蘊含的求真求實的嚴謹學風、勇開風氣之先的創新精神，已經成爲一種文化基因，融入了蘇州城市的血脉。不少蘇州文獻仍具有鮮明的現實意義。明代費信的《星槎勝覽》，是記載歷史上中國和海上絲綢之路相關國家交往的重要文獻。鄭若曾的《籌海圖編》和徐葆光的《中山傳信録》，爲釣魚島及其附屬島嶼屬於中國固有領土提供了有力證據。魏良輔的《南詞引正》、嚴澂的《松絃館琴譜》、計成的《園冶》，分别是崑曲、古琴及園林營造的標志性成果，這些藝術形式如今得以名列世界文化遺産，與上述名著的嘉惠滋養密不可分。

維桑與梓，必恭敬止；文獻流傳，後生之責。蘇州先賢向有重視鄉邦文獻整理保護的傳統。方志編修方面，范成大《吴郡志》爲方志創體，其後名志迭出，蘇州府縣志、鄉鎮志、山水志、寺觀志、人物志等數量龐大，構成相對完備的志書系統。地方總集方面，南宋鄭虎臣輯《吴都文粹》、明錢穀輯《吴都文粹續集》、清顧沅輯《吴郡文編》先後相繼，收羅宏富，皇皇可觀。常熟、太倉、崑山、吴江諸邑，周莊、支塘、木瀆、甪直、沙溪、平望、盛澤等鎮，均有地方總集之編。及至近現代，丁祖蔭彙輯《虞山叢刻》《虞陽説苑》，柳亞子等組織『吴江文獻保存會』，爲搜集鄉邦文獻不遺餘力。江蘇省立蘇州圖書館於一九三七年二月舉行的『吴中文獻展覽會』規模空前，展品達四千多件，並彙編出版吴中文獻叢書。然而，由於時代滄桑，圖書保藏不易，蘇州鄉邦文獻中『有目無書』者不在少數。同時，囿於多重因素，蘇州尚未開展過整體性、系統性的文獻整理編纂工作，許多文獻典籍仍處於塵封或散落狀態，没有得到應有的保護與利用，不免令人引以爲憾。

進入新時代，黨和國家大力推動中華優秀傳統文化的創造性轉化和創新性發展。習近平總書記强調，要讓收藏在博物館裏的文物、陳列在廣闊大地上的遺産、書寫在古籍裏的文字都活起來。二〇二二年四月，中共中央辦公廳、國務院辦公廳印發《關於推進新時代古籍工作的意見》，確定了新時代古籍工作的目標方向和主要任務，其中明確要求『加强傳世文獻系統性整理出版』。盛世修典，賡續文脉，蘇州文獻典籍整理編纂正逢其時。二〇二二年七月，中共蘇州市委、蘇州市人民政府作出編纂《蘇州全書》的重大决策，擬通過持續不斷努力，全面系統整理蘇州傳世典籍，着力開拓研究江南歷史文化，編纂出版大型文獻叢書，同步建設全文數據庫及共享平臺，將其打造爲彰顯蘇州優秀傳統文化精神的新陣地，傳承蘇州文明的新標識，展示蘇州形象的新窗口。

『睹喬木而思故家，考文獻而愛舊邦。』編纂出版《蘇州全書》，是蘇州前所未有的大規模文獻整理工程，是不負先賢、澤惠後世的文化盛事。希望藉此系統保存蘇州歷史記憶，讓散落在海内外的蘇州文獻得到挖掘利用，讓珍稀典籍化身千百，成爲認識和瞭解蘇州發展變遷的津梁，並使其中藴含的積極精神得到傳承弘揚。

觀照歷史，明鑒未來。我們沿着來自歷史的川流，承荷各方的期待，自應負起使命，砥礪前行，至誠奉獻，讓文化薪火代代相傳，並在守正創新中發揚光大，爲推進文化自信自强、豐富中國式現代化文化内涵貢獻蘇州力量。

《蘇州全書》編纂出版委員會

二〇二二年十二月

凡例

一、《蘇州全書》（以下簡稱『全書』）旨在全面系統收集整理和保護利用蘇州地方文獻典籍，傳播弘揚蘇州歷史文化，推動中華優秀傳統文化傳承發展。

二、全書收録文獻地域範圍依據蘇州市現有行政區劃，包含蘇州市各區及張家港市、常熟市、太倉市、崑山市。

三、全書着重收録歷代蘇州籍作者的代表性著述，同時適當收録流寓蘇州的人物著述，以及其他以蘇州爲研究對象的專門著述。

四、全書按收録文獻内容分甲、乙、丙三編。每編酌分細類，按類編排。

（一）甲編收録一九一一年及以前的著述。一九一二年至一九四九年間具有傳統裝幀形式的文獻，亦收入此編。按經、史、子、集四部分類編排。

（二）乙編收録一九一二年至二〇二一年間的著述。按哲學社會科學、自然科學、綜合三類編排。

（三）丙編收録就蘇州特定選題而研究編著的原創書籍。按專題研究、文獻輯編、書目整理三類編排。

五、全書出版形式分影印、排印兩種。甲編書籍全部采用繁體竪排；乙編影印類書籍，字體版式與原書一致；乙編排印類書籍和丙編書籍，均采用簡體横排。

六、全書影印文獻每種均撰寫提要或出版説明一篇，介紹作者生平、文獻内容、版本源流、文獻價值等情況。影印底本原有批校、題跋、印鑒等，均予保留。底本有漫漶不清或缺頁者，酌情予以配補。

七、全書所收文獻根據篇幅編排分册，篇幅適中者單獨成册，篇幅較大者分爲序號相連的若干册，篇幅較小者按類型相近原則數種合編一册。數種文獻合編一册以及一種文獻分成若干册的，頁碼均連排。各册按所在各編下屬細類及全書編目順序編排序號。

禮說

〔清〕惠士奇 撰

據中國國家圖書館藏清紅豆齋刻本影印。

提要

《禮説》十四卷，清惠士奇撰。

惠士奇（一六七一—一七四一），字天牧，一字仲孺，晚自號半農，人稱紅豆先生。清吳縣人。惠周惕次子。康熙四十八年（一七〇九）進士，選庶吉士，授編修，官至翰林院侍講學士。少即力學，博通六藝，盛年兼治經史，晚年尤邃於經學。著有《易説》《春秋説》《半農先生集》等。

《禮説》爲考證《周禮》之專著。卷一、卷二天官，卷三至卷五地官，卷六至卷九春官，卷十、卷十一夏官，卷十二、卷十三秋官，卷十四考工記。是書不録《周禮》原文，惟依經文次序，標舉各篇下所考證辨駁者計三百八十一條，一一爲之説解，《四庫全書總目》謂其『於古音古字，皆爲之分别疏通，使無疑似，復援引諸史百家之文，或以證明周制，或參考鄭氏所引之漢制以遞求周制，因各闡其制作之深意』。

惠士奇家傳漢學，江聲稱其著述『皆淵博典核，融洽漢經師之説，而通貫乎群經』。所撰《禮説》，力矯空談之弊，以訓詁考據探索禮之源流，頗多精義，後之治《禮》者多崇其説。《四庫全書總目》謂其雖間有拘泥古義、蔓衍附會之處，但『徵引博而皆有本原，辨論繁而悉有條理』『在近時説《禮》之家，其持論最有根柢』。阮元亦『服其精博無比』，并稱《周禮》賈公彦疏『于諸子百家之單詞精義，以及文字之假借，音讀之異同，漢制之存亡，漢注之奧義，皆未能疏證發明之』，而《禮説》『實足補賈氏之所未及』。（見《揅經室集》一集卷十一《惠半農先生禮説序》）

《禮説》有清紅豆齋刻本、清嘉庆三年（一七九八）蘭陔書屋刻本、《四庫全書》本、《璜川吳氏經學叢書》

本、《皇清經解》本等。本次影印以中國國家圖書館藏清紅豆齋刻本爲底本，此爲該書之初刻本，原書框高十九厘米，廣十四・八厘米。總目前有校閲姓氏，列參與其事者及雖謝世已久但曾在門墻獲窺著述者，計七百五十八人人之姓名籍貫等。

禮說 卷壹

四慶堂

半農先生禮說

紅豆齋藏板

在姑蘇虎邱右首萃古堂發兑

校閱姓氏　凡與茲役咸屬品題雖受業居多不別爲縞紵至高山在望麗澤相資長貴不挾隨筆著錄實同人之志也中有謝世已久而曾在門墻獲窺著述亦闕錄之

許方遂　揚雲　丙子　番禺　知縣
衞廷璞　筠園　癸卯　番禺　御史
詹良弼　敬甫　丁未　饒平　教授
胡定　靜園　癸丑　保昌　御史
張重光　曉巖　歲貢　新會　御史
楊黼時　遜庭　丙辰　大埔　編修
莫世忠　健輝　丁巳　高明　庶常
梁無技　南樵　歲貢　番禺
羅國器　躍劍　丙午元　順德

許登庸　[redacted]　乙未　揭陽　知縣
李直　敬夫　丁未　嘉應　檢討
辛昌五　北村　癸丑　順德　檢討
邱玖華　陶甫　癸丑　嘉應　御史
饒鳴鎬　鳳軒　癸丑　大埔　知府
歐堪善　眘菴　丁巳　樂昌　編修
馮成修　達天　己未　南海　庶常
佘錫純　語山　歲貢　順德　訓導
何夢瑶　贊調　庚戌　南海　知縣

何如澄 建則 癸丑 南海 知縣
張　昞 宜東 辛卯 大埔 教諭
李　炳 采作 戊子 南海 教諭
殷　瑞 [redacted] 癸丑 東莞 侍衛
鄭之僑 [redacted] 丁巳 [redacted] 知縣
梁連元 鴻溪 庚戌 順德
梁聯德 恒峯 丁未 茂名 知縣
謝仲坑 孔六 癸卯元 陽春 知縣
蘇　漁 芸軒 甲辰 順德
謝國史 孟載 庚戌 澄海 知縣
何仍樫 赤木 歲貢 香山 訓導
蕭系尹 最任 癸卯 嘉應 教授
胡宗發 孝則 乙卯 山陰
蘇兆龍 呂載 丙辰 番禺
曹　憒 萬爲 癸卯 保昌
郭曰槐 調遠 癸丑 三水
李顯祖 鍾麓 癸丑 番禺 知縣
簡　觀 式三 壬子 順德 教諭
尹報遠 光錫 戊子 東莞 教諭
梁　衡 斯任 甲午 海陽 知縣
張世錢 以青 戊子 教諭
胡斯盛 校勤 己未 順德 教授

鄭叶梅 汝孝 癸巳 順德 教諭　關廷相 嵩生 癸巳 順德 教諭
李元士 作玉 歲貢 番禺　衛德應 同侶 丁巳 番禺
佘聖言 介侯 甲辰 海豐 主事　李瑜 [redacted] 庚戌 大埔 知州
黃冏 協牙 乙卯 南海　陳應華 謙光 恩貢 順德
羅喬 伯賓 庠生 順德　何霖 小山 歲貢 新會
陳世和 聖取 拔貢 順德 縣丞　王定九 乾用 戊午元 海康
吳世忠 仲坡 庠生 南海　陳是集 翰朝 癸卯 南海
麥巒 翠嶺 庠生 香山　龔朝伸 菉園 歲貢 四會 訓導
查廷瑤 [redacted] 監生 休寧　翁玉章 元通 乙卯 順德
梁善長 崇一 己未 順德　韓海 橋村 癸丑 番禺 教諭
吳俊常 子庸 拔貢 新會　楊而和 大樂 甲辰 香山

談德 際斯丙辰元 南海　周劉炳 藕[illegible] 拔貢 東莞

梁調元 言周壬子 南海　謝文[illegible] [illegible] 定安 教諭

蘇枚 卜英監生 新會　楊紹熙 丙辰[redacted] 香山

岑時發 淮泗癸卯 南海　衛秉義 健中拔貢 東莞

黃廷傣 [redacted] 教諭 [redacted]　林紹烈 博侯庠生 順德

蔡青錢 泉亭甲辰 海陽教諭　羅天尺 履先丙辰 順德

趙季錫 國瑛庠生 新寧　羅國忠 藎臣庠生 花縣

溫應科 簡如甲辰 順德　何紹禹 膺圖歲貢 香山訓導

何其光 雲洲庚子 番禺　梁鍾健 挺望清遠 高要教諭

何悅聖 謙長監生 順德　蘇秋水 乃齊庠生 順德

陳作仁 崇禹庠生 南海　彭廷雷 震一監生 四會

梁世則 躍瀾 己酉 香山
李瓚 山育 壬子 嘉應教諭
歐陽源 源杜 戊午 花縣
王世榮 衍澤 庠生 番禺
朱陳偉業 庠生 東莞
蘇思善 念微 庠生 順德
羅龍驤 登可 丙午 香山
周士藹 果南 庠生 番禺
古植 仁養 甲辰 嘉應知縣
林大雲 平侯 庠生 南海
胡景 卲明 甲辰 順德
蔡開隆 忠之 丙辰 揭陽
區重望 昌輯 庠生 新會
何上舉 佳嗣 庠生 順德
鄧彪 炳園 歲貢 順德
屈明洪 甘泉 拔貢 番禺教諭
詹廣譽 涵川 丁未 饒平知縣
陳紹學 文荷 丙辰 東莞
游飛鳴 廷獻 甲辰 南海
李竦 山陟 丙辰 嘉應
鍾獅 作韶 丁巳 番禺
吳友正 念中 己未 順德

陳九如　冠原　拔貢　瓊山
陳世蓮　聲伯　甲辰元　順德
梁學洙　衷時　壬子　番禺
吳俊聰　子聽　庠生　新會
何聖安　懋修　監生　新會
周師旦　臣孚　監生　順德
何一紘　晃調　乙卯　番禺教諭
陳海六　鰲山　優貢　順德
趙黍　敦育　己酉　東莞
蔡祖坤　世厚　拔貢　海陽
何世熾　大五　丙午　順德

陳有明　伯欽　拔貢　海陽
鄧溥　煥宸　庠生　順德
侯弼　肖巖　乙卯元　香山
李上進　崇峻　庠生　番禺
黃泰章　山斗　歲貢　嘉應訓導
劉藻　品如　庠生　香山
胡大器　聲五　丙午　順德
李方榕　卓南　丙辰　保昌
黎偉光　樸園　癸卯　順德
邵學元　東侯　癸卯　南海
梁德隆　麟蔚　己未　嘉應

蘇業長　潮來　庠生　順德
羅卓士　傑人　庠生　花縣
劉兆喆　定五　乙卯　東莞
姚階及　升吉　戊午　增城
蘇綸錫　元聘　庠生　東莞
韋　易　文衍　歲貢　香山
何友桐　敦復　丙辰　順德
黎　旻　瓏平　庠生　順德
葉潔齊　一泓　甲辰　海豐
李　愷　洵玉　庠生　順德
蔡興茂　敦大　恩貢　順德

李　蕚　山函　戊午　嘉應
潘生木　顯蒼　己酉　順德
蘇　信　竹伍　監生　順德
何乃瓏　敬躋　拔貢　南海
何夢圖　賚弼　庠生　番禺
陳文挺　艮翰　丙午　南海
何世元　子近　歲貢　香山
胡士魁　淩楚　拔貢　順德
彭　源　濬功　拔貢　四會
楊純仁　和濟　監生　南海
周　經　德盛　拔貢　順德

鄭　球	[redacted]	庠生	香山	梁易簡	式章	乙卯	南海知縣
何昌瑞	宏文	丁巳	嘉應	楊陞朝	道恕	庠生	順德
胡有雄	立五	丙午	順德	趙康華	開曙	甲辰	新會
歐捷元	劒五	庠生	東莞	羅必發	煥文	庠生	順德
鄭天輔	達任	乙卯	香山	張成矩	偉奏	庠生	東莞
廖紹貴	懷璞	監生	順德	周知畏	伯寅	拔貢	潮陽
林上錫	北朝	甲辰	新會	何士蛟	驤北	丙辰	香山
鄧桂瀾	雉千	庠生	東莞	梁占春	約彥	庠生	順德
蘇中昇	司直	庠生	順德	陳宗艮	德裕	庠生	東莞
邱明輝	沛舉	庠生	順德	何志行	[redacted]	庠生	香山
霍青錢	特英	庠生	東莞	林孟麟	茂廷	戊午	順德

蔡躍 飛亭 拔貢 海陽　霍壬琦 禹門 庠生 南海
梁東升 肩吾 庠生 番禺　趙林臨 翰周 拔貢 順德
李天簡 本健 歲貢 新寧　潘飛南 [redacted] 庠生 南海
黃增美 子成 戊午 海康　趙綬 佩紳 庠生 東莞
潘憲勳 華蒼 已酉 順德　楊鳳詔 道侯 庠生 順德
胡寧 宁賓 拔貢 南海　翁邦詳 [redacted] 澄海
伍如偃 景游 庠生 新寧　蔡道瀍 景行 監生 南海
陳奇烈 燕佳 庠生 東莞　楊纘烈 式達 丙辰 大埔
區尊九 貴思 庠生 新會　羅蓋 霞西 庠生 香山
何洪騶 駁發 歲貢 番禺　陳躍川 荊山 庠生 南海
羅公俊 履恒 戊午 順德　葉光甲 [redacted] 庠生 東莞

吳　棟　丙午　連州　　勞孝輿　巨峯　拔貢　南海　知縣
趙凌雲　虞奏　庠生　順德　　麥上才　輿尹　庠生　新會
鍾映雪　戴蒼　庠生　東莞　　龔　珹　鴻侶　庠生　四會
馮中立　謙仰　庠生　順德　　羅　炳　丙辰　香山
廖　鰲　希望　庠生　新安　　吳世忠　蒼漢　庚戌　順德
羅英士　上選　歲貢　花縣　　何　犖　滙朝　庠生　順德
龐　進　宇東　歲貢　南海　　李捷元　悅上　庠生　東莞
吳孟旦　旭亭　拔貢　番禺　　游法珠　桂滙　丁巳　順德
陳志傑　調謀　庠生　南海　　何宗成　東作　庠生　番禺
李保光　韶存　庠生　香山　　陳　煦　仲和　丙辰　興寧
陳洒澤　超前　監生　順德　　何士讓　公敬　庠生　番禺

吳天沛 會徐 拔貢 惠來　莫孫聖 美裕 庠生 新會
張經圖 君弼 庠生 從化　馬遇良 祚均 庠生 順德
蔡同高 世廣 拔貢 海陽　何際遇 莘梅 庠生 香山
陳華封 祝三 監生 順德　盧百能 介惠 庠生 新會
蘇天作 著謀 壬子 東莞　吳舒濂 濱周 庠生 四會
詹豹略 絅齋 丙辰 饒平知縣　黎作麟 蕃膺 庠生 香山
黃家漢 中宮 戊午 吳川　邵斌 國信 庠生 順德
陳廷桓 開綱 庠生 新會　何之仙 理中 庠生 番禺
梁連茹 漢三 戊午 順德　高世德 [redacted] 庠生 南海
何奎 澄可 監生 新會　何文駒 御祿 歲貢 番禺
林天弼 [redacted] 庠生 東莞　呂盛 倫嵩 拔貢 新會

區天保 [redacted] 庠生 順德

魏三槐 扶綱 庠生 香山

何揚朝 [redacted] 庠生 番禺

伍邦彥 允惠 庠生 新寧

湯　捷 澤連 庠生 花縣

蕭士賢 宣仲 庠生 香山

楊德光 [redacted] 庠生 嘉應

黃復齋 雲士 庠生 番禺

龎　逵 介東 歲貢 南海

吳　秋 始亭 庠生 番禺

梁爲經 有年 丙辰 嘉應

何斌顯 萬爲 庠生 番禺

黃士達 [redacted] 庠生 東莞

梁其煥 麗南 庠生 香山

李　瑋 山升 癸卯 嘉應

陳　起 孝先 庠生 順德

楊最德 昭大 庠生 東莞

區錫爵 非池 庠生 順德

李元皐 孫鶴 庚戌 知縣 嘉應

麥作梅 敬君 庠生 東莞

鄧允中 衍道 庠生 香山

黃　壯 允翀 丙辰 番禺

何捷廊 吟舟歲貢 香山　　沈文琳 [redacted] 戊午 海陽

胡大忠 憲五丙辰 順德　　黃弘 [redacted] 丙辰 龍川

何平 蒼牧庠生 番禺　　陳捷 鵬翰庠生 南海

張介文 采度監生 順德　　羅錦 鳴可庠生 香山

姚錦川 若濟癸丑 潮陽知縣　　龍元 錫日庠生 順德

陳宗功 韓起甲辰 嘉應　　歐邦教 仲寬庠生 香山

郭捷祥 苾亭拔貢 南海　　何陟恒 北領監生 番禺

張在文 作度監生 順德　　盧文起 深潮戊午 香山

許騰蛟 邦彥已酉 海陽　　何天成 謨簡庠生 順德

劉呂相 卬參庠生 香山　　麗遙 沂衷巳未 南海

張義財 達亭庠生 東莞　　方樹績 奏膚庠生 香山

陳葭湄 庠生 [redacted] 南海
何颺 鏡道 庠生 番禺
伍星耀 德輝 庠生 順德
岑殿寧 朝泰 拔貢 南海
梁士寬 輝蘭 庠生 順德
陳書 元觀 戊午 香山
何正權 巽行 監生 番禺
陳飄雲 振侯 庠生 嘉應
楊麟高 東伯 庠生 順德
蕭英桂 宣維 監生 香山
幸國英 上光 庠生 番禺

余紹宗 達兼 監生 順德
何則文 德揚 壬子 順德
黃瑗 錫鏗 庠生 新會
孫奮揚 思成 [redacted] 揭陽
霍子明 [redacted] 庠生 南海
龔雲從 則兼 庠生 花縣
劉學經 羲若 庠生 海陽
湛繩祊 錦秋 優貢 增城
楊萬寧 一峯 戊午 揭陽
屈紹德 仲思 庠生 番禺
繆勝 近謙 庠生 香山

梁光黼　連璧　庠生　順德　　梁文冠　弋雲　優貢　番禺
鄭勷　亘上　庠生　香山　　陳鷚暢　翰芳　歲貢　新會
胡大猷　振五　丁巳　順德　侍衛　　伍宇光　允漢　庠生　新寧
何遇瑯　海瑚　歲貢　番禺　　賴起元　善長　庠生　順德
屈杰　會茲　庠生　新會　　張雲翮　秋長　已未　嘉應
曾王綸　德樞　庠生　順德　　程光　始如　庠生　香山
李成福　道升　庠生　新會　　何應中　道宗　歲貢　番禺
徐逢舉　君聘　丁巳　東安　　黃智勇　庠生　嘉應
黃時霖　御行　歲貢　香山　　伍廷蕙　庠生　新會
羅達魁　君澤　庠生　順德　　羅世健　臣乾　拔貢　順德
楊中興　直庭　庚戌　嘉應　知縣　　聶者輔　成周　丙午　新會

吳舒洛景程庠生　四會　李名瑞開德庠生　香山
譚益盛與時甲辰　豐順　何文彥岐昌庠生　番禺
高天與[redacted]庠生　高要　李世盛秀鵬庠生　順德
楊其名實芳庠生　香山　黃豐垣維之拔貢　揭陽
林雲會楫用庠生　新會　梁朝孫敦朝庠生　順德
何上矯[redacted]庠生　南海　麥國玉廷璉庠生　香山
梁元龍伯川庠生　順德　陳元德闇如甲辰　嘉應
高以誠敬一庠生　香山　孔傳正中夫己未　保昌
陳天玉杏亭丁巳　嘉應　王超宗又會拔貢　合浦
梁式翰廷華庠生　新會　劉芙鏡如庠生　香山
梁維彰[redacted]庠生　南海　羅桂菁鄰木庠生　順德

何夢聖睿士庠生香山　黃天重昭明庠生花縣
古銑玉成丙辰嘉應　麥文濟作師庠生香山
梁錫爵遠瞻庠生順德　陳鳳暢翩芳歲貢新會
曾艮村德孚庠生順德　梁注彤章庠生南海
朱道斐英岸庠生新會　黃文陞聯秩乙卯南海
胡大成近五丙辰順德　謝堈靈川丁巳番禺
梁配道以直庠生順德　何朝蓋賜廷監生番禺
余桀鉽位丙辰饒平　李錦文俊玉戊午嘉應
唐啓韶儀鳳歲貢香山　梁雲山文升庠生順德
張漣貞岸拔貢開平　梁美錦西錦庠生順德
胡士玉荊長丙午順德　吳洮湖一庠生四會

張揆紫 暎金 庠生 東莞　何璠 朝燕 庠生 順德

何亦炬 洞友 監生 新會　黎猷 宜中 戊午 嘉應

姚序美 [redacted] 丙辰 潮陽　馮佐政 彥宗 庠生 順德

何士傑 太蒼 庠生 香山　吳麒 載功 庠生 四會

温協華 [redacted] 庠生 新會　羅國晟 惠昌 庠生 香山

何必列 漢思 庠生 順德　伍安仁 宅西 庠生 順德

聶鴻達 偉傳 庠生 新會　薛超榕 葉村 庠生 揭陽

何九星 耀天 庠生 東安　麥廷魁 秩五 歲貢 香山

鄭大進 [redacted] 丙辰 揭陽　廖蕃 錫遠 監生 順德

梁世倫 明作 庠生 香山　湯來顯 世遇 庠生 花縣

蘇杏村 茹卿 庠生 順德　周雲梯 天衢 拔貢 萬州

朱有斐　英畧　庠生　新會　　何文就　驗本　庠生　番禺
張始艮　順中　監生　順德　　李其選　濟堂　庠生　香山
李宣仁　順彰　歲貢　四會　　陳志蕃　議舉　庠生　廣寧
楊文振　式允　丙辰　大埔　　何　普　道周　監生　番禺
梁朝勇　敦能　庠生　順德　　高明遠　士毅　庠生　香山
何景行　御方　監生　番禺　　孔傳清　弼元　庠生　南海
林　煒　素凝　庠生　四會　　何鳳儀　則韶　庠生　香山
李光杲　雅畧　庠生　順德　　楊允璽　伊鶚　甲辰　知縣　大埔
何士嘉　昂駒　庠生　香山　　陳　材　達夫　己未　新興
梁德威　冲和　庠生　順德　　何全和　協邦　監生　番禺
高　瞰　融若　拔貢　連州　　張　駒　澄千　庠生　香山

何文參 與位 [redacted] 順德　梁大欽 而遠 庠生 新會
余泗淮 嶺參 拔貢 南海　彭利見 秋耜 庠生 南海
羅澤 瑞仲 丙午 番禺　李亦武 司直 庠生 香山
譚夢隆 周思 庠生 順德　吳元渡 濟之 庠生 四會
許英光 [redacted] 庠生 開平　黃珹輝 章容 庠生 香山
胡師世 儒長 庠生 順德　李嗣芳 傅子 拔貢 南海
高晉 心怡 庠生 香山　何賡廷 仲唐 監生 番禺
謝陽 始一 庠生 番禺　蘇珽斯 珽斯 庠生 順德
李公芸 衞文 庠生 四會　黃世傑 [redacted] 丙辰 揭陽
李兆紅 [redacted] 庠生 海陽　潘捷元 [redacted] 庠生 [redacted]
陳讓 遂揚 歲貢 香山　梁朝幹 而振 庠生 新會

韓　丕 [redacted] 庠生　順德　　羅維君 瑞叔 乙卯　番禺

鄭　達 君上 庠生　香山　　楊士翩 沖九 庠生　香山

譚　元 宣文 庠生　順德　　鄭志正 貞木 壬子　南海

關夢星 汝東 庠生　開平　　勞喬遷 貽秩 己酉　順德

黃學聖 魯門 監生　香山　　龔　瑚 夔侶 庠生　四會

尹之睿 露四 拔貢　東莞　　鍾枝光 孝徵 庠生　新會

勞　通 文生 壬子　順德　　鄭　基 德俠 庠生　香山

何步洲 端書 庠生　南海　　鄧文煥 明最 庠生　東莞

麥國器 昌旦 庠生　順德　　韋　弁 [redacted] 庠生　香山

林　鯤 兆鵬 庠生　新寧　　何　金 聲初 歲貢　順德

毛克武 乾一 庠生　香山　　王翀霄 德彰 庠生　南海

鄭式南 衡五 庠生 恩平　杜月高 [redacted] 庠生 香山

何東元 梅客 庠生 順德　朱權煥 秉衡 庠生 東安

邱元遂 乾惕 丙辰 大埔　劉泰來 [redacted] 庠生 鎮平

鄧之琥 楚玉 拔貢 連山　羅輝珏 恒五 庠生 順德

何濂洲 居蒲 儒童 順德　方　正 子莊 庠生 香山

林　綦 次五 歲貢 四會　羅覺時 紹曾 庠生 順德

楊劻士 爲楚 庠生 嘉應　蔡孚遠 [redacted] 庠生 海陽

韋　潮 [redacted] 庠生 香山　吳根懋 久大 拔貢 南海

胡太昌 儀高 庠生 順德　高　臨 聰上 庠生 香山

梁東大 誠伯 庠生 南海　岑　標 則舉 庠生 順德

譚一鳴 个臣 庠生 開平　龔　琉 鎮侶 庠生 四會

毛　瑞 在雲 庠生 香山　伍祖仁 挺士 庠生 順德

王學顯 瀛水 庠生 番禺　譚作英 開發 庠生 開平

龐弘毅 茂冲 庠生 南海　楊士昌 [redacted] 庠生 香山

吳　尹 週瓊 庠生 增城　羅代創 履勳 庠生 順德

郭　儒 懿君 庠生 香山　陳萬元 [redacted] 丙辰 潮陽

余慎行 仲敏 庠生 開平　嚴任重 振勳 庠生 香山

李秉雲 御天 庠生 順德　楊來儀 韶九 庠生 嘉應

張達焯 衢貴 庠生 東莞　梁作則 [redacted] 丙辰 海陽

伍冲斗 元始 庠生 順德　潘重山 孔艮 儒童 番禺

謝晉桂 儕月 庠生 嘉應　譚畏天 德紀 庠生 新會

譚必顯 賚臣 庠生 順德　胡達天 贊君 庠生 順德

鍾大元 檜枝 庠生 南海　毛九鳴 凌臯 庠生 香山

黄光廷 建章 庠生 順德　劉大受 印可 庠生 揭陽

曹淵 希賢 儒童 番禺　吳湛 思沛 庠生 增城

劉有德 用新 庠生 香山　何絡錫 敷庶 監生 順德

鄭尊爵 子秩 庠生 揭陽　歐觀祥 瑞峯 拔貢 清遠

劉勝友 明高 庠生 香山　黄夢桂 樞友 丙午 新安

翁應亥 [redacted] 監生 海陽　梁超 喬岳 庠生 香山

劉行安 幼承 拔貢 東莞　吳孜修 超上 庠生 四會

胡光前 開先 戊午 順德　李方 開立 庠生 香山

黄德祖 國幹 壬子 饒平　金茂和 [redacted] 癸丑 海陽 知縣

葉承立 奕華 庠生 嘉應　邱夢梅 蕙甫 庠生 嘉應

李朝楠 豫郇 拔貢 保昌 教諭　梁奕德 明義 甲辰 嘉應

梁　栻 道之 己酉 四會　謝世蕴 一桓 癸卯 番禺

歐　瑶 儆會 庠生 順德　陳三錫 積中 庠生 南海

湛禮發 海人 歲貢 增城　麥士芬 子原 庠生 香山

陳思忠 耀唐 庠生 南海　林之松 秦授 歲貢 四會

伍星耀 德輝 庠生 順德　劉沛霖 蒼柱 拔貢 乳源 教諭

吳漢瑞 元少 歲貢 四會　湛上濟 爲楫 庠生 增城

詹登高 漢階 乙卯 饒平　江　綱 紀方 歲貢 番禺

張元翅 齊九 庠生 香山　翁紹會 [redacted] 監生 海陽

鄧善智 [redacted] 監生 南海　李　堪 炳旒 歲貢 四會

許官畀 [redacted] 歲貢 番禺　王朝選 日琈 乙卯 嘉應

唐德埈 允明 拔貢 陽山　梁宗紳 惠我 乙卯 嘉應
李宗源 清如 庠生 四會　鄧斗才 文谷 庠生 四會
鄭必達 槐望 庠生 香山　湛耀祖 昭長 庠生 增城
崔兆光 輝祥 監生 番禺　李業勳 [redacted] 監生 嘉應
戴家駒 逢伯 乙卯 保昌　彭弘基 元功 庠生 四會
劉大力 [redacted] 饒平　翁綿盛 [redacted] 儒童 海陽
湛　參 希旦 庠生 增城　黃　畧 英畧 庠生 番禺
彭華英 偉成 丙辰 大埔　林之樸 素也 庠生 四會
何　攀 鳴九 庠生 香山　陳上木 崑濤 丙辰 饒平
彭弘志 展功 庠生 四會　鄔學乾 行健 庠生 番禺
古英華 [redacted] 庠生 嘉應　周夢龍 躍千 庠生 四會

黄　澐 穎秀 癸丑　龍川 主事　黄　桂 [redacted]歲貢　歸善

漆自仁 左穀 監生　[redacted]　巫　榮 [redacted]癸丑　龍川

薛森秀 蔚之 甲辰　儋州　黄國楹 [redacted]　歸善 知縣

沙如珣 [redacted]丙辰　龍川　麥尚培 敏卿 歲貢　南海 教諭

詹士廣 [redacted]丙午　饒平　陳　懷 維寬 庠生　順德

鄧　璠 尼與 庠生　南海　徐　淳 [redacted]已酉　和平

林殿元 [redacted]歲貢　花縣 訓導　何以任 [redacted]歲貢　[redacted]訓導

黄國寶 [redacted]已酉　澄海　詹式正 [redacted]已酉　饒平

鄭時達 惟上 歲貢　順德　徐　潤 [redacted]已酉　和平

區觀球 兼三 癸卯　順德　黄　清 [redacted]歲貢　遂溪 訓導

徐之鳳 [redacted]已酉　和平　馬符録 受之 歲貢　南海 訓導

歐士璋 [redacted] 歲貢 [redacted] 訓導　　謝忠哲 [redacted] 優貢 海陽

鍾俊章 [redacted] 歲貢 龍川　　顏紹武 [redacted] 甲辰 長樂

沈先聲 [redacted] 已酉 海陽　　黃坤亮 巽伯 戊午 海豐

周鼎銓 [redacted] 歲貢 [redacted] 訓導　　李夢熊 伊仲 庠生 順德

黃藻 遜山 已酉 海豐　　徐士元 英侯 歲貢 花縣 訓導

區士鋐 達人 壬子 順德　　李翔雯 [redacted] 歲貢 翁源 訓導

黃德祖 國幹 壬子 饒平　　江山源 德熙 拔貢 長樂

鍾文秀 實夫 壬子 嘉應　　黃洲 川秀 壬子 饒平

黃民莘 尹衡 壬子 歸善　　王日昌 [redacted] 丙辰 海陽

曾棟 [redacted] 歲貢 長樂 訓導　　鄭嘉逵 汝槐 庠生 順德

區琛 荀八 戊午 順德　　姚瀚 [redacted] 監生 歸善

張芝書 侯若 丙辰 大埔　　余克長 [redacted] 乙卯 澄海教諭
黃士錩 震宇 丙辰 保昌　　魏肖麟 [redacted] 庠生 歸善
張致中 茂嵩 丙辰 惠來　　孔傳梅 [redacted] 庠生 保昌
鄭聯元 汝梧 拔貢 順德　　郭霦 大彬 庠生 南海
黃亶麟 郎超 歲貢 永安　　鄒清瑞 [redacted] 拔貢 龍川
彭麗瑜 廷豸 庠生 陸豐　　李滙川 明三 庠生 順德
藍朝陽 [redacted] 庠生 東安　　黃從龍 掄佩 戊午 新會
林文琬 輔生 庠生 順德　　鄭參 [redacted] 歲貢 歸善
徐廷相 伊衡 庠生 龍川　　彭雲際 [redacted] 拔貢 陸豐
湛聖傑 覲光 庠生 增城　　謝應馨 蘭伍 庠生 博羅
梁士昇 洪如 庠生 順德　　周上進 翼千 庠生 四會

吳魚　周穗庠生　南海
崔魁士　積昌監生　番禺

王臧　元芳庠生　永安
郭君逑　歲貢　歸善

簡重　庠生　歸善
林時達　拔貢　和平

龔璘　鎮侶庠生　四會
譚樹坊　庠生　歸善

葉祖翼　拔貢　歸善
張翀霞　巨任庠生　東莞

胡深　庠生　長寧
姚祖申　監生　歸善

謝膏露　庠生　連平
葉沛錦　拔貢　連平

黃應熙　歲貢　歸善
馮紹勳　歲貢　歸善

劉洋江　達宗庠生　順德
孫芳洲　釆若庠生　揭陽

馬掄英　庠生　歸善
劉文炳　庠生　歸善

徐獻　庠生　鎮平
葉開　拔貢　陸豐

李永雄 庠生 [redacted] 歸善　區士鐸 監生 天木 順德
鍾淑文 庠生 [redacted] 連平　鍾承斌 庠生 玉上 東莞
李毓泰 庠生 青伯 四會　鄧與璋 丙辰 宜升 新安
黃見龍 庠生 [redacted] 永安　許懋修 庠生 [redacted] 歸善
劉　煐 庠生 [redacted] 歸善　朱詩韻 庠生 [redacted] 博羅
戴　冑 丙辰 庭藻 新安　林　桐 庠生 殿思 海豐
吳艮弼 庠生 錫衡 四會　吳郁乾 監生 猷君 南海
賴爲煥 庠生 [redacted] 歸善　黃元定 庠生 [redacted] 歸善
劉漢縉 庠生 [redacted] 連平　鍾湘濤 庠生 伊在 東莞
陳名琦 監生 [redacted] 歸善　張　雯 監生 雲龍 嘉應
張家顯 庠生 明卿 永安　楊鳳林 庠生 [redacted] 歸善

姚纘祖 [redacted] 庠生　歸善　　曹必銘 [redacted] 庠生　保昌

劉文檖 秉岡 拔貢　龍川　　黎　琮 [redacted] 庠生　歸善

江成錦 [redacted] 監生　歸善　　李雲燦 爾殷 監生　番禺

羅金章 禄上 庠生　海豐　　熊飛渭 [redacted] 庠生　歸善

陳明揚 [redacted] 庠生　歸善　　謝廷知 [redacted] 庠生　和平

賴爲憲 [redacted] 庠生　歸善　　黃義金 [redacted] 庠生　連平

葉佳元 [redacted] 庠生　海豐　　林天柱 [redacted] 庠生　歸善

潘廷天 [redacted] 庠生　長寧　　陳欽學 [redacted] 庠生　東莞

程尙元 鰲先 已酉　南海　　翟鳳翔 [redacted] 監生　歸善

廖泰臨 [redacted] 庠生　連平　　洪　鐘 [redacted] 庠生　澄海

陳　仁 [redacted] 庠生　東莞　　周廷焻 字六 庠生　東莞

謝琳[redacted]乙卯東莞教諭　鄧炳穎器歲貢　新安

謝以光[redacted]庠生　陽春　鄭彥浩如庠生　東莞

劉家楹柱石拔貢　陽春　鄭上達[redacted]庠生　新安

韓廷輝大升拔貢　文昌　劉家梓[redacted]庠生　陽春

張星煜[redacted]庠生　歸善　黃朝賡[redacted]庠生　陽春

黃朝堂[redacted]庠生　陽春　黃奕正[redacted]庠生　歸善

司徒儻體中拔貢　開平　劉啓鍔[redacted]庠生　陽春

周尚達文津拔貢　海豐　李崧烈[redacted]庠生　長樂

劉啓釪[redacted]庠生　陽春　盧能文彬然庠生　順德

曾秉龍[redacted]庠生　和平　鄧致中[redacted]拔貢　始興

袁瑛見[redacted]庠生　歸善　區上楫遂瞻壬子　高要

劉啓鏞 [redacted] 庠生　陽春　　黃朝晱 [redacted] 庠生　陽春
黃中立 剛之 拔貢　化州　　徐廷桔 [redacted] 歲貢　龍川
蕭純佑 [redacted] 乙卯　大埔　　陳廷對 獻京 壬子　新安
劉宗正 [redacted] 庠生　陽春　　胡元勳 [redacted] 庠生　歸善
袁如天 [redacted] 庠生　長寧　　劉宗濂 [redacted] 庠生　陽春
李國棟 淑達 壬子　嘉應　　曾貫文 [redacted] 庠生　和平
黃朝昕 [redacted] 庠生　陽春　　吳雷發 哲朋 壬子　大埔
唐世俊 運參 拔貢　東莞　　黃儒海 [redacted] 庠生　陽春
黃鶴和 [redacted] 庠生　龍川　　趙良璧 [redacted] 庠生　長寧
黃應鳳 [redacted] 庠生　陽春　　陳上 [redacted] 庠生　東莞
鍾秉瑜 [redacted] 監生　長樂　　黃展綸 [redacted] 庠生　陽春

蔣開瑞 [redacted] 庠生 陽春　何廷楠 喬林 丙辰 連平

黃鶴鳴 [redacted] 庠生 陽春　陳春府 [redacted] 庠生 長寧

吳昌廷 [redacted] 庠生 陽春　王　弘 仲含 丙辰 和平

葉　拱 [redacted] 庠生 歸善　劉宗蓮 [redacted] 庠生 陽春

王獻猷 [redacted] 庠生 陽春　袁大作 見飛 庠生 東莞

劉　斌 [redacted] 庠生 陽春　曾　機 [redacted] 監生 長樂

張夢說 [redacted] 戊午 普寧　蘇　珥 瑞一 戊午 順德

禮說總目

傅別質劑要會

宰夫胥掌官叙以治叙

徒掌官令以徵令

宫正廬舍　德衰

宫伯士庶人均秩均叙　庶子猶餘子

膳夫王卒食以樂徹于造　王日一舉齊日三舉　大喪不舉

囷脩之頒賜皆掌之

庖人膳膏　十二辰之會

甸師蕭茅

鼈人掌取互物以時簎魚鼈龜蜃凡貍物

卷二　天官二

醯人　醯醬一物

醢人　醓食糝食

鹽人　飴鹽苦鹽

宮人　井匽

掌舍　三宮四門

玉府　食玉

外府　邦布　口錢

職幣　用邦財者之餘

內宰　閽人光祿勳　古閽勳通

內宰佐后立市出其度量淳制　淳純通

閽人　怪民不入宮

封釆

大司徒　祠五帝羞其肆　牲全爲肆

小司徒　九比之數

鄉師　葷輦

天子六鄉　三公

鄉大夫　國中六十野六十五皆征之

鄉射之禮一曰和二曰容

黨正　春秋祭禜

族師　春秋祭酺

刑罰慶賞相及相共

舞師　皇舞

卷四　地官二

卷五 地官三

山虞澤虞山林厲禁

丱人掌金玉錫石之地　山虞之别

掌炭掌荼掌蜃皆豫共凶事

廩人大祭祀共椄盛　椄讀若扱

舂人食米

稾人外内朝　稾爲犒

卷六　春官一

大宗伯掌天神人鬼地示之禮

禋祀　實柴　燔燎

以脤膰之禮親兄弟之國

五命賜則六命賜官

王執鎮圭　（註）以四鎮之山爲瑑飾

天産作隂德地産作陽德

（小宗伯）右社稷左宗廟

四望四類　山川丘陵墳衍

正室皆謂之門子

卜葬兆甫竁

（肆師）序其祭祀及其祈珥　（疏）毛牲曰刉羽牲曰衈

四時大田獵祭表貉

（鬱人）掌祼器

大祭祀與量人受舉斝之卒爵而飲之

（鬯人）共其釁鬯

司尊彝 饋獻用兩壺尊

四時之閒祀

鬱齊獻酌 註獻讀爲儀

卷七 春官二

典瑞 五采三采二采 圭璋璧琮

典命 諸侯適子誓于天子攝其君下其君禮一等未誓

以皮帛繼子男

司服 王祀昊天上帝大裘而冕

五冕

王爲公卿錫衰諸侯緦衰大夫士疑衰首服皆弁

經

卷八　春官三

九拜吉拜凶拜　皆喪拜

九拜稽首頓首空首

九拜振動

九拜肅拜襃拜

卷九　春官四

小祝及葬設道齎之奠

甸祝禂牲禂馬

司巫共匰主

道布

蒩館

祭祀守瘞

巫降之禮

男巫掌望祀旁招以茅

女巫掌歲時祓除釁浴

廟祧黝堊守祧掌之修除職在有司

大史正歲年以序事

閏月詔王居門終月

大師抱天時與太師同車　[討]大史主抱式

保章氏以十有二歲之相觀天下之妖祥

內史掌八柄

命諸侯公卿大夫則策命之王制祿則贊爲之以

方出之

巾車王之喪車五乘

駹車然禖髹飾　士乘棧車庶人乘役車

車僕苹車之萃輕車之萃

司常九旗之物

都宗人凡都祭祀致福于國

卷十　夏官一

大司馬以九伐之法正邦國　眚　壇　殘　杜　滅

師帥執提

中夏教茇舍辨号名之用

帥以門名　鄉以州名

中秋教治兵辨旗物之用

中冬教大閲以旌爲左右和之門

大役與慮事屬其植受其要

獻禽以享烝

及師大合軍　大師

大祭祀饗食羞牲魚

司勳　有功者祭於大烝　配享之位在庭

馬質　禁原蠶

量人　量市朝州涂軍社之所里　術遂古通

司爟　爟讀如權　四時變國火　焚萊有刑

司險　設五溝五涂樹之林爲阻固

環人　環四方之故　夏秋二官皆有環人

射人王射三容諸侯二容卿大夫士一容

射鳥氏矢在侯高以井夾取之

司士詔王治以德詔爵以功詔祿以能詔事孤卿特揖

大夫旅揖士旁三揖旋揖門左門右

諸子掌國子之倅

卷十一　夏官二

節服氏衮冕六人裘冕二人

方相氏毆方良

大僕建路鼓于大寢之門外以達窮者與遽令 大僕任重冢宰兼官録以補周官之缺

隸僕掌五寢之埽除糞灑之事

校人　良馬駑馬之數　毛馬　物馬

庾人　馬八尺以上爲龍

職方氏　九州　十三州

荆州其川江漢其浸潁湛

冀州其澤藪曰陽紆　雍州其川涇汭

并州其川曰嘔夷　豫州其浸波溠

形方氏　乖離之地

卷十二　秋官一

大司寇　禁民訟入束矢禁民獄入鈞金

小司寇　三曰詢立君

上服下服之刑

盟萬民之犯命者詛其不信者

職金金版

國有大故而用金石則掌其令

司厲其奴男子入於罪隸女子入於舂槀

司圜罷民弗使冠飾而加明刑　墨幪

貉隸掌役服不氏養獸教擾之　與鳥獸言

野廬氏掌達國路

橫行徑踰

卷十三　秋官二

雍氏春爲阱擭　柞鄂

萍氏掌水禁幾酒謹酒

司烜氏以鑒取明水于月
烜爲明火　井代方諸　改火　改井
邦若屋誅則爲明竁

條狼氏誓御曰車轘
誓大夫曰敢不關鞭五百
修閭氏掌比宿互㯟者守其閭互
冥氏得獸獻其皮革齒須備　備爪也
柞氏
注柞除木之名讀爲屋笮之笮
薙氏殺草　秋繩而芟之　含實曰繩　水火變之
硩蔟氏掌覆妖鳥之巢
翦氏除蠹莽草薰之

壺涿氏除水蟲

牡橭

銜枚氏　注横銜之繣結于項

禁歌哭於國中之道者

伊耆氏共王之齒杖　杖咸

大行人秋覲以比邦國之功

十有二歲王巡狩殷國

諸侯之禮立當前疾　疾當作侯

六服

小行人合六幣

卷十四　考工記

【輪人】牙也者所以固抱也 【注】牙爲輮

揱爾而纖 揱讀爲箾

欲其眼也 掍誤爲眼

菑蚤不齵則輪雖敝不匡 養陰陽齊則轂雖敝

不藃

轂小而長則柞大而短則摯

凡揉牙外不廉

【輪人】爲蓋達常圍三寸桯圍倍之

【輈人】輪直且無撓登陀縊其牛下陀緧其後

輈欲頎典 【註】騶車之轅率尺所一縛

【冶氏】戈廣三寸内倍之胡三之援四之

桃氏重九鋝　鋝與鍰同　今文鋝古文選音刷

函人合甲

鮑人急者先裂則是以博爲帴也　帴當作俴

畫繢之事凡畫繢之事後素功

玉人天子用全上公用龍侯用瓚伯用將大圭長三尺

杼上終葵首

玉人天子圭中必　註必讀如鹿車縪之縪

玉人瑑圭以頫聘

玉人案十有二寸棗㮚十有二列　注案玉案　聘禮

曰勞以二竹簋方

矢人雖有疾風弗之能憚矣

旊人器中膊

梓人大胷燿後　數目顅脰

廬人句兵欲無彈刺兵欲無蜎

匠人五室　明堂

殷人重屋　註複笮也

廟門容大扃七个　扃說文作鼏非

同學　瀓齋　徐葆光編

嶺南受業門人校

禮說卷一

天官上

東吳　半農　惠士奇

詩曰商邑翼翼四方之極言商之建國翼翼然乃四方之中正也惟王建極以立國設六官分六職以爲民極極者度也中也天生民而予之度布指知寸布手知尺舒肘知尋聖人因之而制其數權輕重量大小以立度明本末建終始以立中是爲極亦曰典天道地道人道爲三極上天下地中有四時爲六典詩曰立我烝民莫匪爾極是民立於極也書曰惟天監下民典厥義是民生於典也不協於極者皇亦受之則不能者勸不廸率典者天乃棄之則爲惡者懲皇建謂之極

天叙謂之典錫汝極所以遵王道守爾典所以承天休因此三極立爲六典典常也法也天有常性人有常順好惡生變變習生常民乃有古政維今法維古六典皆古也治典立而萬民服教典立而萬民淑禮典立而萬民睦政典立而萬民畜刑典立而萬民肅事典立而萬民足室家以盈婦子以寧禮俗以成風化以淳天下和平是謂民極非中不立有典有則子孫服習民乃不忒異類咸格鳥獸仁德詩曰維清緝熙文王之典儀式刑文王之典日靖四方然則大宰所建者文王之典也式典者用之常惇典者行之篤敬典者秉之虔弗式弗惇弗敬而六典息矣

大宰以八則治都鄙六曰禮俗以馭其民康成以舊所行者

昏姻喪紀爲禮俗愚案士昏禮有辭辭曰某有先人之禮覲禮侯氏前朝有戒戒曰伯父帥乃初事先人之禮者家之先典帥乃初事者國之故事蓋行禮順先典循故事所謂禮俗也百里不同風千里不同俗俗不同而一之以禮則無不同鶡冠子曰田不因地不能成穀化不因民不能成俗又曰勿損勿益幼少隨足以從師俗言天命者性師教者習因習而俗成焉荀子曰聖人明知之士君子安行之官人以爲守百姓以成俗淮南子曰行齊於俗可隨也事周於能易爲也矜僞以惑世伉行以違衆聖人不以爲民俗晏子曰汨常移質習俗移性不可不慎也又曰嬰之家俗有三及病將死謂其妻曰吾恐死而俗變謹視爾家毋變爾俗乃鑿楹納書以爲

楹語此晏子之家俗也當時稱爲賢大夫管子曰藏於官則爲法施於國則成俗有一體之治者去奇說禁雕俗也朝有經臣國有經俗民有經産明君在上俗無異禮變更自爲易國之成俗者命之曰不牧之民由此觀之有一家之俗有一國之俗有天下之俗一家之俗大夫主之一國之俗諸侯主之天下之俗天子主之而皆以一人爲轉移故天下國家遠近大小雖殊莫不有祖宗家法顛覆典型紛更約束子孫不法祖宗而俗敗矣書曰商俗靡靡利口惟賢餘風未殄商之俗成湯作之於前聖君哲相成之於後猶若不足而兢兢以巫風滛風亂風家必喪國必亡爲訓及受之身一人敗之而有餘蓋作之難成之難敗之甚易若此有周代商旣歷三紀

世變風移而靡靡之俗尚未盡革也敗之甚易變之甚難又若此故曰敗常亂俗三細不宥言辠雖小亂俗者必誅所謂禮俗以馭其民也可不慎哉

疏材所以配九穀閒民所以輔三農黃帝内經五穀爲養五果爲助五菜爲充魯語列山氏之子曰柱能殖百穀百蔬曲禮稻曰嘉蔬注云菰蔬之屬詮言訓菰飯犓牛豳風叔苴傳云苴麻子則菰麻皆疏材家語含以疎米注云疎稉米是穀亦名疎也越絶書甲貨曰粢爲上物乙貨曰黍爲中物丙貨曰赤豆爲下物丁貨曰稻粟爲上種戊貨曰麥爲中種已貨曰大豆爲下種庚貨曰穬辛貨曰果皆比疏食楊泉物理論曰黍稷曰粱稉曰稻豆曰菽三者各二十蔬果助穀各二十

曰百穀書艱食一作根食馬融曰根生之食蓋謂百穀也揚雄太元曰止於童木求其疏穀則疏亦名穀矣古無奴婢有臣妾易遯九三畜臣妾吉旅六二得童僕貞左氏謂之皁隸輿臺公羊謂之廝役扈養凡爲菹爲糝爲薪皆臣妾聚斂以獻皇祖介眉壽食農夫周書大聚曰春發枯槁夏發葉榮葉榮淮南作果蓏秋發實蓏冬發薪烝皆臣妾之職也而後世以爲利者乃與用事童僕趨時任桀黠奴以逐利而千樹棗千樹栗千樹橘千畦薑韭至比千戶侯陽華之芸雲夢之芹具區之菁菜之美者名曰土英則疏材之利倍於九穀矣魏風園有桃言疏材不足以富國也管子以瓜瓠葷菜百果不備爲國之貧豈其然乎小司徒上地家七人可任也者家三人則一

家四人爲閒中地家六人可任也者二家五人則二家七人爲閒下地家五人可任也者家二人則一家三人爲閒閒猶餘也羨也夫曰餘卒曰羨民曰閒書曰厥民析厥民因子弟居室父兄在田謂之析父兄赴功子弟畢作謂之因詩云侯亞侯旅侯彊侯以亞仲叔旅子弟皆閒民也彊謂勸相以能左右之長者規少者隨尊者令卑者聽所謂民無常職轉移執事也國無閒民則國擾家無閒民則家索野無閒民則野荒九職以三農冠其首以閒民殿其終誠重之也商鞅相秦民有二男以上不分異者倍其賦蓋無閒民自此始無閒民而有游民亦自此始先王重農兼重工商農攻粟工攻器賈攻貨三者國之三官周之東也百工喪職蓋九職不行久矣

子朝之亂也百工皆叛杜注謂百官非也盟平宮伐東圉久之乃平鄭之遷也與商人俱秦師襲鄭犒而退之韓起買環賈成必告弗敢專也周之工鄭之商其以國升降乎八材者醫無閭之珣玗琪會稽之竹箭梁山之犀象華山之金石霍山之珠玉崑崙之璆琳琅玕幽都之筋角斥山之文皮是爲八材穀梁子曰古者公田爲居井竈蔥韭盡取焉范氏云損其廬舍家作一園以種五菜外樹楸桑以備養生送死所謂園圃毓草木者蓋如此而山澤之材則與民共之者也潤溼不穀樹之莞蒲礫石不穀樹之葛藟而山有林麓澤有魚鹽恐民之有爭心也於是設虞衡列其禁平其守如是而已春秋莊公二十有八年築微三十有一年築郿築薛築秦成公十有八

年築鹿囿說者以爲築者規固而有之又置官司以守之不與民同利然則山林藪澤虞之正也築之非正也故謹而志之戒專利也澤處者漁山處者木谷處者牧載師遠郊有牧田而閩隷養鳥貉隷養獸能通鳥獸之言阜蕃教擾之自伯益佐舜調馴鳥獸而周宣王時有梁鴦者佐牧正之官善於其職虎狼鵰鶚無不柔馴異類雜居不相搏噬孳尾成群蓋順其性取之時用之節鳥不獝獸不狘君子讀鴛鴦之詩而知養蕃之有道焉典絲受良功典枲受苦功絲曰良枲曰苦而典婦功則兼絲枲而辨其良苦以授嬪婦使化治之民間繞屋桑麻春蠶秋績春無游女秋無嬾婦及周之衰婦無公事休其蠶織南方之原不績其麻其端自上及下蓋哲婦傾

城而嬪婦之職廢矣司空居四民冢宰分九職四民有士而九職獨無何也古者士出於農詩云烝我髦士士農之分也其始於管仲之治齊乎酒誥牽車牛是農而賈也春秋作丘甲是農而工也酒誥在九職未分之前春秋在九職不行之後此九者皆養民之本而以正其德以利其用以厚其生蓋此水火金木土穀六者惟修而善政盡在是矣故任之爲九職叙之爲九功魯國之法贖人臣妾于諸侯者皆取金于府並見呂覽家語故知古之臣妾即今之奴婢園圃廬舍也嬪婦室家也閒民子弟也臣妾奴婢也虞衡藪牧器用之資與其皮毛筋角則商通之而工度之者也職有九民惟三三官理九職舉呂覽上農篇云凡民自七尺以上屬諸三官謂農工賈左傳哀十七年衛莊公使三匠久司徒期等遂因三匠以作亂昭二十二年王室之亂亦因百工故王孫賈曰苟衛國有難工商未嘗

不爲患。杜注以百工爲百官。誤矣。三官棄九職廢三官亦曰三老。服虔云。三老者。工老。商老。農老。周書曰。大工賦事。大商行賄。大農假貸。六韜曰。大農。大工。大商。謂之三寶。農一其鄉則穀足。工一其鄉則器足。商一其鄉則貨足。無亂其鄉。無亂其俗。庚貸曰穡。謂穡麥也。陶隱居本草以爲是今馬食者。潘岳汧督誄。所謂焚穡火薰之。是也。晉士會稱楚莊之霸也曰商農工賈不敗其業楚子囊美晉悼之賢亦曰商工不遷業庶人力於農則九職尤重三官也董安于治晉陽尹鐸繼之當時以晉陽爲保鄣及知伯將伐趙趙襄子往晉陽而城郭不治襄子懼張孟談曰吾聞良吏之治務修其教不治城郭君其出令令民有奇人者使治城郭之繕奇餘也謂閒民出令甫五日而城郭已治矣然則閒民曷可少哉魯三家分其國之民而各有其一季氏盡征之叔孫氏臣其子弟孟氏則若子若弟取其半焉子弟謂閒民臣謂共官力役若今之丁載師所謂民無職事者出夫家之征也康成以爲傭誤矣荀子曰農精於田而不可以爲田師賈精於市而不可以爲賈師工精於器而不可以爲工師有人也不能此三技而可使治三官曰精於道者也氾勝之書以稻米黍麻秫小麥大麥小豆大豆爲九穀禮有死於宮中者三月不舉祭馬融云哀傷臣僕缺一時之祭然則士以下爲臣妾服緦歟管子君臣篇有中民有小民順中民以行順小民以務則國豐審天時物地生以輯民力禁淫務勸農功以職其無事則小民治人有中曰參中民三農也小民無事爲閒三農者上農中農下農也揆度篇曰上農挾五中農挾四下農挾三小司徒上地中地下地分爲三者以此若夫絺綌徵於山農草貢徵於澤農齒角羽翮徵於山澤之農以當邦賦皆虞衡所作之材也亦名爲農而以山澤别之故曰虞不離津澤農不去疇土各守

其職而萬民諧漢永平初禁民二業居巢侯劉般上言官禁二業田者不漁今濱江湖郡民多漁採以資口實冬春閒月不妨農事且漁獵之利爲田除害有助穀食非二業也帝從之遂弛其禁然則九職雖分蓋通功易事者歟

文王以七屬官人周公以九兩繫民繫猶屬也大戴禮七屬曰國則任貴官則任長學則任師先則任賢族則任宗家則任主鄉則任貞蓋牧以地得民故國則任貴牧者一州之貴也長以貴得民故官則任長長者六官之長也若夫無地而爲君無官而爲長則有師儒在朝則美政在下則美俗近者樂之遠者趨之四海之內若一家通達之屬莫不從服此非得民之神者歟以賢得民者師以道得民者儒父兄在焉子

弟從之故曰地從城城從民民從賢得城則得地得民則得城得賢則得民焉庶姓別於上則有族族人不戚君則有宗翼九宗逆晉侯遂四族殲齊戍皆宗以族得民者也族繁則渙族盛則強是故立大宗以糾合之檢彈之使一族愛而親敬而尊由是老窮不遺桀黠者不敢爲非故人人各宗其宗而天下治所謂族則任宗宗以族得民者蓋如此降及春秋族不任宗宗不收族故晉有桓莊之偪宋有戴桓之亂鄭有駟良之爭而宗法壞矣大夫不稱君謂之主臣無有作福謂之利利者和也故義和爲利利者養也故祭告利成所謂家則任主主以利得民者家施不及國大夫不收公利俾都家各養其民而和之以義也不然牛馬維婁委已者也而柔焉

委猶飤也鄭之罕宋之樂民歸之矣居人臣之位而違道結民心害于而家何利之有若夫三代之興邦家有社稷兩漢之盛牧守有子孫則吏治不可不講也不煩之吏有似於迂日計不足月計有餘所謂鄉則任貞吏以治得民者蓋如此此文王官人以七屬任之之法周公又分七屬爲九兩者談說不稱師爲倍獨學而無友爲孤而川衡林衡山虞澤虞皆國之藪民共之而吏掌之者故有師以賢得民自有友以任得民有吏以治得民自有藪以富得民則九兩包於七屬也任爲六行賓興於鄉里富爲五福斂錫於庶民降及秦漢任變爲俠富成於姦故匹夫有百里之譽千里之交橫行於天下而上無禁利下有貪民鹽井丹穴皆擅而據之坊民弗嚴末流

必瀆先王知之故道義有切磋之友統以師儒川澤有虞衡之官束於吏治則任不流爲俠富不犯於姦矣朱游少通輕俠及從師受經卒爲名臣龔少卿召翁卿之爲吏也所居民富郡有畜積此其驗也先王立政必先得民得民之道不出七屬有天下國家者宜留意焉以九兩繫邦國之民繫猶綴也綴與贅通詩曰具贅卒荒傳云贅屬也箋云繫屬孟子屬其耆老書傳云贅其耆老是贅猶屬也屬猶繫也故知大戴七屬即天官九兩詩曰爲下國綴旒綴旒者所以繫邦國也周自平王東遷威德不加於四海由是九兩廢而邦國之民不復繫於京師矣

宮之中門曰雉門門之側東西有堂謂之辟門之外左右有樓謂之觀總名爲闕秦漢闕外有桴思今之樓古之觀也觀謂之闕罦罳謂之屏正歲五官縣象魏於其上象魏者治象

教象政象刑象事象所謂天垂象聖人象之者也六典旣建五象斯彰以揚大烈以覲耿光無怠無荒不愆不忘萬民仰觀挾日乃藏因縣之於闕遂以象魏名其闕焉於卦爲觀下體坤爲民上體巽爲命互體艮爲闕命縣於闕萬民觀焉兩觀之名蓋取之此中正以觀天下者也禮典不縣者天有常象地有常形人有常禮一設而不更是爲三常三常立而五象出焉然則禮在五象中別無禮象故也秦漢兩觀不設五象不縣徒立巨闕以應天宿失其義矣禮運仲尼與於蜡賓出遊於觀之上喟然而歎蜡賓者臘祭先祖祭必有賓群臣助祭亦曰賓廟在中門外之左祭畢出廟門至中門卽縣象魏之處周禮在魯大道不行舊章雖存人亡政息故孔子過

之而歎歟左傳莊二十一年鄭伯享王於闕西辟杜注云闕象魏也愚謂西辟者門側之堂言西則有東可知明堂位注云屏謂之樹今桴思也刻雲氣蟲獸如今闕上爲之匠人注云城隅謂角桴思也孔疏云桴思小樓也城隅闕上皆有之屏上亦爲屋以覆屏牆愚案桴思一作罘罳說者以爲即招魂之網戶不知其名本起於樓釋名曰樓謂牖戶之間有射孔樓樓然也牖戶之孔狀若網羅之目故曰罘罳望之樓樓然其名起於此漢闕畫雲獸梁天監七年鐫石爲闕奇禽異羽畢備非古也

禮曰挾日傳曰浹辰周之正月魏闕挾日而斂五象成之九年楚人浹辰而克三都正義云浹周匝也從甲至癸爲十日從子至亥爲十二辰浹辰者子亥之辰一匝挾日者甲癸之日一周古挾浹通詩曰使不挾四方毛傳云挾達也謂方皇周浹於天下故曰達於卦爲蠱爲巽蠱象先甲後甲巽五先庚後庚易林乾主甲震主庚虞翻云乾成於甲蠱變成乾震

成於庚巽變成震陰陽天地之始終也挾謂之雜雜謂之匝三王之道如矩之三雜規之三雜終而復始循環無端呂氏春秋曰圜周復雜淮南子曰數雜之壽雜猶挾也後人掇拾淮南托爲文子改雜爲算失其義矣朝廷出令曰令甲趙武靈王出胡服令趙燕曰臣敬循衣服以待令甲漢有金布令甲之篇亦以此康成云從甲至甲爲挾日蔡邕云郊天陽用日耕耤陰用辰

祀大神享先王及納亨大宰贊王牲事注云納亨納牲將告殺愚案漢禮天郊夕牲晝漏未盡十八刻初納夜漏未盡八刻初納明堂社稷亦如之晝漏未盡十四刻夜漏未盡七刻皆再言納者一納牲一納亨也正月始耕祠先農其禮簡不

再言納然則納牲與納亨異矣漢祠夜半行禮故祭前晝漏未盡納牲夜漏未盡納亨禮運祭元酒薦血毛爲法太古腥其俎孰其殽爲法中古退而合亨體其犬豕牛羊爲今世之食禮器納牲詔於庭血毛詔於室羹定詔於堂是古之三詔即漢之再納祭義君牽牲穆答君卿大夫序從此之謂納牲而納亨者謂合亨之後羹定之初薦孰未食之前盛之於俎先以告神於堂也祭禮血腥之屬盡敬心耳要以孰爲正大夫士之祭也自薦孰始故特牲少牢皆曰饋食漢親耕及貙劉祭先農先虞曰特牲如饋食但薦孰而不薦腥故有納亨而無納牲不再言納者以此穆答君猶嗣舉奠皆天子諸侯之禮大夫之子不舉奠辟諸侯舉奠者尸未入祝酌奠奠於

鉶南天子奠斝諸侯奠角上嗣舉之故曰舉奠君之上嗣爲穆迎牲入廟與君對共牽牲尊君之適也說者以穆爲子姓失之矣牽牲在祭初舉奠在祭末天子諸侯皆將傳重故惟上嗣得與焉五官奉牲羞其肆肆者六牲之體是爲納亨諸子正之司士割之王親匕之太僕贊之御僕登之南齊太常丞蔡仲熊議郊堂之禮引東京禮儀志云天郊夕牲之夜夜漏未盡八刻進孰明堂夕牲之夜夜漏未盡七刻進孰進孰者納亨也則晝漏未盡納牲明矣先是納牲卿大夫序從而已及入廟繫牲於碑卿大夫袒而封毛取血入以告神於室此所謂贊王牲事者一當朝踐之節一當饋食之時獨言納亨者舉其正也

周官干寶注已亡劉昭注漢志間引其語如秋官夜士云若今都候之屬天官少宰云若御史中丞案左右都候主劍戟

士徼循宮以況夜士可也而少宰全不類中丞特以其在殿中密舉非法有似小宰掌王宮之糾禁遂以中丞當之決非康成之語其爲干注無疑今皆雜於鄭注賈公彥之無識也詩信南山正義引太宰納亨注云納牲將告殺謂鄉祭之晨劉昭亦以爲干注曾子問正義引太宰納亨注云納亨謂祭之時唐人正義非出一手兩處不同則劉昭所謂干注者抑或然乎至若以司門爲如今校尉太僕爲若漢侍中皆干注也而舞師翌舞云翌亦草染羽爲之用假色者欲其有時而去以爲鄭注今本鄭注無之而干注英蕩及弧旌枉矢吾取焉云枉矢象妖星非其義也枉謂枉直蓋枉矢於弧然八矢配六弓枉矢居其首康成云取名變星飛行有光若今飛矛

矣則干說亦未爲得也孔穎達曰鄭司農解九數之名書本多誤云今有重差句股者重差即差分也法旁要而替以句股爲漢之九章馬融干寶等更云今有夕桀各爲二篇未知所出然則干注本馬融今皆雜于鄭注矣

六叙正羣吏曰正其位作其事受其會三者臣之所以事君曰進其治制其食聽其情三者君之所以體臣注云情爭訟之辭非也邇臣守和安得有爭又焉用訟且不必競而力爭晉之公室所以卑也曾謂先王之世而羣吏有爭訟者乎愚案詩東山之序曰君子之於人序其情而閔其勞所以說也故東山之卒章極序其情樂而戲之采薇遣戍出車勞還杕杜勤歸一則曰憂心孔疚再則曰我心傷悲君子能盡人之情故人忘其死而四牡勞使臣之來也乃曰是用作歌將母

來諗諗告也君勞使臣述叙其情故作此詩之歌以養父母之志來告於君蓋有告者必有聽者有告而無聽于是祈父刺宣王不敢斥王而呼祈父曰祈父亶不聰當是時小宰之六叙廢而在朝無復有聽其情者矣曰亶不聰者責其不能聽也先王之於羣吏既進其治以書其勳復制其食以厚其養又聽其情以悦其心所謂體羣臣者可謂至矣情見乎詩大史序之王者不作而詩亡詩亡而王迹息者以此大戴禮公曰今日少閒我情言情於子子愀焉變色遷席而辭曰君不可言情於臣臣請言情於君公曰吾度其上下咸通之子曰可爲家不可爲國上失政政出自家門臣故曰君無言情於臣君無假人器君無假人名此非孔子之言而託之者也

古之盛世君臣上下皆得言情何嫌何疑而云不可且魯之有名無情也久矣及哀公而愈甚公患三桓之侈三桓亦患公之妄也故君臣多間而上下之情不通誠能度其上下而咸通之則君與民合爲一心臣與君爭爲一德又何患乎三桓乃不通其情而更益其妄於呼此公之所以終孫於邾也韓詩外傳言人主之疾十有二發而隔居其一焉下情不上通謂之隔管子亦言國有四亡其二曰塞曰侵塞者下情不上通侵者下情上而道止誠能以叙聽其情則通而不隔行而不塞誰得而寖之

小宰八成有傅别書契質劑要會之名傅別故書作傅辨杜子春讀爲傅别案荀子性惡篇辨合符驗愚謂辨猶別也合

猶傳也傳別猶辨合也蓋辨而別之爲兩合而傳之爲一如符節然案質劑左氏謂之質要荀子謂之質律詩謂之質成言可奉爲法律而事由之要結而成也不徒賣買用之旅師平頒興積斂之民而散之民亦憑質劑以爲信焉六鄉役民以上劑六遂役民以下劑劑者州里之役要而司空之辟也要者合要故左氏謂之質要辟者法律故荀子謂之質律又旬計曰日成月計曰月要歲計曰歲會皆名爲質王制所謂司會以歲之成質於天子冢宰齊戒受質是也又獄之要辭亦名爲劑大司寇以兩劑禁民獄是也故詩謂之質成然則傅別質劑要會三者皆書契之別名也易林云符左契右相與合齒所謂辨合符驗者即此應問云萬方億醜并質共劑

章懷注云質劑猶今分支契也兩書一札同而别之簿書最目獄訟要辭皆名曰契合齒分支列子云宋人有遊於道得人遺契者歸而藏之密數其齒曰吾富可待矣注云刻處似齒釋名曰莂别也大書中央破别之也契刻也刻識其數也管子貸粟米者有别劵五穀以平賈取之定其劵契之齒九家易曰契刻也大壯進而成夬金決竹木爲書契象契一作挈漢有租挈及廷尉挈令韋昭曰在板挈也

宰夫八職其四要凡目數注云要若歲計凡若月計目若日計愚謂三者皆數也數分爲目目最爲凡凡合爲要皆謂之數管子曰君發其明府之法瑞以稽之立三階之上南面而受要八職首曰要卽此荀子曰官人失要則死州里役要邦

國比要皆名爲要車之進退其要在轄戶之開闔其要在樞設轄而車行立樞而戶轉周官之要在六官六官之要在天官舉一法明一指以兼覆之並照之而觀其成者也是故冢宰治之司會攷之天子齊戒受之亦曰質是爲質要春官御史掌贊書凡數注云自公卿以下胥徒凡數及其見在空缺者愚謂凡卽官成之凡數卽官常之數凡者大共名也數者大别名也推而共之爲凡推而别之爲數其義難知其數易知失其義守其數謂之有司讀其書不知其說謂之誦數之儒蓋凡則其總而數則其緒焉爾目者都目漢有司徒都目司徒總領綱紀故有都目壹引其紀萬目皆起壹引其綱萬目皆張都卽數之凡目乃數之目也有要而後有凡有凡而

後有目有目而後有數尊者治約卑者治詳有形埒者入皆見之有篇籍者世共傳之所謂數也釋數而任智者窮弃數而用才者凶數出於道道出於天王者體天而數立百官守數而道存衍而廣焉三百三千反而歸於一協於極隋牛弘嘗問劉炫曰周官士多而府史少今令史百倍於前而益不治何也炫曰古人委任責成歲終課殿最案不重校文不繁悉府史之掌要目而已今之文簿常慮覆治鍜煉甚密萬里追証百年舊案故諺曰老吏抱案死古今若此之相懸也而唐張九齡亦云吏部條章動盈千萬刀筆之吏辨析毫釐胥徒之猾緣隙而起然則要凡目數古得之簡今失之繁地官質人凡治質劑者國中十旬郊二旬野三旬都三月邦國朞

期內聽期外不聽所以絕民之爭訟且息文書也故邦國雖
遥以朞爲斷安得有百年不决之案乎
府掌契史掌書徒掌令皆有專主獨胥掌叙若無所專契以
治藏書以贊治令以徵召皆有職事獨叙以治叙若無所職
何也康成讀胥爲諝有才智之稱賈公彥則謂易有歸妹以
須天文有須女屈原之姊名女須胥與須通康成亦以注易
矣愚案說文胥作疋或曰胥字其象爲足其義則記也從夊
從㐬則爲延爲疏皆疏通之義古文詩大雅作大疋樂官有
大胥蓋以此詩云以雅以南文王世子云胥鼓南然則雅與
胥通也故爾雅一作爾疋天之道地之理人之紀無不疏通
故曰胥胥者雅也正也訓也訓其文正其名以合於雅乃得

其叙事得其叙之謂訓而大行人諭書名聽聲音則屬瞽史
諭言語協辭命則屬象胥吾儒詁訓之學皆從此出焉樂正
授數司成論說非是則不能通也是故先王之世在官有學
古之吏在朝有道古之儒攸叙者倫時叙者罰惟叙者功萬
事萬物各有秩叙而不亂及周之衰淫文破典則有孔子雅
言以正之其道得以復明而詁訓之師授受不絕猶古之象
胥也秦埽而更之滅書簡之文弃先王之語由是青黃變色
馬鹿易形事物盡失其叙而天下亂矣契有質要契之叙也
書有凡數書之叙也今有甲乙令之叙也胥得兼之故若無
所職無所專而有才智之稱日月以叙時載辭以叙信五物
以叙事百物以叙財十煇以叙降兩旌以叙和三市以叙地

九嬪以叙御凡事皆有叙而官吏之六叙以正羣吏者胥實治之而閭胥掌觽市胥執度大胥正舞位小胥正樂縣象胥傳言協禮雖有才智不亂舊章荀子曰法則度量刑辟圖籍不知其義謹守其數父子相傳不敢損益王公持之百吏守之以取禄秩焉所謂叙也是故其人雖亡法存故府維胥叙之各得其所羣雅之材一百有五道備後王事從先古典論曰劉表諸子好酒造三爵大曰伯雅中曰仲雅小曰季雅案雅一作盃方言曰盃桮也秦晉之郊謂之盃郭注云所謂伯盃者也伯盃即伯雅則大胥小胥即大雅小雅明矣詩曰籩豆有且侯氏宴胥太元曰不宴不雅禮樂廢也然則宴胥猶宴雅歟

宰夫八職曰治要曰治凡曰治目曰治數曰治藏曰贊治曰治叙曰徵令獨令曰徵餘皆曰治及贊而已康成謂徵令趨

走給召呼非也徵令者小司徒行之司書逆而考之皆國之
政教而以召呼當之誤矣宰夫掌禁令及百官府之徵令而
敘羣吏之治故以治敘委之胥徵令委之徒徵令者傳王之
令也韓非曰當世之行事都丞之下徵令者奉君令詔卿相
不辟尊貴不就卑賤然則戰國徵令以都丞猶周之徒也案
晉有都令史八人與左右丞總知都臺事梁置五人謂之五
都令史總領衆局方軌二丞故曰都丞其名起於戰國即漢
之令史能通蒼頡史籀篇者補之其職主書後世改用士流
始重其選在周則府史胥徒而已都丞雖卑令史雖賤而以
之徵令則令之行也猶雷風之鼓萬物也是故出之王爲命
內史書之大僕與小臣出入之藏之官爲令御史贊書之宰

夫與其徒掌而徵之徵猶召也若後世尚書召板徵猶神也莊子曰明者爲使神者徵之言無往而不應也是故節爲徵信命爲徵令徵令猶申令也申令振鐸夏有遒人遒人徇于路徒從小宰徇于朝鄉師職云凡四時之徵令有常者以木鐸徇于市朝

大喪宮正授廬舍辨其親疏貴賤之居荀子曰吉事尚尊喪事尚親故欲辨貴賤先辨親疏既序親疏又分貴賤同一居廬或宮或袒或隱或顯貴非人君則袒之親非適子則隱之尚親而兼尚尊也書云高宗諒陰諒讀爲梁陰一作闇范宣曰所以知諒闇爲凶廬禮葬爲柱楣楣則梁也葛洪曰横一木長梁於東墉下著地以草被之既葬則翦去草以短柱柱起長梁謂之柱楣楣一名梁既葬泥之障以避風康成讀闇

若鶉鶕之鶕烏南反闇謂廬也廬有梁謂之楣卒哭之後翦屏拄楣故曰諒闇愚謂古之闇今之庵也釋名云草屋曰蒲又謂之庵庵掩也所以自覆掩也誅茅爲屋謂之翦屏非庵而何庵讀爲陰猶南讀爲任古今異音廣雅庵與廬皆舍也倚廬不塗既葬塗廬塗近乎堊釋名云堊亞也次也先泥之次乃飾以白灰康成謂堊室者屋下壘墼爲之蓋柱楣倚壁爲一偏壘墼成屋爲兩下然則既葬塗之既練壘之加堊既祥又加黝總謂之廬故尙書大傳曰高宗有親喪居廬三年此之謂也唐禮小祥毀廬爲堊室堊猶廬也焉用毀哉然則大夫居廬士居堊室何也曰非親且貴者不廬廬嚴者也不言不笑謂之嚴百官備百物具不言而事行非親且貴者乎言

而後事行及身自執事者皆不廬故曰大夫居廬士居堊室言士疏且賤必身自執事而後行者故不廬也說者謂朝廷之士居廬服斬都邑之士居堊制周失之矣孔安國以高宗三年不言故曲爲之說曰諒信也陰默也古訓兼音義以信默訓諒陰似失其音何晏集解弃鄭取孔杜預遵之遂謂人君既葬不居廬以此注春秋左傳豈非春秋之皋人乎白虎通曰婦人不居廬天子七日諸侯五日卿大夫三日而成服居中門外東壁爲廬。司服職云凡喪爲天王斬衰親疏貴賤一也周之東遷威德不加於四海於是有諸侯之大夫爲天子繐衰既葬而除之禮婦爲舅齋衰而子栜使其妻繐衰當時皆以爲非禮矣諸侯之大夫亦以之服至尊而謂之禮則愚未敢信釋名云繐惠也齊人謂涼爲惠

言服之輕細涼悪也以輕涼之服服至尊蓋自衰周始縣子曰絺衰繐裳非古也

宫伯之士庶子宫正之衆寡内宰之人民一也凡在版者行其秩叙作其徒役月終則均秩歲終則均叙猶漢之衛卒唐之府兵也漢之衛卒每一歲而更（師古音工衡反更猶今之上番）衛司馬掌之每當交代天子行幸曲臺臨饗而罷焉唐之府兵宿衛者皆番上兵部以遠近給番自五百里爲五番至二千里爲十二番皆月上然則月中均秩者猶府兵之月上歲終均叙者猶衛卒之歲更蓋番上更休皆有秩叙各得其均地官鄉有均人主徒役謂之公旬旬猶均也三年大比則大均故春官有大均之禮以恤衆論語爲力不同科馬融曰爲力者力役

之事有上中下三科謂歲有豐凶地有遠近時有久暫周衰政失力役不均故孔子傷之公旬之有均也力役之有科也鄉師作秩叙作以此宮伯行秩叙行以此歟古者兵出於民容民畜衆謂之師故曰夫家衆寡又曰人民虎賁掌虎士司右掌勇力之士皆人民也入則衛於宮出則耕於野三時不害而兵亦足其秀者糾其德行教之道藝皆彬彬乎有儒者之風其桀者去其淫怠斥其奇衺而無勇悍不馴之氣宮正爲之版籍其名內宰爲之圖畫其象邦有大事作而令之是爲王之爪牙及宣王之末六鄉之士不滿六軍乃取王之爪牙以充之由是調發轉移不以其地畨役更代不以其時至不能養其父母而祈父之刺興矣祈父主封圻宮伯主宮殿

殳猶伯也王之爪牙謂士庶子之守城郭者靡所止居靡所底止言秩叙之不均也然則祈父蓋夏官之掌固與古者卒謂之士庶子猶餘子也呂覽齊晉相與戰平阿餘子得戟亡矛說苑佛肸以中牟叛城北餘子袪衣入鼎戰國策燕趙久相攻餘子之力盡於溝壘古之闢士皆曰餘子周書曰成年餘子務藝儉年餘子務穡大荒餘子倅運蓋即九職之閒民宮正所教宮伯所作之士庶子說者以爲公卿大夫之子豈其然乎秦爵有公士越軍有教士楚師有都君子說者謂公士乃有爵之步卒教士乃教練之精兵近乎周之士庶子都君子乃都邑之士君所子養而有復除近乎周之國子故國子則授之車甲司馬弗征而士庶子則猶有徒役之事焉或

衛王宮或守城郭或屬都家王宮有糾禁城郭有守政都家有戒令蓋皆以秩叙行之者也有卿大夫之庶子有民之庶子卿大夫之庶子爲國子遊倅之所存民之庶子爲國粥餘閒之所養而衛王宮守城郭屬都家謂之士庶子軍行則從歲終則饗有功則勞死則弔焉蓋所謂國粥歟而朝大夫都則之庶子在府史之下則胥之職也而以卿大夫之子爲之則胥非賤吏可知矣趙左師觸龍願以其少子補黑衣之缺以衛王宮則知戰國時衛王宮者皆卿大夫之庶子即夏官諸子職所謂國有大事則帥國子而致於太子文王世子篇所謂公若有出疆之政庶子以公族之無事者守於公宮公族之無事者國之貴遊子弟也王之庶子眡列國之大夫王

充曰吏衣黑衣宮闕赤單然則漢之衛卒皆服絳褌衣矣周尙赤蓋亦服赤歟莊子秋水篇有壽陵餘子司馬彪云餘子未應丁夫蓋謂閒民也管子問篇曰餘子仕而有田者今入幾何人餘子之勝甲兵有行伍者幾何人然則閒民者非餘子之未仕而無田亦無行伍者乎呂覽報更篇曰張儀魏氏餘子也平阿壽陵魏氏皆地名則餘子爲閒民信矣〔古曰餘子漢曰分子洪氏隸釋載北海相碑鶡梟不鳴分子還養耿勳碑脩治狹道分子劾力義井碑陰稱分子者六十人蓋家之餘子壯則出分故曰分子古之閒民也晉夏仲御別傳自稱會稽北海閒民明閒民卽漢之分子矣〕膳人職王卒食以樂徹於造大祝職注云故書造作竈然則古文造竈通矣吳越春秋勒馬銜枚出火于造闇行而進案造吳語作竈所謂係馬舌出火竈龜策傳灼鑽之處亦以造

名注造音竈本此玉藻天子皮弁以食日中而餕諸侯朝服以食夕深衣注云餕者食朝之餘天子言日中諸侯言日夕互相挾故王卒食則徹於竈以便餕溫而供日中及夕之餕也賈疏謂徹於造者不重進失之矣以樂徹者荀子曰天子曼而饋雍而徹淮南子曰鼛鼓而食奏雍而徹鼛鼓者王大食之所奏也古者人君食皆用當月之調以取時律之聲使不失五常之性調暢四體令得四氣之和故天子食飲必順四時有食舉樂所以順天地養神明說者謂徹饌奏雍津潤已竭其不然乎雍和也奚其竭白虎通曰平旦食少陽之始也晝食太陽之始也餔食少陰之始也暮食太陰之始也是爲四飯樂者德音功成乃作以之侑食者明天子至尊非功

不食非德不飽王日一舉者康成云朝食也謂王日四飯惟朝一舉日中及夕皆餕其餘齊日三舉者旦也晝也餔也司農云齊必變食變者改常饌更而新之潔清其氣而已賈疏謂三舉者三太牢亦失之五穀者民所仰君所養故五穀盡升則五味盡御于王不盡升則不盡御一穀不升謂之饉二穀不升謂之旱三穀不升謂之凶四穀不升謂之餽五穀不升謂之饑凶饑存乎國人君徹鼎食大荒不舉者凶饑也一穀不升徹鶉鷃二穀不升徹鳧雁三穀不升徹雉兔四穀不升損囿獸五穀不升不備三牲玉藻朔日太牢朔日猶齊日也視朔朝廟必齊賈疏謂朔日當兩太牢膳夫職文不具則又何據而云然也大喪謂后世子之喪春秋晉荀躒如周葬

穆后既葬而宴宴必奏樂故曰宴樂叔向以爲非禮則晉悼公既葬平公與諸侯宴于溫魯小君穆姜既葬襄公與晉侯宴於河上其爲非禮益顯矣愚謂言大喪則兼包小喪王爲三公六卿錫衰諸侯緦衰大夫士疑衰皆小喪也子卯尚稷食菜羹王服衰而殺牲盛饌有是理乎則小喪亦不舉可知也大司樂諸侯薨令去樂大臣死令弛縣

廛人職凡珍異之有滯者斂而入於膳府注云珍異四時食物久則瘦臞臞一作臞臞音稍腐敗故買之入膳夫之府所以紓民事而官不失實愚謂膳夫掌肉脩之頒賜廛人斂而入於膳府者所以供王之頒賜也大宰掌九式必有分頒內饔選百羞不忘好賜皆所以恤下推恩故饗飲之禮觴不下徧君不嘗

羞殽不下浹上不舉樂由余曰乾米不腐則左右親芭苴時
有筐篚時至則羣臣附官無蔚藏腌陳時發則戴其上故禮
國有饑人人主不殆所謂珍異之有滯者皆腌陳之物以時
斂而發之則官無蔚藏而澤亦得下流焉是以祭必有餕尸
餕神餘臣餕君餘賤餕貴餘下餕上餘上有大澤惠必及下
煇胞翟闇至賤之吏皆得食其餘則境内之民必無凍餒者
矣世稱中山以羊羹亡國非也饗士大夫而羊羹不及其司
馬貴者且猶不及况其賤者乎則境内必多凍餒之民可知
也民多凍餒國焉得不亡晏子之魯朝食有豚晏子曰去其
二肩也藏(去)及晝進膳則豚肩不具侍者曰亡之矣我能得其
人晏子曰止吾聞藏餘不分則民盜豚肩雖小漫藏之招也

故積多不能分謂之吝各列四惡古者聘賓歸饔餼肦肉及瘦車言以分人無不辯也曾謂晏子未聞禮乎鄉師以歲時巡國及野而賙萬物之囏阨凡有天災民病司救又持節巡行而以王命施惠晉之復覇也上無滯積下無困人閭廬治吳天有菑癘親巡孤寡共其乏困說者以爲小惠然皆本於周官

牛膏膷犬膏臊雞膏腥羊膏羶鄭說則然晏子春秋曰食魚無反惡其鱢也說文引周禮膳膏鱢凡鮏鱢从魚者皆言魚則許氏以膏鱢爲魚膏矣又胜臊从肉者爲犬豕犬膏臭胜豕膏臭臊鄭司農如之杜子春反之皆言犬豕獨康成謂雞膏胜以爲雞屬木秋木休廢犢麛物成而充得氣尤盛故用

休廢之脂膏爲膳其説不知出何書也又腥从星音穌佞切與胜从生音桑經切者不同腥謂星見食豕令肉中生小息肉康成亦云肉有如米者似星今驗之良然則腥乃豕肉之不可食者膳膏腥當作胜俗通作腥流傳已久不可復正矣呂覽云三羣之蟲水居者腥肉玃者臊草食者羶滅腥去臊除羶必以其勝繁露亦云凡物乘泰而生厭勝而死飲食臭味亦有所勝有所不勝不可不察薺以冬美甘勝寒芬以夏成苦勝暑得天地之美而四時和蓋其法掌於食醫者歟月令五臭無臊故春臭羶内經五臭無羶故春臭臊則臊類於羶也繁露夏祭先亨商祭先臊則又胜臊同類矣月令冬臭朽内經冬臭腐説文朽作歺腐也腐之言無也氣若有若無

爲㱙或从木獨秋臭腥故秋膏腥月令內經與周官皆合蔡邕注月令以爲十二辰之禽五時所食者家人所畜丑牛未羊戌犬酉雞亥豕而已春木勝土故春食未羊夏火勝金故夏食酉雞季夏土勝水當食豕而食牛者四行之牲無足以配土德故季夏食牛秋金勝木而虎屬寅冬水勝火而馬屬午虎非可食而禮不以馬爲牲犬豕無角其類也故以其類爲食焉麥爲木菽爲金麻爲火黍爲水各配其牲雖有此說而米鹽精粹不合於易卦之禽及洪範傳五事之畜近似卜筮之術故予略之愚案十二辰之禽先儒無說大司馬喪祭奉詔馬牲則馬亦牲也而云禮不以爲牲豈膳夫六牲獨無馬歟淮南子禾春生秋死豆夏生冬死麥秋生夏死則又以

菽爲火麥爲金康成謂黍爲火麻爲金菽爲水稷爲土麥爲木木雞火羊土牛金犬水豕孔氏以爲陰陽取象多塗故午爲馬酉爲雞不可一定也賈氏亦引易說太山失金雞西嶽亡玉羊則羊屬火又屬金矣古有乘馬有食馬穆天子傳獻食馬三百是也食無馬牲自秦漢始易林曰三年生狗以戌爲母又曰黃獹生狗白戌爲母是金犬生於戌土推之十二禽皆然許叔重曰古文亥爲豕與豕同則十二辰之禽起於古矣

甸師祭祀共蕭茅鄭大夫云蕭或爲莤讀作縮束茅立之祭前沃酒其上酒滲下去若神飲之故謂之縮縮滲也案縮說文作莤云禮祭束茅加於祼圭而灌鬯酒是爲莤象神歆之也其說與鄭大夫同而引左傳爾貢包茅不入王祭不供無以莤酒爲證然則縮酒縮酌皆當作莤从酉从草義見乎文

假借作縮音是而義非矣夫茅牡蘧而秀蓺其根葯綯爲索漚爲菅束爲屯表爲蕝覆地曰藉封土曰蒩苫屋曰茨束矢曰握蓋鼎曰鼏或折以卜或埶以招或以爲旌或以爲屏花赤者藑毛刺者菁三脊者靈及其用之於祭也其名二曰苴曰莤其義三曰藉曰湑曰灌藉也者祭以之承也湑也者酒以之清也灌也者神以之歆也包于匭藏于館實于篚苴不兼莤莤得兼苴士以上祭皆用苴非天子不名莤王祭不供聲罪討之正其名也杜子春破莤爲蕭失之矣艾蕭何物而居其上乎或曰莤讀爲蕭猶葥讀爲簫則合蕭茅爲一物矣豈其然愚謂其音同其物異地員篇曰蕭下於薜薜下於萑萑下於茅

鼈人掌取互物以時簎魚鼈龜蜃凡貍物鄭司農謂簎者以杈剌泥中搏取之愚案説文簎刺也説本司農魯語作矠矠魚鼈以爲夏稿莊子作擉冬則擉鼈於江列子作籍牢籍庖廚之物韋昭謂矠擉也般敬順釋文謂籍本作簎以木竹圍繞而刺之簎讀爲柵柵木欄也愚案説林訓罛者扣舟謂積柴水中魚聞扣舟聲藏柴下擁而取之周頌所謂潛尒疋所謂槮簎非罛非槮乃西京賦所謂叉蔟之所攙捔蔟與簎音義同楚角箸獨二切東京賦云瑇瑁不蔟謂貍物也秋官有硩蔟氏蔟謂叉取之司農讀爲爵蔟之蔟蔟謂巢鳥之巢猶魚之穴故取之之名同挺叉來往似無柵欄列子牢籍亦非貍物般説誤矣司農云互物謂有甲㒼胡胡猶互也見釋名㒼猶曼也互物之甲歛張開闔其

狀曼曼然故曰蔛胡脩蠯圜蟕其類皆然月令其蟲介高誘注曰介甲也象冬閉固皮漫胡也蔛曼漫音同義亦通互一作冱左傳固陰冱寒冱一作洄讀爲互言閉之固也戰國策蚌方出曬鷸啄其肉蚌合而箝其喙鷸曰今日不雨明日不兩卽有死蚌兩開也開爲兩閉爲蔛康成謂貍物鱴刀含漿之屬釋魚云鮤鱴刀蚌含漿案鱴刀鮆魚也一名刀魚飲而不食九江有之貍藏之物其出以時蓋謂魚之貍者多此類不獨龜蠯爲然含漿乃蛤耳非與魚同類其爲貍物則一也賈疏失之一說簎與椓通曹大家東征賦椓蠡陳思王遷都賦椓蠡螯皆謂取互物也椓一作涿秋官有壺涿氏其官掌除水蟲與鼈人皆下士一除之一取之凡邦之簎事二官兼

掌之者歟康成謂涿擊之也故書涿爲獨司農讀爲濁音與涿近書亦或爲濁愚謂濁與擉音同古文通籗簇㧻擉文雖異而音義皆同也（地名涿鹿一名濁鹿索隱曰古今字異戰國策不兩或誤爲不雨春秋後語以其音不諧遂更之曰今日不雨明日不雨必見蚌脯其可笑如此）

癘疾者四時之鬱氣也川鬱爲汚樹鬱爲蠹草鬱爲蕢氣鬱爲癘木鬱發於春火與土鬱發於夏金鬱發於秋水鬱發於冬是謂癘疾春氣在頭故病痟首其病有端三陽受寒伏留不去頭痛員員入連在腦腦逆而酸（說文酸痟頭痛）所謂痟首疾也寒涼者脹溫熱者瘡故夏病痒疥風行脉窬肌膚憤䐜散於分肉肉有不仁所謂痒疥疾也金肺受邪形弱氣爍一觸秋金遂成風瘧身之衞氣日夜循行邪客風府與衞交爭故有

瘧寒疾也。陽氣不藏，故冬病欬。五行傳謂欬者口舌痾，木沴金，非也。四時皆有之。月令夏多欬，心與脾欬也。周官冬有嗽，腎欬也。陰下陽上，諸陽上浮，氣逆而喘，無所歸休，故有嗽上氣疾也。形不足者溫以氣，精不足者補以味，或收使斂，或散使宜，緩急燥潤，或耎或堅，贊其運氣，資其化原，而五穀得天地之和，其味尤美而完焉。故食歲穀以安其氣，全其真，食間穀以去其邪，保其精。而病有久新，方有大小，藥有厚薄，惡石氣勁，必伐天和，芳草氣美，其毒滋多，不輕服也。佐以所宜，以平爲期，毋增其氣，氣增而偏，偏則受傷，夭絕天年。所謂以五味、五穀、五藥養其病者如此。時氣爲客，藏氣爲主，胃氣爲宗，精氣爲榮，悍氣爲衛，邪氣爲淫。主客平則氣和，榮衛通則氣順歸於其宗邪淫自正反是乃病感邪則甚氣有所積有所聚積氣爲陰陰伏而沉不離其經聚氣爲陽上下無常莫知其鄉麗於形流於血氣血離居形氣相失肺氣絶尺澤竭心氣絶神門閉必結反肝氣絶大衝歇腎氣絶大谿泿胃氣絶衝陽滅故動氣而知其藏也所謂以五氣眡其死生者如此五聲者氣之籥五色者氣之華也角聲爲呼徵聲爲笑宮聲爲歌商聲爲哭羽聲爲呻心爲噫肝爲語腎爲欠爲嚔胃爲噦肺爲欬聲微者氣奪聲不發者氣濕語言不擇者氣亂聲嘶者弦絶聲喝一介反者病深故聞而知之者醫之聖也所謂以五聲眡其死生者如此色之見也有淺有深病輕者見淺有枯有澤內敗者色枯黃赤爲熱白爲寒青黑爲痛黃如枳實

青如草兹赤如衃血白如枯骨黑如炲此五色之見死也黃如蟹腹青如翠羽赤如雞冠白如豕膏黑如烏羽此五色之見生也所謂以五色眂其生死者如此著主肝竅於目赤主心竅於耳白主肺竅於鼻黑主腎竅於陰黃主胃竅於口見淮南子一說腎竅耳心竅舌舌非竅也故以耳屬心焉是謂九竅蓋精神之戶牖外為表而內為裏開閉張歙各有經紀則所謂變者可知也人身有三部部有三候上部胸至頭中部膈至臍下部臍至足三部各有天地人三三而九神藏五形藏四合為九藏故曰平八索建九紀八索者八體首也腹也足也股也目也口也耳也手也九紀者九藏頭角也耳目也口齒也肺也心也胃也肝也脾胃也腎也精其術者以九竅之

變九藏之動與五氣五聲五色兩而參之魏文侯問扁鵲曰子兄弟三人孰最善爲醫扁鵲曰長兄最善中兄次之扁鵲爲下魏文侯曰可得聞乎扁鵲曰長兄於病視神未有形而除之故名不出於家中兄治病其在毫毛故名不出於閭若扁鵲者鑱血脉投毒藥副肌膚而名出聞於諸侯侯讀爲胡與家閭侗音魏文侯曰善說者謂上醫眂神中醫眂氣下醫眂色非也凡物有氣而後有神有神而後有色神者氣色之精集於珠玉爲光明兩而參之不言神而神在其中矣抑又聞之四時之沴氣關乎政令而以德化爲轉移故曰政令者氣之章德化者氣之祥災眚者傷之始變易者復之紀醫術也其通於天道者乎管子酸主脾鹹主肺辛主腎苦主肝甘主心五藏具而後生肉脾生膈肺生骨腎生腦肝生革心生

因五因已具而後發爲九竅脾發爲鼻肝發爲目腎發爲耳肺發爲口心發爲舌所謂神藏五者肝藏魂心藏神脾藏意肺藏魄腎藏志也一說五藏有七神謂脾藏意與智腎藏志與精并三藏爲七府有六而三焦一府主持諸氣有名無形不屬五藏三陽在頭故受寒則頭痛呂氏春秋曰鬱處頭則爲腫爲風

瘍醫療瘍以五氣養之注云五氣當作五穀非也史記軒轅治五氣說本内經岐伯曰天食人以五氣地食人以五味五氣入鼻藏於心肺五味入口藏於腸胃味有所藏以養五氣氣和而生津液相成神乃自生五色修明音聲能彰此五氣之和使然也五氣不和結爲五鬱不發不洩其氣外溢因潰皮折面目浮腫肌膝瘖瘍五色不明五聲不彰此五氣之沴使然也故療瘍者抑其運氣贊所不勝折其鬱氣先取化源同天氣者以寒清化同地氣者以溫熱化無犯司氣無犯間

氣氣之上下爲司左右爲間司氣以紀歲間氣以紀時先時而至爲有餘命曰氣淫後時不至爲不及命曰氣迫氣之勝也微者隨之甚者制之氣之復也和者平之暴者奪之安其主客適其寒溫佐以所利資以所生是爲得氣無失病機謹候氣宜不可過之以平爲期此非以五氣養之之法歟春氣在左秋氣在右夏氣在前冬氣在後長夏氣在中至高之地冬氣常在至下之地春氣常在必謹察之是故五氣不明五治不分失時反候邪僻内生工不能禁也氣有六而云五者少陽與少陰同法厥陰·少陰·少陽·太陰·陽明·太陽爲六氣·

瘍醫祝藥康成云祝當爲注讀如注病之注釋名云注病一人死一人復得氣相灌注也古文假借多取音同函人甲屬

匠人水屬注晢云屬讀爲注音同古文通左傳鉥韋之蹢注賈服皆云注屬也是左傳之注即函人之屬故荀子注纊（注一作經）注與屬同義離騷奔屬屬與注同音學者不明六書乃謂康成好破字不亦異乎氣相灌注謂之祝藥不獨瘍醫爲然墨子非攻中篇曰今有醫於此和合其祝藥之於天下之有病者而藥之萬人食此若醫四五人得利焉猶謂之非行藥也故孝子不以食其親忠臣不以食其君然則祝藥猶行藥也王半山以爲祝由誤矣（刪本墨子無祝字宋人以意刪出之）祝藥劀殺瘍醫之術太元從之次七曰拂其惡從其淑雄黃食肉測曰拂惡從淑救凶也達之次七曰達于砭割前亡後賴測曰達于砭割終以不廢也此言瘍醫之術甚精劀殺猶砭割注藥以食

其因惡去而善生前雖亡後實賴之以此救凶終以不廢內
經癰瘍宜砭石古者以石爲鍼謂之砭劀以砭殺以藥是爲
劀釋名曰州注也郡國所注仰也古州與祝同音故皆讀爲
注史記索隱注云注音丁救反御覽引釋名注病作疰祝
由說文作祝
禱音相近也

禮說卷一

禮說卷二

天官二

東吳　半農　惠士奇

五齊一曰泛二曰醴三曰盎四曰緹五曰沈釋名云汎齊浮蟻在上汎汎然也鄭云成而滓浮如今宜城醪矣釋名亦云宜城醪蒼梧清言一清一濁也泛一名醠說文云醠濁酒也醪汁滓酒也釋名云醴禮也釀之一宿而成有酒味而已醴一名酤詩無酒酤我毛傳云酤一宿酒也鄭云如今恬酒矣高誘云醴以糵不以麴濁而甜中山經曰其祠糵釀注云以糵作醴顏師古謂醴少麴多米非也醴不以麴高說得之釋名盎者滃滃然濁色也盎說文作醠亦云濁酒鄭云葱白色

如今酇白矣酇讀爲醝廣雅云醝酒也宋孝武四時詩所謂白醝解冬寒也釋名云緹者色赤如緹也鄭云成而紅赤如今下酒矣詩釃酒有衍說文云釃下酒也謂盪酒以筐貫漉云若今糟牀矣釋名云沉者濁滓沈下汁清在上也鄭云成而滓沉如今造酒矣沉一作澄則清可知也南都賦十旬兼清疑即此三酒一曰事二曰昔三曰清釋名云事酒有事而釀之酒也鄭云事酒今之醳酒皆新成也釋名醳酒云久釀酉澤似非新成一名舊醳鄭云舊醳謂昔酒益醳酒有舊有新舊爲昔酒則新爲事酒矣醳之言澤也故醳一作澤昔酒今之酋久白酒清酒今中山冬釀接夏而成內則酒清白注云白事酒昔酒也酒色清明謂之明酌五齊之醴爲濁三酒

之事爲新皆卒造之酒故泲醴以事其味尤相得也醆酒涗於清汪云盎齊差清故和之以清酒則泛醴爲尤濁矣其用之祭祀則酒正凡祭祀以法共五齊三酒以實八尊酒人掌爲五齊三酒祭祀則共奉之然則造之者酒人辨之者酒正有式有法凡祭祀皆然也學者見禮運有醴醆醍澄而無泛遂謂禘用四齊惟大祫備五齊三酒時祭用二齊醴盎諸侯禘用二齊時惟一齊盎而已時小於祫誠然祫大於禘豈其然盎一作醠說林訓曰清醠之美盎未涗濁旣涗清宋元豐禮以爲酒正八尊設而弗酌司尊彝六彝六尊設而酌之今太廟明堂請以泰尊實泛齊山尊實醴齊著尊實盎齊犧尊實緹齊象尊實沉齊壺尊實三酒皆爲弗酌之尊又以犧尊

實醴齊象尊實盎齊犧西象東壺尊實清酒皆爲酌尊尊三其貳以脩乏匱愚謂尊皆不空五齊神所享故不貳三酒人所飲故益之是以尊常滿貳者有數不貳者有量惟無算爵則無數無量爾宋禮有酌尊有弗酌之尊則先儒之所未言也存以備攷禮記外傳曰五齊尊而三酒卑謂之齊者酒人和合之分劑之名三酒者列於堂下臣下相酹酬酢之用

三酒有酌數五齊有器量其獻也必有從謂之從獻從獻之脯燔亦如齊酒之有數量焉齊酒之數量酒正掌之脯燔之數量量人制之祭祀之從獻有肝燔饗賓之從獻有脯醢天子諸侯之祭禮亡以特牲饋食言之主人獻尸以肝從獻祝亦以肝從主婦亞獻尸以燔從亞獻祝亦以燔從賓三獻燔

從如初主婦致爵于主人肝從燔從如初主人致爵于主婦從獻皆如初尸酢賓長賓長獻祝及致爵于主人主婦燔從亦如初而無肝從則禮殺於初矣獻賓及衆賓獻長兄弟衆兄弟及內兄弟雖無肝燔兩從而有薦俎薦俎亦謂之從無從者加爵加爵非獻也故無從則凡獻皆有從也獨獻佐食有脅無薦旣下尸又下祝從獻之俎設於階閒豈非以其賤歟葢從獻肝爲貴燔次之嗣舉奠尸授肝佐食設豆鹽肝宜鹽也少牢酳尸牢肝用俎擩於俎鹽言用俎明亦有用豆者故同一肝鹽或在豆或在俎腊人祭祀共豆脯則脯亦有在豆者矣康成謂脯非豆實豈其然乎上大夫賓尸惟羞羊燔與豕燔而已無肝也賓尸禮殺於正祭故無肝從則從獻尤

以肝爲貴也饗賓從獻則天子之饗禮亡今存者諸矦之燕禮饗終乃燕燕之初立而行禮則饗存焉饗禮獻有從旅無從然當其獻卿也設席乃薦之及其獻大夫也則旣獻乃布席薦之至徹俎升燕而後大夫祭薦所以别尊卑旣燕而獻士畢乃薦士則士尢卑矣亦各就其位薦之故皆曰從獻賓醉而出必取薦脯重君賜也以所執脯賜鍾人於門內霤廣君惠也邾莊公與夷射姑飲酒出而閽人乞肉者以此射姑出不執脯奪杖敲閽無禮甚矣邾之亡也宜哉內則有服脯有析脯腶爲脩柝爲羹則脯有濡有乾濡者炙以飴蜜豉汁淹之脯脯然宜於豆乾者服而捶焉乃施薑桂挺挺然宜於籩古者尚之冠醴子子取以見母昏醴賓賓取以反命贊醴

婦婦取以授人然則脅兼燔而尚肝薦兼臨而尚脯皆曰從主於獻也食禮無獻酬故脯燔不設而大饗尚腶脩脯以籩燔以俎皆因物也內饔辨焉詩曰如酌孔取箋云孔取謂度其多少凡器之孔其量大小不同所謂酌有數量也詩曰有兔斯首炮之燔之君子有酒酌言獻之箋云炮燔以爲飲酒之羞凡飲酒之禮既獻賓乃薦羞所謂從獻之脯燔也酌有淺深大小薦有長短多少因從酒故薦從酌鄉射記所謂脯五膱膱長尺二寸似非定數必有等差漢祀岱宗脯長五寸則漢之脯短於古矣曲禮脯曰尹祭士虞記折俎二尹縮祭半尹是脯不徒爲豆實兼折以爲俎實也鄉射記祭半膱橫于上半膱猶半尹縮猶從俎橫設故橫於上者於人爲從謂

之縮祭。杜氏通典曰從獻上炙主人以肝主婦以肉謂之燔隨酒行禮風俗通曰祀岱宗作脯廣一尺長五寸祀訖取泰山君夫人坐前脯三十朐太守拜章傳送洛陽

秋官司厲掌奴其奴男子入於皋隸女子入于舂槀秋官皋隸百有二十人役辱事積任器助牽車漢律所謂隸臣地官女舂抌女槀皆有奚奄人掌之是爲舂槀而天官女酒女漿女籩女醢女醯女鹽女冪春官女祧皆有奚奄人掌之名曰女奴亦曰宦女宦女者官婢也不獨給事舂人槀人總謂之舂槀若漢律之白粲鬼薪而酒人之奚多至三百則古之酒皆女子爲之蓋酒陰類祭先灌求之陰詩曰天立厥配配讀爲妃傳訓爲媲說文云配酒色也從酉妃聲妃作嬰省爲妃酒之溺人猶女之惑人先王亦所以示戒歟或曰女奴入舂槀則酒

人之奚非女奴也愚以爲不然鍾子期夜聞擊磬者而悲使人召而問之答曰臣之父不幸而殺人臣之母得生而爲公家爲酒臣之身得生而爲公家擊磬臣不覩臣之母三年矣量所以贖之則無有是故悲也然則古之爲酒者皆女奴信矣其父殺人而死妻子從坐爲奴則非古法也康成謂從坐男女沒入縣官蓋起於戰國歟月令染人曰婦官葢典婦功之屬官淮南子云庶女尙葈葈與枲通尙猶典也而天官典枲受臨典絲受良皆非女子獨內司服縫人有女御女工及奚而已而婦功絲枲有府史工賈故男子主之且以其有黼畫組文之美布緦縷紵之功以共祭祀以給喪紀以待時頒故婦人不與焉古配讀爲妃易遇其配主鄭註曰嘉耦曰妃虞注亦曰妃嬪葢配古妃字非改配爲妃也

大戴禮哀公問配以及配禮記配作妃古今字戰國策梁王觴諸侯於范臺酒酣魯君舉觴一作觴言曰昔者帝女令儀狄一作帝女儀狄作酒而美進之禹禹飲而甘之是酒之作也始於帝女女酒之名蓋取諸此墨子曰丈夫以爲僕圉胥靡婦人以爲春酋酒孰曰酋故酒人爲大酋然則春酋者酒人之奚也如淳曰酋音酒酋孰與久切酒正四飲漿人六飲皆有醫醫者古之湯液今之酒漿也故漿人掌之酒正辨焉說文醫治病工毆者惡姿也得酒而使一曰毆病聲酒所以治病周禮有醫酒郊祀志順風作液湯如淳曰藝文志有液湯經其義未詳愚按內經黃帝問曰上古聖人作湯液醪醴爲而不用何也岐伯曰古聖人之作湯液醪醴者以爲備耳故爲而弗服也中古之世道德稍衰邪

氣時至服之萬全當今之世必齊毒藥攻其中鑱石鍼艾治其外形弊血盡而功不立然則古之治病未有毒藥鍼石先有湯液酒醴故謂之醫毆者噫也病者善噫故人身有譩譆穴在背下俠脊傍三寸所厭之令病者呼譩譆譩譆應手言以手應之病者作聲則止譩一作醷莊子曰生者喑醷物也亦作意漢書意烏注云恚怒聲古以酒治病遂以名其酒故醫醷皆從酉以毆意得聲康成以醷爲梅漿失之矣一天二地三人四時五音六律七星八風九野身形亦應之人出入氣應風順風作液湯者時則訓所謂服八風水也故王莽起八風臺作樂其上說者謂八方之風朝會太乙豈其然六飲之涼卽內則之濫康成謂濫以諸和水紀莒之間名諸爲濫

愚案管子曰冬日不濫非愛水也夏日不煬非愛火也爲不適於身便於體也然則濫一名涼蓋宜於夏矣楚辭挫糟凍飲酎清涼注謂盛夏之時覆甕乾釀提去其糟但取清醇居之冰上而飲之則酒寒涼也其説近之水涼二物酒正不辨者非以其無糟歟涼廣雅作䣼本説文雜味也釋名謂之桃濫水漬而藏之其味酢而濫濫者古者以飲澆飯謂之飧禮食未飧必先啜飲以利喉不令澀噎故未嘗羞先飯飲卒食又三飯三飲三飲者三漱漿也古有客舍賣漿家列子曰吾食於十漿而五漿先饋蓋四飲兼清糟爲八加以水涼謂之十漿

宰夫職云府掌官契以治藏歲終則令羣吏正歲會月終則

令正月要旬終則令正日成而以考其治歲會日成月要皆官契也酒正職云凡有秩酒者以書契授之酒正之出日入其成月入其要則成要卽書契矣稱責以傳別取與以書契賣買以質劑出入以要會傳别質劑要會皆書契之名府實掌而藏之故曰府酒正府二人酒人漿人無府故酒人共五齊三酒漿人共六飲皆曰入于酒府謂入于酒正之府日入其成月入其要也治之者府贊之者史故曰史掌官書以贊治聽之者小宰也聽謂之成故小宰八聽爲八成

籩人掌四籩之實朝事饋食加籩羞籩先鄭謂朝事者清朝未食先進寒具口實之籩則饋食加羞皆非祭禮乃王之饋食燕食可知矣朝薦腥饋薦孰加籩后獻尸所薦羞籩房中

之羞後鄭說也朝事之籩膴鮑魚鱐史記鮿千石鮑一斤鮿一作鮿鮿即鱐析乾爲鱐破開爲鮿一說鱐即薧薧藏魚也薧俗作鮝古音若詐今音若想鮑亦煏乾之但不析耳或云鮑魚誤矣凡籩實皆乾賈誼曰昔文王使太公望傅太子發嗜鮑魚而太公弗與曰禮鮑魚不登于俎豈有非禮而可以養太子哉愚謂脡加於俎鮑實於籩禮也曷爲不可以養太子也豈王者備物太子則否歟而膳夫養王及后世子似與王同世子之膳歲終不會所以優尊不聞與王異則又何說而獨去鮑魚也或曰去鮑魚惡其臭猶去邪蒿惡其名加籩之實蔆芡㮚脯楚語屈到嗜芰芰蔆也有疾屬曰祭我必以芰及祥將薦芰其子建命去之曰不羞珍異不陳庶侈夫子不

以其私欲干國之典遂不用左史倚相亦以爲違而道愚謂蔆芡㮚脯分實八籩天子之祭禮也特牲兩籩棗烝㮚擇有司徹則籩蕡白黑棗糗而已不聞有蔆芡惟王者大饗得備四海九州之美味故珍異庶侈皆羞而陳焉大夫而薦芰是僭用天子之禮也故屈建曰干國之典倚相亦云薦芰以干之說者謂芰非祭物誤矣饋食之籩果屬有五桃其一也先於蘋榛次於棗㮚家語乃云果屬有六而桃爲下祭祀不用不登郊廟托諸孔子不亦妄乎尒疋瓜曰華之桃曰膽之棗李曰疐之樝梨曰鑽之內則棗曰新之栗曰撰之又有瓜桃李梅之屬安見桃爲下也釋草蔆蕨攈郭注云水中芰說文蔆楚曰芰秦曰薢茩茩廣雅作苟方言芡雞頭北燕謂之䓈

一作蔆。廣雅蔆芡雞頭也。音悅欒切。江湘之間或謂之鴈頭，或謂之烏頭。蔆戈蘳吻切。莊子謂之雞廱。司馬彪云：雞頭也，與藕子合爲散服之延年。說山訓曰：雞頭已瘻。

●籩人籩實有麷。今之麥芽。釋名云：漬麥覆之，使生芽。荀子曰：午其軍，取其將，若撥麷。言其柔脆也。先鄭云：熬麥曰麷。說文亦曰煮麥，讀若馮。後鄭云：今河間以北煮穜麥賣之，名曰逢。其音若馮，與說文之讀符矣。崔寔四民月令曰：臘月祀炙逢。樹瓜田四角去蠚瓜蟲，謂之蠚。集韻曰：𪍿𪎊，寒具。引干寶司徒儀祭用𪍿𪎊逢之類也。蓋今之麥餠。𪍿一作𪎘。賈誼連語宋昭公衣苴布，食𪎘餕，卽此。晏子春秋曰：晏子侍于景公，朝寒，公曰：請進暖食。暖食者，漢之寒具也。醢人豆實有茆音栁從艸丣聲詩曰思樂泮水言采其茆魯侯戾止在泮飲酒則茆讀爲栁又何疑毛傳曰茆鳧葵也茆俗作茆古無茆字說文有茅無茆卯古卿字音去京切茅訛爲茆失其聲矣故鄭大夫讀茆爲茅茅菹茅初生或曰茆水草杜子春讀茆爲丣康成從之故曰茆鳧葵葢以茅非水草又不可爲菹也俗本茆皆作茆故音義云茆音卯北人音栁茆讀爲栁六書正音豈獨北人乎齊魯諸儒讀茅爲貿春秋茅戎公穀二傳作貿戎則茆亦可讀爲茅也故天文訓以卯爲茂丣爲飽讀亦如之然飽古文作[罒/食]從卯不從丣若破茆爲茆則古文所無不可不辨玉篇廣雅皆從俗失之者多矣饋食之豆有脾析豚拍司農以牛百葉爲脾而謂之析者析猶散也莊子曰臘者之有膍胲可散而不可散也

膍與脾通司馬彪亦以爲牛百葉或云胲備也大祭備物殽有膍胲愚謂胲聚也聚爲胲散爲析故脾析一名膍胲廣雅百葉謂之膍胵胃謂之肪說文以肪與膍皆百葉一曰鳥膍胵胵者鳥胃也又曰五藏總名愚謂脾連於胃爲五藏之宗故脾析又名肪謂之膍胵者以此肪音芳胵處脂切既夕禮大遺奠四豆亦有脾析注云脾讀爲雞脾肶之脾蓋雞胃也脾肶卽膍胵文異音同實一物豚拍一讀爲髆豚肩也見說文一讀爲胉豚脅也見廣雅士喪禮兩肩亞兩胉亞卽此

醓人共醓醓人共醓釋名曰醓多汁者爲醓醓瀋也宋魯人皆謂汁爲瀋愚謂醬屬醓人名曰醓醬則醓卽醬也不應分爲二士昏禮醓醬二豆二豆者壻與婦醬爲對醬則醓醬非

二物矣五齊七菹皆醯物也謂皆以醯調之醯物猶醬物一物二名膳夫職所謂醬用百有二十甕內饔職所謂百羞醬物者卽此古有鹽梅而無豉醋醋讀爲昨說文云客酌主人也漢始有豉說文所謂配鹽幽尗五味調和須之而成食乃甘於是始有酢漿爲醶急就篇所謂鹽豉醯酢漿尚書孔注亦云鹽鹹梅醋蓋今之醋古之梅也則古無醋明甚左傳醯醢鹽梅以烹魚肉聘禮歸饔餼醯醢百甕皆不言醬則醯非卽醬歟公食大夫禮公設醯醬大羹湆設於醬西粱設於湆西皆公親設也賓取粱及稻祭于醬湆間三飯以湆醬卒食會飯三飲不以醬湆取粱與醬以降而不言醯以此知醯醬爲一物也荀子曰醯酸蜹聚敗則酸廣雅謂之醋豈其然醯

人有七醢三醷。釋名曰。醷。骨肉相搏䏿也。醢有骨而無汁者曰醷。然則無骨而有汁者醢。汁多者醯。芥醬卵醬醢醬醯醬皆醬名。醢醬者。醬之多汁者也。弟子職醢醬。誤爲醬醢。學者不可不知。醢人羞豆酏食糝食。司農云。酏食以酒酏爲餠。糝食菜餗蒸。賈疏云。酒酏若今起膠餠。餗者易覆公餗。鄭注云。糝謂之餗。震爲竹。竹萌曰筍。筍者餗之菜也。案餗說文作鬻。鼎實惟葦及蒲。陳畱謂健爲鬻。健卽餈。一作鬻。或作飦。古之糜。今之粥也。內則之酏。卽此。康成云。狼臅膏者。臆中膏。似今膏⿸尸食矣。⿸尸食一作鑽。說文云。以米澆飯也。釋名云。肺䐑。䐑饡也。以米糝之。如膏鑽也。是以漢之膏鑽。當古之糝食。康成破酏爲餈。而以膏鑽當之。亦無不可。案䐑說文作⿰月眞。讀若遜。盧諶祭法曰。四時祠皆用肺䐸。楚辭招寬。肥牛之腱臑若芳。王逸注云。取肥牛之腱。爛熟之則𦞦美也。雜之以米。卽內則之糝。與酏同類。其異者酏小切狼臅膏而糝取牛羊豕之肉。燕禮羞庶羞注云謂𦞦肝膋狗胾醢也。䐸𦞦音義同。玉篇分爲二。失之。廣雅臇膹䐸膗也。愚案四者皆肉羹。所謂庶羞。臇一作熼。熼與𦞦通。康成以餌餈酏糝爲內羞。與庶羞別。庶羞者膷臐膮皆有胾醢。庶羞惟肉。內羞兼穀。說者以肉爲陽。穀爲陰。故有司徹曰內羞在右。庶羞在左。

鹽人共飴鹽。康成謂鹽之恬者。今戎鹽有焉。涼州記曰。青鹽池出鹽正方。其形如石。甚甜美。涼州異物志曰。鹽山二岳。三色爲質。赤者如丹。黑者如漆。作獸辟惡。佩之爲吉。名曰戎鹽可以療疾則戎鹽不徒供膳羞兼可療疾病又土人鏤爲虎形大小如意明鹽人形鹽亦用戎鹽也交河之間平磧中掘深數尺有末鹽如紅如紫色鮮味甘食之止痛更深一尺下有碧珀黑逾純漆大如車輪末而食之攻癥瘕諸疾然則石鹽末之亦曰末鹽或青或赤或紫或碧或紅或黑不純一色是爲飴鹽以調鼎實鏤爲虎形兼供賓客者歟宋史志鹽之類有二引池而成者曰顆鹽鹽人所謂苦鹽也鬻海鬻井鬻鹻而成者曰末鹽鹽人所謂散鹽也引池爲鹽暴以烈日鼓以南風須臾而成若不俟風日厚灌以水積水而成味苦不適口是爲苦鹽煉以海水所得最多刮鹻淋鹵十得六七鐵竹爲盤或用鐵或用竹鹽色青白是爲散鹽異物志云剛鹵千里蒺

棃之形其下有鹽累棋而生蓋天產者石鹽而苦鹽散鹽皆成以人功者也隋志後周有掌鹽之官掌四鹽之政令一曰散鹽二曰監鹽三曰形鹽四曰飴鹽而飴鹽取之戎形鹽則物地以出之郊特牲煎鹽之尚貴天產也若煎煉而成則非天產熊氏云郊天所用疑即石鹽鹽人凡齊事鬻鹽康成云湅治之蓋所謂煎鹽歟內則有卵鹽康成云大鹽孔疏云形如鳥卵亦石鹽也本草經曰戎鹽累卵水經注甘水之鹽如水精龍城之鹽若巨桃朔方青鹽入藥分皆戎鹽矣解池之水亦出石鹽自然印成朝取夕復然則天產不獨戎鹽也土自成鹽是謂鹽鹾而味苦號曰鹽田山海經謂之鹽販之澤一名女鹽巴獠有鹽井食之令人癭其散鹽之不善者乎巴

川傘子鹽形如張傘異於常也湯溪之口煮石爲鹽亦成以人功矣管子海王一篇爲千古興利之祖而尒疋九府岱岳有魚鹽禹貢鹽絺貢自海岱則其利似非起於春秋也然名山大澤不以封海王之利諸侯莫敢專之專之者自齊桓始集韻⿰鹵昷⿰鹵襄戎鹽也

宮人掌六寢之脩爲其井匽案井匽一名偃見莊子一名屏匽見戰國策一名厠牏見漢書注莊子庚桑篇云觀室者周於寢廟又適其偃焉郭注偃謂屏厠寢廟以饗燕屏厠以偃溲此井匽乃屏厠之明證而後鄭謂漏井匽豬者非也戰國策宋王鑄諸侯之象使侍屏匽展其臂彈其鼻注云屏當作井匽路厠莁厠如井者漢書石奮身自浣厠牏蘇林云牏音

按孟康曰腧中受糞函東南人以鑿木空中如曹謂之腧又
云厠行清賈逵解周官以腧爲行清然則匽即厠也鑿木空
中如井形故名井匽蓋虎子之屬也虎子盛溺器井匽受糞
函一名械窬說文云械窬褻器故宮人掌之猶漢侍中執虎
子也宋王鑄諸侯像使侍褻器以辱之歟說文腧築牆短版
讀若俞蓋與窬同然則厠腧即械窬也一作侯頭頭與腧音
同假借字釋名云齊人謂如衫而小袖曰侯頭晉灼所謂小
袖衫者即此然侯與厠不同音則厠腧非侯頭明矣劉熙謂
侯頭者直通之言晉灼以爲厠近豈其然乎或曰側音轉爲
侯井匽即渠堰見荀子蓋制水之具司農所謂受居澑水涑
橐者也康成謂霤下之池受畜水而流之者然以井爲漏井

則井匽分爲二當攷

會同之舍有三宮曰車宮曰壇壝宮曰帷宮環車於外築壇於中張帷於上三者相因也有四門曰轅門曰戟門古孑棘戟通曰旌門曰人門仰車爲門門旁列戟門上建旌門下立人四者亦相因也用有其時各舉其一久則全設暫則偏共而人門獨曰無宮者言雖無宮亦然尤以人爲重也野外無宮以藩爲營土方樹之廣二丈衛以扶胥夾以劔刃是爲木螳螂一名行馬古曰梐枑謂之閑又謂之列列有內外故梐枑再重師氏虎賁氏使其屬守之虎士立爲門四翟各持兵故曰人門古者遇禮相見以人爲菑菑者周垣所以分內外衛威儀則人門若人垣矣漢衛青擊匈奴以武剛車自環爲營蓋

師古車宮之遺意而知先王會同之舍寓行師之道焉委壝
土起埒兼以備不虞非徒壯威儀也行馬施於門外即古
重門擊柝卒暴之防隋唐三品以上階銀青者門皆立戟則
禁衛之設達於羣臣矣旌門一名渠門用之軍旅齊語有渠
門赤旂爲旝置旝於門若今牙門眞人水鏡經曰軍始出立
牙竿必令完堅折則不利軍之精也一名和門用之田獵門
中通車旁容一握驅而入轚則退懲不敏也穀梁謂流旁握
者流與旒通謂和門之旒旁去車之兩轊各四寸爾掌舍設
門司常置旌二官聯事同物異名惟天子會同之舍封土爲
壇諸侯則否子產相鄭伯如楚舍不爲壇禮也春秋時大國
適小國作壇以昭功其僭久矣楚公子圍尋盟於虢而設蒲

宮蓋緝蒲成帷張爲殿屋竊取帷宮之遺制而僭爲之平丘之會子產以幄幕九張行及會命外僕速張于除則除地張帷亦諸侯會同之禮案聘禮未入竟壹肆爲壝壇畫階帷其北無宮蓋張帷四合象宮室帷一面而闕其三雖有壝壇畫階不成宮也入竟布幕而不言除墠則草舍可知矣詩云召伯所茇毛傳云茇草舍召伯分陝爲上公作二伯猶止草舍焉然則非天子不爲壇也齊韓魏共攻燕楚使景陽救之魏軍其西齊軍其東景陽開西和門通使于魏以誤齊軍此軍中左右兩和門也楚考烈王卒李園入宮伏死士於棘門之內則知古者宮門皆立戟矣春秋會盟皆有壇土基三尺土階三等升降揖讓以相接焉於是王者遣使臨諸侯盟飭以法度非是而爲壇則僭也

玉府王齊共食玉大喪共含玉學者疑之食玉者神仙道家之法其說見山海經峚山多白玉是有玉膏其源沸沸湯湯

黃帝是食是饗乃採玉榮以為玉種而河圖玉版亦曰少室山上有白玉膏一服卽仙矣如其說則食者乃玉膏非玉屑也離騷所謂登崑崙而食玉英者大率皆寓言神仙恠迂之事聖人所不語而食玉載於周官則又何說蓋玉以禮天地饗鬼神王者尊之為寶除不祥辟惡氣君子不去於身而祼用圭璋其名曰瑒淸明之玉氣能與神通故齊則共之是為食玉食猶服也謂潔淸其氣祓除其心神明其德而已非口食之也且君子之食莫備於食醫而不聞食玉食玉掌於玉府而不掌於膳夫則玉非可食之物矣一說王齊鬱人薦鬯食玉謂鬯圭也杜預注左傳云珠玉曰含何休注公羊引禮緯天子以珠諸侯以玉大夫以碧士以貝為春秋之制左傳

成十七年聲伯夢或與巳瓊瑰食之說者以爲食珠玉者含
象又引吕靜韻集玫瑰火齊珠而莊子有發冢無傷口中珠
之語遂謂春秋時珠玉襍用以爲含季平子卒陽虎將以璵
璠斂杜氏謂昭公之出平子攝行君事佩璵璠蓋生嘗以之
佩死欲以之斂愚謂天子以珠出於讖緯漢儒信緯不信經
故據以爲說莊子所謂詩禮發冢不獨誚羣儒兼以戒厚斂
且云口中珠者玉之圜好如珠卽玉府之珠玉也秦風毛傳
瓊瑰石而次玉說文云石之美者顏師古注急就篇亦云琅
玕火齊珠孔安國曰石而似珠者漢揚王孫贏葬以矯世乃
云口含玉石欲化不得則含不以珠明甚古者葬用明器含
以次玉季平子卒將以璠璵斂孔子歷級而救焉曰送而以

寶玉是猶曝尸於中原也聖人明戒如此典瑞贈玉不以大圭鎮圭生所服者死不以之贈則玉府含玉亦不以服玉佩玉珠玉生所佩者死不以之含曰明器神明之也故死者不用生者之器食玉者含象聲伯夢而惡之則玉非可食之物益明荀子曰玉貝曰含又曰飯以生稻含以槁骨反生術也則何休杜預之說皆非也槁骨貝也士喪禮含以貝列子云不含珠玉不服文錦不設明器亦謂玉圜似珠東晉冕飾以珠侍中顧和奏曰舊禮冕旒用白玉珠今美石難得不能備可用白玉璇珠從之愚謂飾冕古用采玉天子五采諸侯三采皆美石似珠謂之珠玉玉府掌之魏明好婦人之飾改用珊瑚珠晉易以白玉北齊五采隋唐白珠諸臣青珠皆玉也而名珠然則含以珠者美石之圜者歟

雜記天子飯九貝諸矦七大夫五士三康成云夏禮也周禮天子飯含用玉孔疏引禮戴說天子飯以珠含以玉諸矦飯以珠含以璧大夫士飯以珠含以貝又與何休之說不同典瑞大喪共飯玉含玉不聞以珠而諸儒人人異說康成盡以爲夏殷之禮穀梁子曰貝玉曰含含當作琀說文曰送死口中玉也說苑天子含實以珠諸矦以玉大夫以璣士以貝庶人以穀實釋名曰琅玕石似珠也隋志云白璇蜂珠是也葛洪謂玉芝生於有玉之山玉膏流出萬年以上凝而成芝形如鳥獸色若山元水蒼屑以爲末與無心草汁和之須臾成水此蓋古之食玉歟則愚未之敢信玉經曰服金者壽如金服玉者壽如玉服元眞者其命不極元眞玉之名服玉之法以烏米酒以地楡酒化之爲水或以葱漿消之爲粘亦

可餌爲丸燒爲粉赤松子以元虫血漬玉爲水而服之故能乘烟上下焉然食之令人發熱不得其方非徒無益且有害也康成謂陽精之純信矣金樓子曰五茄一名金鹽地榆一名玉豉惟此二物可以煮石故服玉之法化以地榆

屋粟邦布見管子輕重篇屋粟者地稅夫一爲廛夫三爲屋荀子所謂田野之稅孟子所謂粟米之征管子謂籍于室屋妟矣蓋計畝以步計井以屋故小司徒得據而攷焉而斂之旅師者是也邦布者曰泉泉寡有數長短有度荀子所謂刀布之斂孟子所謂布縷之征管子謂籍于萬民六畜妟矣蓋家辨其物歲入其書故鄉遂大夫得稽而征焉而入之外府者是也凡田不耕者出屋粟有田而不耕使出三夫之地稅

凡民無職者出夫布無田乃無職使出一夫之口泉出之民曰夫布入之國曰邦布其實一也貢禹曰古民無賦算口錢起於武帝民產子三歲則出口錢故民重困生子輙殺甚可悲痛宜令七歲去齒乃出口錢二十乃算零陵先賢傳曰漢末多事國用不足產子一歲輙出口錢民多不舉白土嗇夫鄭產乃言之郡郡爲表上口錢得除因名白土爲更生鄉葢漢之口錢病民若此然謂起於武帝則不然漢儀注民年七歲至十四出口賦錢人二十以食天子至武帝加三錢以補車騎馬爲二十三則口錢明非起於武帝矣古者民二十受田一家之主伯也亞旅無田則出夫布故以漢口泉當之十歲㠯下十一㠯上上所長上所強上所長者謂之國粥粥者

養而長之上所強者謂之閒民民無常業轉移執事盎年二十乃出口泉歟凡起徒役無過家一人惟田與追胥則一家畢作故脩閭氏掌國粥而比其追胥加賞罰焉然則國粥即閒民也追謂追寇春秋公追戎于濟西胥與狙通謂伺捕盜賊伏而候之如狙之伺物焉故曰狙候顏師古讀狙為覷失之矣蜡氏注云蜡讀如狙伺之狙蓋蜡者蟲所集狙者人所聚故讀從之也又讀如宿偦之偦賈疏云夜宿逐賊謂之偦愚謂諝從言為象胥偦從人為追胥淮南本經訓設詐諝廣雅諝智也而玉篇不收其所遺者多矣

職幣掌式灋以斂幣凡用邦財者之餘邦財者官府都鄙與祭祀賓客喪紀會同軍旅財用之幣齎皆是也漢屬少府歷

代因之有左右藏唐左藏署令掌錢帛襍綵右藏署令掌銅鐵毛角金玉珠寶香畫綵色諸方貢獻雜物周之内外二府似唐之左右二藏職幣所掌者乃二府之餘故倉有餘粟府有餘幣皆謂之餘灋用絲麻菅蒯各不棄捐制之以灋咸得其用逸周書所謂十二來一弓二矢歸射三輪四輿歸御五鮑六魚歸蓄七陶八冶歸竈九柯十匠歸林注云林當作林匠以爲用十一竹十二葦歸時取之以時言無弃物也物謂之幣幣謂之財財謂之賦司書入之職歲敘之巾車之毀折入其齎泉府之賖貸納其餘是爲掌事者之餘財亦曰幣餘之賦各爲書以楬之辨其物而良盬分奠其録而貴賤定拼其不足而檢其羨焉故曰振謂廢者起之亂者治之委者作之滯者流之則天

下無弃物而財恒足矣上之賜予取之此則物不久藏也不畱謂之斥不盡謂之餘康成以漢之斥幣當周之幣餘豈其然乎餘灋用者廩人倉人計九穀之數足國用而以其餘供灋用灋用者恤囏阨養老孤及待賔客覊旅凶荒是也凶年則鄉里門關郊里野鄙縣都皆不入委積葢凶荒札喪則國無征故止餘灋用而以豐年之所藏頒之以供灋用焉職內掌邦之移用有餘則轉而之他不足則止其灋亦如此職幣則豐不益而凶不止故常見其餘桓譚新論曰漢之百姓賦斂一歲爲四十餘萬萬吏俸用其半餘二十萬萬藏於都內爲禁財少府所領園地作務之八十三萬萬以供賞賜卽周官職幣之餘也然漢未聞有灋用豈非漢無灋而周有灋歟

九賦九式皆灋用也奚獨幣餘斂之節之在冢宰而大府國之淵故藏以待之職幣獨言振者明幣有金銅也凶年多作布亦所以振荒周景王將鑄大錢單穆公曰不可古者天災降戾於是乎量資幣權輕重以振救民小大利之今王廢輕而作重民失其資能無匱乎大宰有幣餘之賦民患輕作重患重作輕子母相權以振救焉此財之所以常不匱也周官備災後多怠弃景王作重幣以絶民資而幣餘之法壞矣漢書孝元皇帝時都内錢四十萬萬水衡錢二十五萬萬少府錢十八萬萬天下之經費在司農而少府以供天子私費近乎周之職幣以詔上之小用賜予者也漢之司農猶周之大府矣少府之屬有中藏府掌幣帛金錢貨物令一人六百石上之賜予實主之司徒韋彪以病乞身詔中藏府受賜錢二十萬是也六百石上士周之職幣猶漢之中藏府歟

月令仲冬命閹尹審門閭謹房室説者謂閹尹主領奄豎之

宦於周禮爲内宰掌治王之内政宫令及出入開閉之屬如其說則内宰亦宦者爲之歟非也周之内宰猶漢之内卿内卿光祿也漢初爲郎中令後轉爲光祿勳其府在宫中故曰内卿胡廣曰勳之言閽也閽者古主門官光祿主宫門故曰勳然則古勳閽通矣易艮卦九三厲熏心虞翻云古閽字作熏艮爲閽坎盜動門故厲閽心書曰斀黥見說文詩云昏椓椓與斀通去陰之刑也故箋云昏官名椓奄人韓詩曰若此無辠勳胥以痡勳猶昏也言夭昏札瘥相灒汗而病漢書贊云烏呼史遷熏胥以刑蓋謂腐形即詩所謂昏椓也爾雅昏爲強力勳爲功勞故勳昏通周之閽人屬内宰司昏守夜給使省闥亦不全用宦者而漢光祿勳掌期門羽林郎内宰之人

民也期門掌執兵送從羽林次之又取死事之孫養之羽林名曰孤兒如周之死政之孫司門以其財養之者養孤而兼及其老則周之忠厚踰於漢矣而衛尉八屯警夜巡晝即周之宮伯所授八次八舍之職事蓋於四方四角立八屯屯有次舍謂之區廬胡廣云若今伏宿屋內宰分其人民以居之人民有貴賤其貴者爲爪牙羽翼出從行入宿衛期門羽林是也其賤者爲奔走傳呼戴青幘直區廬是爲區士亦曰廬兒周之士庶子亦然其上者衛宮中學道藝次者守城郭樹溝涂下者隸屬於都職視胥徒葢貴賤別與而虎威章溝嚴更之署晝漏盡夜漏起宮城門擊刁斗周廬擊木拆即宮正所謂夕擊柝而比之使不得有懈惰擅離部署者然則宮正

宮伯如衛尉內宰如光祿勳王宮后宮皆曰王內版圖政令宮正宮伯分治之而內宰則兼治之者也然漢之光祿衛尉掌宮殿門戶及門衛屯兵而已周之內宰九嬪九御無不統奇衺功緒無不糾服位禮儀無不贊而詔所以立嬴家之閑節貫魚之寵使婦人不得用奄變而后妃雖貴不廢女功其法至詳且密由是有窈窕德象女師之篇而琴瑟鍾鼓房中之樂興焉漢之大長秋或用士人或用中人皇后卿也成帝省減掖廷用度許后上疏以爲大長秋繩以詔書揺手不得官吏忮佷一切操人則內宮之財用皆大長秋掌之有似乎周之內宰而正椒房玉堂之位俾后妾無陵節之鄙此豈閹尹所能勝其任者哉匠人營國面朝后市王立朝而后立市

者襄楷曰天官宦者星不在紫宮而在天市明當給使主市里也山陽公載記曰市垣二十二星帝座居中宦者四星供市買之事然則面有朝百官理政事焉後有市宦者供市買焉東漢之衰也以市買之人處政事之位違天意矣天地之位有前有後聖人法之以建經紀夏長於前故面朝冬藏於後故背市漢法皇后蠶于東郊魏遵周禮蠶于北郊吳韋昭著西蠶頌則孫氏在西郊矣晉亦如之宋大明四年於城西白石里爲西蠶其禮始備隋於宮北三里爲壇季春上巳皇后躬桑于壇南東面禮王耕南郊后蠶北郊諸侯耕於東郊少陽之位而夫人蠶於北郊康成謂夫人不蠶于西郊婦人禮少變也愚案古有天子東耕儀因是有皇后西蠶禮唐太

宗以爲平秩東作合在東方宋因之禮院言周蠶于北郊以純陰也漢蠶于東郊以春桑生也請築壇東郊從桑生之義然則耕蠶並在東矣可乎王太陽諸侯少陽后太陰夫人少陰東耕西蠶皆非禮也何休曰禮天子親耕東田千畝諸侯百畝后夫人親西郊采桑以共粢盛祭服白虎通曰東方少陽農事始起耕於東郊西方少陰女功所成桑于西郊故曾子問曰天子耕東田而三反之漢儒之說皆不合周官

內宰佐后立市而出其度量淳制質人則同其度量壹其淳制巡而攷之杜子春讀淳爲純純爲幅廣制爲匹長康成引天子巡守禮制幣丈八尺純四咫爲謚而以四咫爲太廣咫八寸故因趙商問而破四爲三以合幅廣二尺四寸之度愚案淳本作綧一作敦其義則準也丈尺綧制見管子君臣篇斗

斛敦槩見荀子君道篇準爲法故曰綧制謂布帛廣狹長短之數準爲平故曰敦槩謂量鼓淺深大小之容盎水者萬物之準準者五量之宗故丈尺斗斛皆取則焉經作淳者古字淳純通用杜讀爲純義本淮南案淮南子墬形訓門間四里里間九純純丈五尺注云純量名而云丈五尺其義未聞也子春以純爲幅廣不知何據康成既增成其說而於貿人註又讀淳爲淳尸盥之淳盎亦疑而無定論歟射禮及投壺二算爲純一算爲奇是耦謂之純左傳襄十一年鄭人賂晉侯以廣車軘車淳十五乘杜注云淳耦也是淳與純通也戰國策錦繡千純左傳幣錦百兩盎一匹分兩端相對相合故曰兩亦曰純地官媒氏職所謂純帛無過五兩者卽此五兩則

一束十端是爲純帛八尺曰尋每兩五尋故每端二丈純猶全也故取其全此非所謂淳制歟康成破純爲緇失之賈疏謂昏禮取誠實每端二丈制幣丈八尺取儉易供愚謂古者錢幣兼行故有制錢有制幣制錢不足陌制幣無全純非古也六朝東錢八十爲百西錢七十爲百京師九十爲百梁大同初詔用足陌而民不從其後遂以三十五爲百而制錢之法壞矣北朝舊制民間絹布皆幅廣二尺二寸長四十尺爲匹六十尺爲端其後幣有單絲之縑疎縷之布狹幅促度不中常式而制幣之法壞矣天文訓曰黃鍾九寸物以三生以三乘九故幅廣二尺七寸音以八相生長八尺故八尺而爲尋有形則有聲而音之數五以五乘八爲四十故四丈而爲

匹一匹而爲制則制幣與純帛同也小尒疋倍丈謂之端倍端謂之兩得之又云倍兩謂之匹匹有謂之束失之穆天子傳錦組百純純猶兩也郭璞亦曰匹端名高誘註國策訓純爲束以此詩曰白茅純束純束者禮納徵以儷皮儷皮者鹿皮也兩皮爲儷其束之也如純帛而結以白茅葢取雙雙之象歟既夕禮賵用制幣玄纁束注云丈八尺曰制二制合之十制五合或曰凡禮神之幣皆然一丈象陽八尺象陰十制六玄四纁五合三玄二纁鬼神之道陰陽不測故用陰陽之數求之然則丈八爲端名曰制幣葢用之鬼神者也漢官布幅廣二尺二寸繒幅狹者亦然喪禮用之康成云凡爲神之衣物必沽而小故制幣曲禮曰量幣古之幣帛有純有制全

曰純量曰制制廣三衹魯人之贈也廣尺郭璞曰今名短度絹爲葉輸今古皆然矣吉凶禮用制賔嘉禮用純說苑賵以束帛天子五匹玄三纁二各五十尺諸侯亦如之各三十尺大夫玄一纁二各三十尺元士玄一纁一各二丈降及下士庶人緇縵布帛各一匹而已蓋視尊卑上下爲差等既不以丈八爲端又不以十端爲束諸儒異説如此

閽人掌門禁怪民不入宮康成謂怪民狂易葢指孝成綏和二年男子王褒入北司馬殿東門上殿入室曰天帝命我居此收縛考問病狂易不自知入宮狀靈帝光和元年有白衣入德陽殿門稱梁伯夏教我上殿爲天子須臾還走求索不得不知姓名蔡邕謂凡民爲怪皆皇極道失下或謀上此災異也誰能禁之愚謂怪民執左道者漢之方士周之怪民也戰國時燕人爲方仙道形解銷化依托鬼神名爲方士汾陰

出寶鼎闕下獻玉杯漢文賢明猶爲之惑後覺其詐卒被誅夷然則新垣平非所謂怪歟及武帝時李少君少翁欒大之屬其怪益甚矣東晉元帝時曁陽人任谷有羽衣人與之交而有娠產一蛇遂成宦者詣闕上書自云有道術帝留之宮中郭璞上疏乞遣谷出以爲周禮怪民不入宮谷之妖乃怪民之尤者陰陽陶烝變化萬端狐狸魍魎憑陵作慝其後元帝崩谷亡去此皆所謂怪也子不語怪者蓋以此若夫幻人吐火水人弄蛇易貌分形奇幻儵忽漢朝元會作之於庭近乎怪矣然黃金四目敺疫有狂夫何怪之有一說巫蠱爲怪民愚謂巫屬春官非怪也後世失官方士竊之以神其術漢武好方士故其術大行於是埋蠱東宮戾園遂敗喋血京師

然則怪民入宮其爲禍也烈矣不徒曰怪民而兼曰奇服蓋怪民未有不服奇服者江充之召見犬臺宮也衣紗縠禪衣冠步揺冠曳燕尾之䄬垂飛翮之纓此所謂奇服說者以爲服妖巫蠱之禍胎於此故曰奇服怪民不入宮武帝望見充而異之目爲奇士而信用焉然則奇士與怪民相類也何以別之曰服先王之法服道先王之法言爲奇士不服先王之法服不道先王之法言爲怪民

春官世婦其職視宮卿二人其次視上大夫四人其次視中士八人而天官世婦則闕焉康成謂屬春官者如漢大長秋屬天官者乃二十七世婦不言數者君子不苟於色有婦德者充之無則闕非也世婦屬天官內宰而職掌禮事故兼屬

春官其職本同文有詳略春官世婦云掌女宮之宿戒及祭祀比其具天官世婦亦云祭之日涖陳女宮之具春官世婦云帥六宮之人共齍盛天官世婦亦云帥女宮而濯摡爲齍盛同一祭祀之具也一曰比一曰涖陳謂女宮陳之世婦則涖臨而比校之也同一齍盛也一曰共一曰爲謂差擇而共奉之也春官世婦則曰大賓客云云大喪云云天官世婦則一言以蔽之曰掌祭祀賓客喪紀之事彼列其目此舉其綱也獨內外宗女不屬天官故載於彼而闕於此然內宗云凡卿大夫之喪掌其弔臨春官世婦則曰相內外宗之禮事天官世婦亦云掌弔臨于卿大夫之喪則又未嘗不同也但此略而彼詳耳世婦視宮卿猶漢倢伃視上卿其次視下大夫

其次視中士猶漢娙娥以下至七子尊者視中二千石卑者視八百石其職視卿則謂之宮卿古未有婦人居丈夫之官而閹人亦不得稱世婦且宦官金璫右貂兼領卿署之職自後漢始而謂成康之盛亦然失之甚矣宮卿女祝女史皆后宮官也女祝視大祝小祝女史視大史小史後世遂有女尚書女博士之名盖濫觴於此

女祝招梗鄭大夫讀梗爲亢謂招善而亢惡去之杜子春讀梗爲更康成謂梗禦未至也愚案管子四時篇修除神位謹禱弊梗弊當作幣左傳襄九年祈以幣更更猶梗也禱神之名猶禬與禳也招者旁招招以茅謂福祥引之來梗者更始更用幣謂凶咎遷之去康成謂造類禬禜皆有牲攻說以辭

責之用幣而已然則梗者六祈之攻說歟簭人有簭更更卽幣更謂將禱神先簭吉日也鄭大夫讀梗爲亢未詳杜子春讀梗爲更得之案漢制桃印以輔卯金卽古之桃梗立於門戶以御凶鬼後漢志云周人木德以桃爲梗言氣相更也風俗通亦云梗者更也歲終更始受介祉也則梗卽更明甚魏黃初詔曰叔世衰亂崇信巫史至乃宮殿之內戶牖之間無不沃酹愚謂宮中有女祝掌內祀招梗禬禳非衰世之事也古者重鬼墨子有明鬼篇恐後世不能敬著以取災故聖王書之竹帛以鬼神爲務然其言非孔子所謂敬而遠之之義周官內有禱祠以除疾殃至漢而巫蠱之禍烈焉可不戒哉

王后六服褖衣雜記喪大記皆作稅衣康成破稅爲褖士喪

禮作褖衣內司服作緣衣皆不言其色士喪禮註云黑衣裳赤緣之爲褖褖所以表袍然皮弁服白布衣素裳士喪禮褖衣與皮弁同陳則是褖衣白也爵弁服純衣皮弁服褖衣士冠禮陳服爵弁服純衣皮弁服素積玄端玄裳分爲三等兩兩相配則冠禮素積正對喪禮褖衣說者謂士喪禮陳襲亦分三等以褖衣當玄端玄端黑則褖衣亦黑其不然乎愚謂夏小正八月玄校大戴傳云玄也者黑也校也者若緣色然婦人未嫁者衣之則緣衣黑矣男子玄衣婦人褖衣士喪禮以褖爲散衣與繭衣爲一稱而以配玄冠失之且襲不言冠未可引爲證也鞠塵告桑薦之鞠衣春縞絺當暑裳之展衣夏玄校初涼御之緣衣秋皆婦服也子羔之襲以稅衣故士喪禮因之歟說

文無褖巾車夏篆故書作夏緣蓋篆緣皆以彖得聲當讀若彖士喪禮注云古文褖爲緣則知古無褖字審矣月令季春薦鞠衣于先帝高誘曰王后之六服有菊表黄衣如菊花故謂之菊衣春尚青而薦之所未達也愚案漢高帝所述書天子所服第八以爲春夏秋冬天子所服當法天地之數中得人和身無禍殃年壽永究中謁者趙堯舉春李舜舉夏兒湯舉秋貢禹舉冬四人各職一時是以帝與后皆有五時衣春青夏朱秋白冬黑季夏黄有司掌之而各以時服焉周之六服蓋配天地四時故五色益以玄王之冕服有六后服亦如之其義深遠矣色有對方有比方比者相生對者相克衣有時服有祭服時服不以祭祭服不以時月令周官之所以異

而同也管子曰春盡夏始服黃靜處三月五陽生土數五故季春薦鞠衣赤與白謂之章故夏服赤而展衣白白與黑謂之黼故秋服白而緣衣黑大裘玄禕衣亦玄六服之最尊者乎尚書大傳山龍純青華蟲純黃宗彝純黑藻純白火純赤是爲五采后服揄狄青闕狄赤鞠黃展白緣黑如王之服即漢所謂五時衣然大傳之說康成不取以爲五采相錯非一色也婦人一德無所兼則后服與王殊矣陸農師謂毛傳展衣以丹縠爲之則展衣赤展一作襢通帛爲襢襢絳色也與禮同義其說有據又夏服赤爲得時然以爲禄衣白則臆說也禄衣有纁袡則纁玄相配安見禄衣之非黑乎展衣既赤則五色無白五時無秋漢制一歲五郊天子與執事者所服

各如方色魏秘書監秦靜曰有五時服又有四時服以給百官三年一易名爲五時止給四時而闕秋服然則秋不服白也漢魏皆然則周可知矣六服之裏皆素沙則五時皆以白爲地也白爲地者使之張顯以白裏白何顯之有且純白非吉既有素沙又何闕焉方言云蔽厀齊魯之郊謂之袡襦王肅以纁袡爲婦人蔽厀本此漢律曰賜衣者縵表白裏則知漢之袿袍襈重繒者亦如是矣案漢書注交輸謂之衣圭割正幅使一頭狹若燕尾垂之兩旁見於後是禮深衣續衽鉤邊袿袍之制也蘇林曰如今新婦袍上挂全幅繒角割是爲襈重繒釋名曰婦人上服曰袿其下垂者上廣下狹如刀圭也襈撰也青絳爲之緣也顏師古則云今之襈如古之積蓋

襞積爲之所謂皮弁素積豈其然廣雅云袿長襦也襈者衣裗裗一作流爾雅衣裗謂之視視者袿衣之飾陸氏釋文亦云飾以重繒揄古揺字骨空論云揄臂齊肘注云揄音揺一作褕以其服故從衣一說王之服五采相錯后服亦然服之五色猶樂之五聲樂則各以其聲爲均而文之以四聲衣則各以其色爲地而飾之以四色蓋一聲不成樂故一色不成衣古皆衣絲惟有故乃素服也春官角非角一聲春衣青非青一色推之五時皆然摯虞亦云秦漢以來服色轉變今惟朝廷五服用絲然則漢之五時衣亦五采相錯歟五采備謂之繡左傳稱與夫人繡衣則后服亦如王服也周書高麗傳婦人服裙襦裙袖皆爲襈則襈非積矣襞積在腰不在袖釋名訓爲緣得之

縫人翣柳故書作接櫝先鄭云接讀爲歰櫝讀爲柳檀弓曰周人牆置翣春秋傳曰四歰不蹕後鄭云柳之言聚諸飾之所聚書云度西曰柳穀愚謂度居也史記作居與宅同故度一作宅穀與谷通漢書穀風迅疾從東北來穀風卽谷風也古柳丣同丣古酉字丣古卯字朝時開門爲丣丣在東方爲暘夕時閉門爲丣丣在西方爲昧故東曰暘谷西曰柳谷亦曰昧谷日將没五色聚焉故柳訓爲聚爾雅日所入爲大蒙蒙猶昧也虞翻譏康成以卯爲昧裴松之謂劉畱聊柳同用與日辰卯字字同音異皆以丣爲丣不辨東西失之甚矣柳一作僂釋名其形僂也莊子曰生有軒冕之尊死得於腞楯之上聚僂之中楯卽輴腞卽篆謂殯以輴車篆爲轂約巾車

所謂夏篆說文所謂夏軹栜之言聚故曰聚僂楯之飾也舊注皆誤太元曰日没其光賁于東方言日入之色如初出也賁色不純孔子卜得賁曰不吉以此呂氏春秋曰世俗之行喪載之以大輴僂翣以督之古柳皆作僂淮南齊俗訓曰舟車楯肆古輴亦作楯僂翣一作縷翣見荀子禮論篇后之首飾有三曰副編次覆首爲副編之爲編次之爲次皆髮也而有差等儒者莫能言故以漢法況之副若步簶編若假紒次若髲髢步簶者簶與搖通上有垂珠步則搖也黄金山題貫以白珠繆以桂枝八爵九華鏤爲六獸以象六珈珈之言加也加於副上非副也葢副上之飾耳釋名謂副猶副貳兼用衆物成其飾得之矣假紒者假髮爲髻肅宗賜東平琅邪兩王書而送光烈皇后假紒帛巾各一則是假紒皇后

服之與副同矣晉太元中公主婦女必緩鬢傾髻以爲盛飾用髲既多不可恒戴乃先於木及籠上裝之名曰假髻則其制異於漢當時以爲服妖而漢之假紒亦名爲副故廣雅云假紒謂之鬠鬠古副字以髮爲之長髮猋猋然故從髟然則副與編一物也飾之盛者爲副其次爲編歟髲髢者髲被也髮少者得以被助馬髢剔也剔刑人之髮也衛莊公見巳氏之妻髮美使髡之以爲呂姜髢呂姜莊公夫人則夫人服髲髢如后矣而吳薛綜則云漢廢珠厓起於長吏覩其好髮髡取爲髲莊子亦云禿而施髢則似髮少者皆得服之其飾之尊卑則未聞也少牢被錫大夫之妻被與髲錫與鬄音同古文通故康成讀被錫爲髲鬄鬄與髢同而以當追師之次焉首飾

有三以配六服莫知其詳夫人副褘褘衣者服副昏禮女次純衣則純衣者服次矣和熹鄧皇后加賜馮貴人頭上步搖加賜者雜記謂之褒諸侯有褒衣夫人亦如之故得服副褘後漢書注云副婦人首服三輔謂之假紒且云說本康成而康成以假紒爲編步搖爲副案漢皇后謁廟首服假紒上有步搖俗名珠松乃后之盛飾故康成以副當之其實步搖非副而在副上則副爲假紒又何疑皇太后翦氂簂夫人紺繒簂上得兼下下不得兼上故服簂者不得兼步搖然則編猶簂歟簂以覆髮廣雅謂之幌釋名曰齊人曰幌飾形貌也魯人曰頍頍傾也著之傾近前也士冠禮注云滕薛名簂爲頍複下曰舄禪下曰屨賈疏云下謂底重底爲舄禪底爲屨愚

案方言中有木者謂之複舄其庳者自關以東謂之鞔下禪者謂之鞮郭注云今韋鞮也然則禪以皮而複加木矣隋志云近代或以重皮而不加木隋制復古以木重底舄冕服著之屨則通用惟褶服以靴靴胡履也施於戎服毛傳云舄達屨也屨之尊者爲達則舄屨通名字苑云鞔苴履底鞔卽靴莊子跂蹻爲服釋文云屐與跂同屩與蹻同麻曰屩木曰屐鞋類也以藉鞋下若古之複舄矣

禮說卷二

禮說卷三

地官一

東吳　半農　惠士奇

大司徒掌建邦之土地之圖周知九州之地域案域古作或說文云或邦也從口從戈以守一一地也又從土後人所加今用之獨商書微子篇作或古文也曰殷其弗或亂正四方或亂正四方者猶詩正域彼四方肇域彼四海云爾毛傳云域有也鄭箋云長有邦域孔傳亦云或有也言能守之是以有之則或卽域甚明孔疏云或者或無或有不定之辭誤矣立政物有間之呂刑旁告文侯儀和儀作義旁作方物作勿猶域作或蓋古文也王充曰物有間之者非常之變无妄之

氣間而至也康成謂文侯名仇仇儀皆訓匹故名仇字儀不其然乎正域者廣輪之數五地之名十二壤之物以定民宅以制畿疆以建王國以作地貢以均齊天下之政而佐王安擾邦國其職在大司徒殷之亂也大司徒之職廢矣弗或亂正四方者言不能有四方而安擾之也惟命不干常九州非一姓殷不能有而周有焉於呼有天下者奈何弗敬大戴禮多古文分符篇曰大道之邦或俗本邦誤爲那御覽引之作邦域從俗也哀公問何謂成身孔子對曰不過乎物呂覽先已篇曰君曰勿身勿身督聽是古物皆作勿矣洪範無偏無頗遵王之儀古文儀作義讀爲儀與頗協說文云義者已之威儀也

大司徒設社稷之壝而樹之田主各以其野之所宜木遂以名其社與其野案墨子云聖王建國營都必擇國之正壇置以爲宗廟必擇木之修茂者立以爲菆位菆位者社稷也戰

國策恒思有神叢蓋本之茂者神所憑故古之社稷恒依樹木松柏栗各以其野之所宜宜松者以松名宜柏者以柏名宜栗者以栗名宰我對哀公本此田主者田社也薛瓚曰民間或十家五家共爲田社謂之私社然田主設於地官則非私社矣許叔重云周禮二十五家爲社各樹其土之所宜木古文栗作㮚徐巡說木至西方戰栗蓋古有是語宰我所謂使民戰栗者本此今文論語哀公問主于宰我而公羊有練主用栗之文故張禹及包周等皆以爲廟主何休用以解公羊云松猶容想其容貌主人正柏猶迫親而不遠主地正栗猶戰栗謹敬貌主天正杜預亦以註左傳劉炫規其過古文論語及孔鄭皆謂用其木以爲社主孔穎達抑劉扶杜且云

社主周禮謂之田主無單稱主者故杜氏用包周之說然則田主者社之木主也鄭注云社稷后土及田正之神蓋謂后土社神田正稷神又云田主田神后土田正之所依詩人謂之田祖蓋立主以依神故樹田神之主而后土田正憑焉是爲田祖非后土田正之外别有田神也孔穎達亦云田祖之名兼神農后稷而田主不得兼神農何則設其社稷而樹之田主則田主惟社稷不得兼神農矣賈公彦未達其義乃云田主爲神農以神農爲主后土田正二神憑依之同壇共位其說支離疑誤後學所宜木有兩說如前說植木如後說主木兩說皆通相兼乃備案宋史志社以石爲主長五尺方二尺剡其上培其半先是州縣社主不以石禮部以爲社稷不

屋而壇當受霜露風雨以達天地之氣故用石主取其堅久請令州縣社主用石尺寸廣長半大社之制從之崔靈恩曰地產最實故社主用石鄭注及孔疏亦云然故宋人據以爲說唐武后時東都置太社禮官議周家田主用所宜木今社主石其義云何張齊賢等議田主用木民間之社非太社也孔穎達謂社爲木主古論不行於世古論謂古文論語康成亦作疑辭當並存以俻攷淮南齊俗訓云有虞氏社用土夏后氏社用松殷人社用石周人社用栗然則石主始於殷周改用栗歟韓非子曰夫社木而塗之鼠因自託也燻之則木焚灌之則塗陁故患社鼠是古樹木爲社主而加塗焉所謂社用土者以此小宗伯大師立軍社肆師師田祭社宗社宗者社主

與遷主皆載於齊車者也秦漢以後載主未聞春秋鄭入陳陳矦擁社擁社者抱主以示服若後世五尺之石主埋其半於地既不便於載亦不可抱而持然則社主春秋以前皆用木秦漢以後或用石歟祭法孔疏引許叔重五經異義以爲論語夏后氏以松殷人以柏周人以栗謂社主也田主之木各以其野之所宜豈非宜松者爲松主宜柏者爲柏主宜栗者爲栗主乎唐神龍初韋叔夏等案後魏天平四年太社石主遷於社宮是社主用石矣舊主長一尺六寸方一尺七寸禮官議在禮無文韓詩外傳云天子大社方五丈蓋以五爲土數故壇方五丈其主請准五數長五尺方二尺則社主長短自唐改定宋因之也又禮記外傳曰社主用石北齊天子親征有載帝社祏主於車之禮前此及後未聞漢高祖初起兵禱豐枌榆社社在枌榆鄉枌榆者白榆也社與鄉皆以樹名焉山陽橐縣茅鄉社有大槐則民社皆樹榆

槐矣慕容皝遷於龍城植松爲社主蔡邕所謂尊而表之使人望見則加畏敬也故兩說相兼乃備

凡地東西爲緯南北爲經緯謂之廣經謂之輪山爲積德川爲積刑下者爲死高者爲生牝爲谿谷牡爲丘陵數生於五十以之成故分之爲十合之爲五天下有五方方有五土土有五地因是有五方之民五方之水五土之民五土之色五地之民五地之物大司徒五地之民山林毛而方川澤黑而津邱陵專而長墳衍晳而瘠原隰豐肉而庳大戴禮五土之民堅土肥壚土大沙土細息土美耗土醜淮南子五方之民東方兌形小頭隆鼻大口鳶肩企行竅通於目筋氣屬焉蒼色主肝長大早知而不壽南方修形兌上大口決眦竅通於

耳血脈屬焉赤色主心早壯而夭西方面末僂修頸卬行竅通於鼻皮革屬焉白色主肺勇敢不仁北方翕形短頸大肩下尻竅通於陰骨幹屬焉黑色主腎其人惷愚而壽中央大面短頤美鬚惡肥竅通於口膚肉屬焉黃色主胃慧而好治五地之物異其宜山林動宜毛植宜皁川澤動宜鱗植宜膏邱陵動宜羽植宜覈墳衍動宜介植宜莢原隰動宜臝植宜叢五土之色異其宜黃白宜禾黑墳宜黍麥蒼赤宜菽洿泉宜稻五方之水異其宜汾濮濁宜麻濟通和宜麥河中濁宜菽雒輕利宜禾渭多力宜黍漢重安宜竹江肥仁宜稻有五方之水因有五水之人輕水所多禿與癭人重水所多尰與躄人甘水所多好與美人辛水所多疽與痤人苦水所多尫

與傴人葢五行化爲五土五土演爲五水水土合而五地之物生焉五行之蟲乃五地之動物也東方木厥陰所至爲毛化故動宜毛其化爲榮其象爲析其類群分故其民毛而方南方火少陰所至爲羽化故動宜羽其化爲茂其形爲圓其氣炎上故其民專而長西方金陽明所至爲介化故動宜介其化爲斂其色爲白其氣爲消故其民晳而瘠北方水太陽所至爲鱗化故動宜鱗其化爲玄其色爲黑其氣潤下故其民黑而津中央土大陰所至爲倮化其動宜倮其化爲盈其合在肉其充在肌故其民豐肉而庳五地之植物穀爲先說者不及愚竊惑焉山海經曰都廣之野爰有膏菽膏稻膏黍膏稷言味好皆滑如膏也然則川澤之地植物宜膏如都廣

之野矣膏夏之木生於巫山之上其理密白如膏非川澤之所宜也詩既方既皁皁者實之成麥全日穊通作稷菽戴甲而生爲莢禾長稠大本長相居熟相扶族聚爲叢蓋根於中者爲動物命曰神機根於外者爲植物命曰氣立出入廢則神機化滅升降息則氣立孤危是以升降出入無器不有天產本乎地地產本乎天而器者生化之宇也器散則生化息矣大司徒辨五地之物生物生者升降出入之器非通乎天地之化者孰能知之或問曰五地即五方歟曰非也山林不盡在東川澤不盡在北也一方而五行之氣具焉海濱之地民食魚鹽魚熱中鹽勝血民皆黑色疎理此其徵也舉一反三五地皆然矣大荒有毛民之國其人面體皆生毛非所謂

毛而方者歟曰否五地非太荒然則其民毛何也曰輕水之
人多禿山林之民多毛山水之氣使之然也西方金屬肺其
榮毛而東方爲毛化何也曰鳥獸之毛革於夏毨於秋氄於
冬而化於春故書曰孳尾毛在後爲尾孳猶化也內經之說
合於堯典周官五物者五行也五行者陰陽也因此五物者
民之常而施十有二教焉教有十二不越陰陽二禮而已因
此五物而辨九等十二土十二壤以定民宅陰陽之所相也
以教稼穡陰陽之所播也以建王國陰陽之所和也由是人
民以阜鳥獸以蕃草木以毓百物阜安

劉宋元嘉十九年使往交州測景夏至景出表南三寸二分
計交州去陽城萬里而景差一尺一寸八分是八百四十七

里有奇而景差一寸也梁大同中金陵測景夏至長一尺一寸七分强後魏永平元年當梁天監七年洛陽測景長一尺五寸八分計金陵去洛千里而景差四寸是二百五十里而景差一寸也由金陵至洛如自堂塗上堂階故路近而差多由陽城至交如從山頂下山足故路遠而差少千里一寸非其實矣唐開元十二年滑州白馬縣測景夏至尺有五寸七分南至汴州浚儀百九十八里有奇景長尺有五寸微强又南至許州扶溝六十七里有奇景長尺有四寸四分又南至豫州上蔡武津百六十里有奇景長尺有三寸六分半大率五百二十六里二百七十步景差二寸有餘蓋因北極出地高下不同故晷景隨之而變先儒以爲王畿千里景差一寸

直以率推非得之表候也劉焯云今交愛之州表北無景計無萬里南過戴日一行亦云距陽城而南使直路如弦至於日下蓋不盈五千里然則所謂南戴日下萬五千里者亦先儒之臆度云爾或云日行黃道每歲有差地中當隨而轉移故周在洛邑漢在潁川陽城唐在汴州浚儀此說非也曆之歲差古法謂黃道西移新法謂恒星東轉黃道萬古不變每歲有差者恒星東轉使然愚謂北極出地高下不同晷景隨之而變一行之說近之矣極者天心也以心不可見故不名爲心而名爲極極又不可見故指極星以表之極星每歲有差者非東轉使之然乎地在天中天心卽地心又何疑然則大司徒建國所謂地中者蓋指中原之地惟此四方道里均

與呂覽有始篇云極星與天俱遊而天樞不移當樞之下蓋天地之中也恒星自有行度詳見新法曆書呂覽謂極爲天中是矣而謂極星與天遊則非也孝經援神契曰八方之廣周洛爲中於是遂築新邑營定九鼎以爲王之東都

古者諸侯受封必有采地百里諸侯以三十里爲采七十里諸侯以二十里爲采五十里諸侯以十里爲采其後子孫雖有辠而絀使子孫賢者守其地世世以祠其始封之君是爲采此韓詩外傳之說必有所據而未得其全然謂諸侯之國有封有采則先王之法也王制周官可合而爲一矣諸公之地封疆方五百里諸侯之地封疆方四百里諸伯之地封疆方三百里諸子之地封疆方二百里諸男之地封疆方百里大司徒建之以土圭土其地而制其域所謂封也王制天子

之田方千里公侯田方百里伯七十里子男五十里孟子亦言分田制祿君十其卿國以田爲祿亦以田爲差所謂采也其封五百里與四百里者其采百里其封三百里者其采七十里其封二百里與百里者其采五十里采則全入於其君而封爲天子之士故天子得而食之大者食其半次食參之一又次食四之一蓋於其采之外而半之參之四之以入貢留其餘以供軍國之需天子使其大夫監之爲三監監於方伯之國使佐方伯領諸侯諸侯有畔則討之以其所留之半及參之二四之三足以給其用而受法於司馬有畿疆以正之儀位以等之賢功以作之監牧以維之軍禁以糾之貢職以任之簡稽以用之守則以安之小大以和之而諸侯不敢

畔其有功於民者則加地進律焉故曰錫之山川土田附庸蓋土田其采則附庸其封山川在其封內者自有天子虞衡之政令諸侯莫敢專者以此封或有時絶采則世相傳及周之衰强侯擅制盡取其封以爲采又兼并附庸小國以廣其封而天子不得食其土矣由是軍國之用闕方伯之職廢强凌弱衆暴寡諸侯放恣從横而莫之能制也春秋莊元年齊師遷紀郱鄑郚三年紀季以酅入於齊四年紀侯大去其國遷謂滅之郱鄑郚者紀之封酅者紀之采遷封而留采故紀滅而酅存所以知酅存者莊十二年紀叔姬歸於酅則酅存矣古者滅國不滅采信矣然則紀季蓋紀子孫之賢者歟王制言采周官言封兩者離之則虧合之則備俗儒據孟子以

駮周官陋矣顓臾魯附庸而在邦域之中則邦域非封而何齊之四履爲四封東至海西至河南至穆陵北至無棣則其封之大可知也大國之封不過五百里而明堂位言魯地方七百里者康成謂包附庸而大言之孟子亦謂周公封魯太公封齊地非不足也而儉於百里盍天子之田千里故諸侯不過百里謂其采非謂其封春秋昭九年周甘人與晉閻嘉爭閻田王使詹桓伯辭於晉曰我自夏以后稷魏駘芮岐畢吾西土也及武王克商蒲姑商奄吾東土也巴濮楚鄧吾南土也肅愼燕亳吾北土也吾何邇封之有則天子之封外薄四海矣而僅守邦畿千里之田不亦陋乎說者謂周爵五等地四等四等者公一等矦伯二等子男三等附庸四等非也

附庸有采無封附於五等封內故曰附庸若紀季以酅入于齊則附于齊之封內爲齊之附庸矣周爵五等地亦如之五等者諸公之地諸侯之地諸伯之地諸子之地諸男之地也史記漢諸侯年表曰伯禽康叔封於魯衛地各四百里襃有德也太公於齊兼五侯地尊勤勞也晏子春秋亦云昔吾先君太公受之營丘爲地五百里

祀五帝司徒奉牛牲羞其肆愚案小胥職云全爲肆肆全也周語禘郊之事則有全烝烝升也謂全體而升於俎卽所謂羞其肆也郊特牲腥肆爓腍腥肆者謂薦腥薦全楚茨二章或剝或亨或肆剝者鬄解亨者煮孰肆者全體先鄭訓肆爲陳後鄭破肆爲剔皆非也小子職注云肆體薦全烝得之矣士喪禮四鬄去蹄注云鬄解也四解之殊肩髀而已乃以此

之肆當彼之鬄似不相當康成讀肆爲鬄或別有據也喪服傳云夫妻判合小胥職曰卿大夫判縣判者左右之合故合之爲肆分之爲半四解牲體合而薦之亦可謂之肆歟少牢饋食羊豕皆升右胖少儀則以牛羊豕左肩臂臑致膳於君子而右以祭故謂之胖胖猶判也半也則是祭皆不得用全惟天子禘郊有之是爲薦血腥五官奉之秋官犬人職凡祭祀共犬牲用牷物牷之言全也古文牷作全穆天子傳官人陳牲全五具又云𦌴齊牲全故五官奉牲皆用全也王、公立飫則有房烝親戚燕饗則有殽烝殽者體解節折房爲半體詩曰籩豆大房毛傳曰房半體之俎然則折爲殽半爲房全爲肆士喪禮四鬄注云今文鬄爲剔是儀禮有古今文未聞剔作肆內饔職賈疏引之作四肆盖因鄭注改經文實

無所據也肆古文作𦤎易有彖爻象此彖者全體析之成爻象即𦤎
小司徒掌九比之數以辨貴賤老幼廢疾凡征役之施舍乃
頒比法於六鄉及三年則大比鄉大夫以歲時登其夫家之
衆寡辨其可任者而征之其舍者則貴者賢者能者服公事
者老者疾者以歲時入其書鄭司農謂九比者九夫爲井五
家爲比故以比爲名今八月案比是也舍者復除貴者若今
宗室及關內侯皆復除公事者若今吏有復除老者若今八
十九十復羨卒疾者若今癃不可事復之愚案後漢書注云
案比驗比之猶今貌閱矣時則訓三月官鄉注云三月料民
戶口故官鄉漢元初四年詔曰月令仲秋養衰老方今案比
之時雖有糜粥糠秕相半長吏怠事莫有躬親而文帝元年

三月詔亦云當受粥者或以陳粟豈養老之意然則案比兼以三月歟問遺賢良亦以八月賜羊一頭酒三斛順時氣助養育長吏存問顯茲異行鄉大夫所謂賢者能者也夏官羅氏於仲春獻鳩以養國老漢賜高年鳩杖則於仲秋蓋獻鳩之禮不行久矣然歲時存省布帛酒肉之賜亦不獨仲秋為然也古有命民是為貴者尚書大傳曰古之帝王必有命民能敬長矜孤取舍好讓者命於其君得乘飾車駢馬衣文錦未有命者不得乘不得衣乘衣者有罰漢賜民爵猶古之命民其七大夫以上皆令食邑非七大夫以下皆復其身及戶勿事是民爵皆得復不必宗室及關內侯文帝禮高年九十者一子不事八十者二算不事武帝詔民年九十復子若孫

令得身師妻妾遂其供養此所謂復羨卒也漢法長不滿六尺二寸以下爲罷㾜古者凡瘖聾跛躃童昏僬僥以及偏枯握遞不耐自生者上皆收而養之晉胥臣乃云官師所不材以實裔土其不然乎漢之鄉嗇夫猶六鄉之族師閭胥六遂之鄙師酇長其職主知人善惡及其貧富爲役先後與賦多少平其差品朱邑第五倫嘗爲之倫平徭賦理怨結得人歡心而邑卒葬其鄉祭祀不絕蓋官彌卑者於民彌親大而州里役要小而馬牛車輦辨其物登其數計丁定征按年從役非親民之吏不能知知之亦不能悉由是而施政教行徵令必不能得其平是以先王尤重親民之吏而嗇夫命半通俸百石職厮祿薄儒者恥居是官居是官者亦不加選擇兩漢

之治不及三代之隆者以此孝文四年復諸劉有屬籍家無所與後漢劉瑜上書言豐沛枝裔被蒙復除不給卒伍是兩漢宗室皆復也凡孝順貞義讓財救患及學士爲民法式者皆扁表其戶蠲除家徭則賢能者復至漢猶然矣唐沈旣濟謂天下無生而貴者則雖儲貳之尊與士伍同故漢王良以大司徒司直免歸蘭陵後光武巡幸始復其子孫邑中徭役宰相之子不得蠲戶課近代以來九品之家皆不征其高蔭子弟重承恩獎皆端居役物坐食百姓其何以堪之蓋不問賢能及老疾惟貴者一例復除則又未免失之濫也漢法高爵者復然西北兩邊守圉禦寇雖有長爵不輕得復而其時亦未聞有均人大均之禮往往輕重不均民爵至五大夫以

上乃復一人耳民有車騎馬一匹者復卒三人雖曰重武備然不曰輕民爵乎及武帝置武功爵兵革數動民多買復徵發之士益鮮矣賈捐之謂孝文皇帝偃武行文丁男三年而一事雖古全盛之世亦有一歲三日之公旬未聞三年一事也豈其然豈其然

鄉師輂輦注云故書輦爲連愚謂地名蓮勺蓮讀爲輦猶地名不羨羨讀爲郎以此知古音不亾故俗語不失其方釋名云羨汪也汁汪郎也然則羨音郎得古音矣葢古連輦通車從夫雙引爲輦車從辵步挽爲連一象形一會意也破連爲輦變古從今失之易蹇六四往蹇來連虞翻曰連輦也管子立政篇畜連乘車海王篇服連軺輂則古輦皆作連可知矣司馬法云夏后氏謂輦

車曰余車殷曰胡奴車周曰輜輦輦一斧一斤一鑿一梩一鋤周加二版二築梩者鍬鍤築者杵頭鐵沓也以築壘壁故武城有血流漂杵之語孟子以爲誣賈誼過秦伏尸百萬流血漂櫓而益壞篇又云炎帝無道黄帝伐之涿鹿之野血流漂杵泰至無道暴於帝辛血之漂櫓也信矣乃謂黄帝之師亦然不亦誣乎壘壁起於黄帝築杵自古有之非至周而始備也方言臿趙魏之間謂之鍬東齊謂之梩朝鮮洌水之間謂之斛注云斛者鍬聲之轉音湯料反梩音駭江東呼鍬刄爲鐅普蔑反鐅一作喿梩或作杷鐅一作斛臿一作鍤尒疋謂之鍤注云皆古鍫插字說文謂梩與梠同俗作耜從木以里爲聲一曰從土䔲齊人語也景純讀若駭或未聞於古案說文䞕從走亦以里爲聲讀若孩孩與駭

音相近亦必有據矣

天子六卿諸侯三卿春秋宋爲王者之後獨立四卿二師掌之二師者右師左師猶天子之三公華元曰我爲右師君臣之訓師所司也則其官表率百僚師保萬民與王之三公內與王論道中參六官之事外與六鄉之教者何以異焉六鄉有六卿四卿有四正三公領六鄉之卿二鄉則公一人二師令四卿之正二鄉則師一人分掌其方各司其訓則知周禮不獨在魯也宋非大國而襄公用之以霸諸侯雖不能終猶强於魯衛蓋以周官之法存焉爾晉六正則三軍見襄二十五年傳宋四正則二軍可知也其三公之義則董仲舒言之詳矣其略曰天之大經三起而成四轉而終天有四時時三月王有

四選聖人君子善人正人爲四選選三臣寒暑與和三而成物日月與星三而成光天地與人三而成德是故以職曰三吏以年曰三老以爵曰三公三公者太師太傅太保又有三孤以爲之貳焉書大傳曰郊社不修山川不祀風雨不時霜雪不降責於天公臣多弑主孽多殺宗五品不訓責於人公城郭不繕溝池不修水爲民害責於地公其說見論衡而康成注大傳則云一公兼二卿舉下以爲稱太宰司徒同職則稱司徒公宗伯司馬同職則稱司馬公司寇司空同職則稱司空公是合周禮與大傳而爲之說也書之君奭叙曰召公爲保周公爲師康成以師氏保氏當之似不見古文周官然鄭志趙商問則引周官爲證又非不見古文者而云攝政三年作周官六

年制周禮周公左召公右兼師保初時已然則古文周官一篇康成固見之矣公孤官不必備惟其人益有則兼之無則闕焉此周禮所以無公孤之職也三公兼領六卿而顧命孔傳謂三公領三卿豈其然乎文王世子注以師氏爲大司成則非三公也且云師氏司徒之屬安有三公而屬司徒者哉

鄉大夫以歲時登其夫家之衆寡辨其可任者國中自七尺以及六十野自六尺以及六十有五皆征之司農謂征之者給公上事也康成謂國晚賦稅而早免之以其復多役少野早賦稅而晚免之以其復少役多愚謂六十而免不爲早六十五猶征則已老易孟氏韓詩說年二十行役三十受兵六十還兵祭義五十不爲甸徒王制五十不從力政六十不與

服戎許叔重則云五經說皆不同亦無明文可據漢承百王而制二十三而役五十六而免得其中矣六十五而周復征之非用民意康成駁之以爲征之者使爲胥徒給公家之事如今之正衞耳王制所謂力政者挽引築作服戎者從軍爲士卒也胥徒事暇二者皆勞於胥徒故早舍之愚謂漢因周制五十六而免則五十有五猶未免也故曰皆征之其制與周官合則五十誤爲六十又何疑周官殘闕能保其必無誤乎六十曰耆邦饗耆老外饔割亨酒正共酒旣養之而又征之叔重之說未可非也康成遷就而曲爲之解豈其然荀子曰五尺豎子管子曰童五尺內則成童十五以上則六尺非童豎矣論語注云六尺謂年十五失之且以身之長短定年

之大小則晏嬰長不滿六尺謂之幼少可乎秦法舉長周以中人爲率八尺爲長六尺爲短七尺爲中內經謂丈夫年三八而長極中人七尺亦其極也故國中自七尺野自六尺以上不滿六尺者不爲夫杞之城也絳老與焉清之戰也汪僮死焉末世之法也是以周官徒役上不及老下不及僮鹽鐵論云古者十五入大學與小役二十冠而成人與戎事五十以上血脉溢剛曰艾壯詩曰方叔元老克壯其猷故商師若荼周師若烏今陛下哀憐百姓寬力役之政二十三始賦五十六而免所以輔耆壯而息老艾也然則五十六而免在始元元鳳之間矣孟康曰古者二十而傅音附二十三而後役之如淳曰律年二十三傅之疇官蓋從其父疇學之高不滿六

尺二寸以下爲罷癃。漢儀注云：民年二十三爲正，一歲爲衛士，一歲爲材官騎士，習射御騎馳戰陳。五十六衰老，免爲民就田里。而周官六十五猶征，其不然必也。鹽鐵論文學曰：今五十以上至六十與子孫服輓輸，並給徭役，非養老之意。則似五十六而免者，免爲士卒而已，有司仍役之。王莽亦云：漢氏輕租三十稅一，常有更賦，罷癃咸出，盖以此。楚襄王使昭常守東地，悉五尺至六十，三十餘萬，是老弱未傳者皆從軍矣。則六尺非童豎益明。說苑：齊伐莒，魯下令丁男悉發，五尺童子皆至。曹大家曰：古者十五受兵，六十還之。注云：國中六十免役，野六十有五，晚於國中五年。國中七尺從役，野六尺，早於國中五年。七尺謂二十，六尺謂十五。十五受兵，據野外；六十還兵，據國中。此本康成之說，仍存以備考。康成引漢法：民年二十五已上至六十出口賦錢，人百二十以爲算。則征之者，謂出口賦錢也。故曰：今之算錢，民或謂之賦。

古者有容禮有容臺容。其儀臺。其地也帝癸三年毀容臺說者以爲夏桀之時容臺振振之言震蓋人而無禮天必棄之故曰振而和容主賓客之宮晉羊舌大夫之爲和容也溫良而好禮博聞而時出則可謂無曠其官者矣漢天下郡國有容史卽春秋之和容魯徐生善爲容後有張氏亦善焉郡國容史皆詣魯學之子孫相傳以爲家法然皆不能通經徒習其儀而已世居禮官不替其業亦有所長非苟焉者及其蔽也槃辟雅拜詭衆立異褒衣大袑舒緩養名齊魯之間遂成風俗然灑掃應對進退之禮少而習焉長而安焉儀容辭令其節似小而大行人以之同邦國親諸侯擯相之儀不朝不夕孟僖子所病未能者不可以不學也季孫之喪哀公往弔曾子子貢入廐脩容閽人辟之卿大夫皆辟位公降一等而揖之葢有德者必有容見其容知其德也故曰盡飾之道斯其行者遠矣公西赤善於威儀篤雅有節孔子以爲難且曰貌以擯禮禮以擯辭二三子欲學禮者其於赤也故君子容色天下儀象而望之不假言而知爲人君者詩曰顏如渥丹其君也哉鄉老及鄉大夫羣吏獻賢能之書於王退而以五物詢衆庶一曰和志其志和也二曰和容其容和也三曰主皮志和容和能中質也四曰和頌其聲和也五曰與舞其節和也惟敬乃和莊子曰禮樂之士敬容此之謂也春秋之官有和容漢郡吏有容史皆古之遺雖失其本而猶存其末學者誠能講之詳習之孰則雖闇室無惰容推而至於造次顛

沛亦不改其常度焉是以史稱侯霸矜嚴有威容而伏湛倉卒必於文德東京初建草昧經綸先區區奏行鄉射之禮論者或以爲迂濶不知禮樂乃政化之首而五物斯須不可離葢修德力行而文之以藝則三物備於心然後五物備於身動容周旋無不中禮所謂德盛而禮恭也馬融以爲射有五善不亦淺乎射者儀之於此中之於彼發而不中反求之身此主皮所以列於和容之後也文武具備動靜中儀舉錯廢置曲得其宜以此出而長入而治也反求之已而其道全矣古者諸矦朝天子以其敎士畢行天子以歲二月爲壇於東郊抗大侯設鵠畫物乃升諸侯及諸侯之敎士敎士執弓挾矢揖讓而升履物以射其心端其容正時以效之時有慶以

地不時有讓以地所謂敎士者諸侯之歲貢士也教士以射
射有容體五物備焉諸侯三歲而貢士舊說大國三人次國
二人小國一人非也以其教士畢行則小國豈止一人乎官
人篇曰平仁而有慮者使治國家而長百姓慈惠而有理者
使長鄉邑而治父子直愍而忠正者使涖百官而察善言愼
直而察聽者使長民之獄訟出納辭令臨事而絜正者使守
內藏而治出入愼察而絜廉者使分財臨貨主賞賜好謀而
知務者使治壤地而長百工接給而廣中者使治諸侯而待
賓客猛毅而度斷者使治軍事爲邊境因方而用九用有徵
所謂出使長入使治者如此而大政篇則謂上選吏也必使
民與焉故民譽之上察而擧之民苦之上察而去之王者取

吏必使民唱然後和之故夫民者吏之程也察吏於民必取其愛焉十人愛之者則十人之吏也百人愛之者則百人之吏也千人愛之者則千人之吏也萬人愛之者則萬人之吏也萬人之吏卿相之器十人之吏以長鄰比千人百人爲豪爲英所謂使民興賢使民興能者如此

祭法幽宗祭星雩宗祭水旱康成皆破宗爲禜云祭星與水旱之壇而說文引禮亦云雩禜祭水旱則是漢儒皆讀爲禜非創自康成而黨正春秋祭禜則謂雩禜葢亦爲壇位如社稷也晉志摯虞奏肆師職曰用牲於社宗黨正職曰春秋祭禜亦如之肆師之宗與社並列則班與社同黨正之禜文不繫社則神與社異愚謂黨正祭禜與州長祭社同時水旱農

祥春祈秋報其禮亦與祭社等周頌絲衣繹賓尸高子曰靈星之尸也漢志高祖詔御史令天下立靈星祠張晏曰龍星左角曰天田則農祥也辰日祀以牛號曰零星風俗通曰辰之神爲零星故以辰日祀於東南淮南子曰零星之尸儼然玄默而吉祥受福古者祭皆有尸零與靈通幽禜葢零星歟一說禜猶營也賈逵以爲營攢用幣孔疏謂其祭非有常處臨時營其地立攢表用幣告之以祈福祥王充曰春二月秋八月雩靈星之祀是也今春雩廢

詩曰去其螟螣及其蟊賊無害我田穉田祖有神秉畀炎火此族師春秋祭酺之辭也酺者布也步也布德曰酺祭神曰步步者神名詩所謂田祖有神者卽此葢四蟲當盛陽之月

感陰邪之氣而生如木之蠹器之蠱處冥昧之中秉賊害之性說者以爲災由政起因以爲名庶氏除蠱翦氏除蠹用大祝六祈禬禜攻說之法以牲祭而辭責之祭詳於禮辭見於詩又以莽山之草薰之莽焚其草以灰洒之曰熏所以殄其類詩所謂秉畀炎火也月令仲夏行春令百螣時起蟲生於巽風死於離火夏行春令則火不炎故生百螣族師春秋祈報以救四蟲百螣之烖因與族人飲酒而屬民讀法焉王居明堂禮謂之國醵說文醵者會歙酒歙古飲字酺者王德布也或云出錢爲醵出食爲酺趙武靈王滅中山酺五日蓋起於周而戰國因之古者民無故不羣飲酒誥曰羣飲汝勿佚謂收捕而殺之其嚴若此漢輕其辠罰金而已沿及唐宋國家每

逢嘉慶賜民大酺即古祭酺之遺意然古者合錢飲酒本祭田神且以屬民而糾其過惡勸之道蓋後世舉一廢百而庶氏翦氏之法不行四蟲百螣交相爲害九穀不登三物不教所謂德行道藝爲一書孝弟睦婣有學者爲一書敬敏任恤爲一書其風渺不可追矣

管子治齊因地官比閭族黨州鄉之法變爲什伍游宗里尉州長鄉師士師之名仍師其遺意而加詳焉地官之教也德行道藝賢能爲一書孝弟睦婣有學者爲一書敬敏任恤和親爲一書過惡爲一書有辠奇邪爲一書善相勸惡相糾慶賞相共刑罰相及而管子之法凡孝弟忠信賢良雋材則其下以次復於上長家復於什伍什伍復於游宗游宗復於里

尉里尉復於州長州長以計於鄉師鄉師以著於士師計者比也是爲比法著者書也是爲書伐凡有過惡則其下以次及於上家屬及於長家長家及於什伍之長什伍之長及於游宗游宗及於里尉里尉及於州長州長及於鄉師鄉師及於士師及者坐也下有辠坐其上也故曰有不孝不弟而不以告謂之下比其辠五然則族師所謂相及者比長及閭胥閭胥及族師族師以上罰皆相及可知矣三月一復六月一計十二月一著凡上賢不過等使能不兼官罰有辠不獨及賞有功不專與卽族師所謂賞相共罰相及之意而五家爲比十家爲聯五人爲伍十人爲聯卽管子所謂什伍之長也用其法而變通之一則以王一則以霸商鞅相秦令民爲什

伍而相収司連坐一家有辠九家舉發若不糾舉連坐九家說者以爲本族師之政而益之以暴故趙商問曰康誥門內尚寬族師鄰比相坐書禮不同蓋疑之也愚謂管子法周官事類相近焉且民有過惡州長糾之黨正戒之閭胥撻而罰之比長圖土內之未已也又讀法以教之州長一年四黨正七族師十有四閭胥讀無時射於序而觀之德飲於序而訓之禮師田行役誅不用命者而示之法如是而民猶有過惡不亦鮮乎若夫族師什伍其民非若後世之孳孳求奸懇懇用刑以爲事也人與人相保家與家相受少相居長相游祭祀相福死喪相恤禍患相憂居處相樂行作相和哭泣相哀則驕躁淫暴衺惡之風於是乎革孝友睦婣任恤之化於是

乎與大司徒以三物教萬民鄉大夫以五物詢衆庶禮明樂備仁漸義摩其道實始於此成於此而謂暴秦收司連坐之法亦於是乎出謬矣

舞師帗舞羽舞皇舞羽謂翟手所執皇謂冠頭所戴一言執一言戴互文東京賦所謂冠華秉翟列舞八佾者薛綜云冠華以鐵作之上濶下狹飾以翟雉尾舞人頭戴愚謂皇書或爲䍿鳥冠也即建華冠狀如婦人縷鹿飾以五采羽若有虞氏之皇故名曰皇先鄭所謂冡羽舞者即此說文皇作䍿以羽翿自翳其首以祀星辰帗作翇執全羽以祀社稷則皇非翇明矣後鄭謂羽形如帗皇亦如之是三者皆同也豈其然賈公彥乃謂自古未見冡羽於首者詎曰知天文者冠鷸非

蒙羽於首乎宗廟冕而舞旱暵皇而舞鷸知天將雨故舞旱暵則冠之以禱焉鷸讀爲述亦作述或作鷸禮圖謂之術氏冠古術述通上林賦蒙鶡蘇鶡似雉鳥尾爲蘇蒙其尾爲帽先鄭蒙羽之說本此道應訓曰去其脊而載之木脊即鍪兜鍪也木即鷸鳥冠也賈疏抑先鄭而扶後鄭誤矣唐作光聖樂舞者鳥冠畫衣蓋古之遺法祭義術省注云術當作述士喪禮不述命注云古文述皆作術是古術述通也蔡邕獨斷以爲建華即鷸冠鄭子臧好之而術士冠乃趙武靈王之服今者不用其說未聞漢虎賁中郎將服弁戴鶡尾術士即術氏或分爲二失之說文羽舞爲雩雩一作翇翌猶翇也干寶曰赤草染羽以爲翌康成亦云染羽象鳳皇

南齊志建武二年何佟之奏牧人云凡陽祀用騂牲陰祀用黝牲鄭云陽祀祭天南郊及宗廟陰祀祭地北郊及社稷祭法云燔柴於泰壇祭天也瘞埋於泰折祭地也用騂牲鄭云地陰祀用黝牲與天俱用犢故連言之耳前軍長史劉繪議語云犂牛之子騂且角雖欲勿用山川其舍諸未詳山川合爲陰祀否若在陰祀則與黝乖矣佟之又云周禮以天地爲大祀四望爲次祀（五嶽四鎮四瀆）山川爲小祀（山林川澤）自四望以上牲色各依其方者以其祀大宜從本也山川以下牲色不見者以其祀小從所尚也則禮論二說合爲一矣從之愚謂犂牛之子非犢而何體醇騂而角繭栗此天牲也以天牲而用之山川則近於非禮故有勿用之疑然天下未有歆於上帝而

吐於山川者故曰山川其舍諸此聖人立言之妙也說者據此以爲山川用騂牲誤矣何休云别天牲主以角故知騂且角爲天牲淮南說山訓云𠙶屯犂牛既犐以㸺犐無角。㸺無尾。決鼻而羈生子而犧說者以爲仲弓父賤而行惡然犂說文作𤛿耕也𤛿牛爲耕牛司馬犂字子牛古以牛輓犂信矣𠙶屯犐㸺醜牛之貌以爲犂牛皆然可乎且謂其子而訾其父君子弗爲也𠙶古髡字。仲弓可使南面故舉天牲以況之春秋書仍叔之子左傳曰弱也。注云稱仍叔之子乃幼弱之辭然則犂牛之子爲犢信矣。

牛人共祭祀之享牛求牛先鄭云享牛前祭一日之牛求牛禱祈求福之牛後鄭謂享獻也獻神之牛求終也終事繹祭之牛愚謂天神曰祀地示曰祭人鬼曰享享牛者享先王之

牛也凡祭祀前三日擇牲君召牛納而視之擇其毛而卜之是爲求牛求猶擇也卜吉而後養之是爲享牛享牛與帝牛皆在滌三月求牛者惟具是視具者庬也謂簡擇先庬牲後繫牲凡牲必有副唐禮省牲而犢鳴則免之而用副求牛者乃其副也曲禮天子以犧牛諸侯以肥牛大夫以索牛康成云犧純毛肥養於滌索求而得之孔疏謂下不得僭上上得兼下奉牲以告博碩肥腯是天子兼有肥牛稷牛惟具如有災故臨時得别求之是天子兼有索牛然則求牛卽索牛歟說苑引禮記曰上牲損則用下牲下牲損則祭不備物有下有上一求一享或索或肥同名爲犧左傳萊人賂齊以索馬牛皆百匹則索牛亦不獨用之於祭也或云享牛者祀神之

牛求牛者降神之牛一以祭一以燎惟郊用之鑿矣大宗伯祀天實柴故書作賓柴實之言積也賓之言升也先儒謂實者實牲體則賓柴又何說乎

凡祭祀牛人共牛牲之互案互三物一名或曰紡車或曰楅衡或曰縣罔格說文互作笠從竹象形互乃省文人手推握可以收繩此紡車也一名軖廣雅曰軖謂之互其說本於此軖讀若狂或云一輪車互狀如椵謂之迦互設於牛角以防觸牴此楅衡也詩云或肆或將毛傳云肆者陳於互將者齊其罔西京賦所謂置互擺牲此縣罔格也三物一名或圓以轉或止不行或象犬牙一從一橫大宗伯疈辜故書疈作罷先鄭讀爲披後鄭破爲疈音義不殊語有輕重耳古文擺作

罷猶倦作券

禮說卷三

禮說卷四

東吳　半農　惠士奇

地官二

周之賦祿以田王者居九畡之田收經入以食兆民是以天子一圻諸侯一同公食貢大夫食邑士食田大國之卿一旅之田上大夫一卒之田衆一旅田一成成方十里其稅百夫田萬畝畝一鍾詩曰倬彼甫田歲取十千卿之祿也自此以降至皂隸食職其稅一夫田百畝與庶人等爲庶人在官其無田者或有辠奪之旣老歸之去國收之及外人之來與官吏承乏無田餼而徙理事者否則皆有田田百畝夫一廛謂之戶故詩曰三百廛易曰三百戶一畛十夫楚葉公子高有

存國之功食田六百畛功崇者祿加豐也荀子曰上賢祿天下次賢祿一國下賢祿田邑楚莊王謂共雍曰有德者受爵祿有功者受田宅二者女無一焉宅在邑故田宅謂之田邑周之衰也大夫刺幽王曰佌佌彼有屋蔌蔌方有穀豈非小人在位有宅有田歟祿田之外有功而賞曰賞田魏公叔痤爲將與韓趙戰而勝禽樂祚魏王說以賞田百萬祿之然則賞田亦謂之祿也公叔痤讓功于吳起巴寧爨襄於是索吳起之後賜田二十萬寧襄各十萬王曰公叔長者又與田四十萬加之百萬之上使百四十萬此司勳所謂加田康成云既賞之又加賜以田所以厚恩一說加田官宰之田也晉語官宰食加若齊鮑國爲魯施氏之宰有百室之邑故國征不

及焉晉惠公賞以說衆作轅田轅爰通秦孝公用商君亦制轅田皆賞田也管子曰良田不在戰士三年而兵弱然則轅田之法以上田賞戰士而中下授民秦晉之良田盡歸戰士矣賈田者官賈之田官田者官工之田晉語工商食官管子云賈知貴賤不爲官賈工治功能不爲官工者與功而不與分焉然則工商不在官者不與分田周書云縣鄙商旅能來三室者與之一室之祿言能招來外商三人則與之一夫之田也白虎通云一夫一婦成一室漢田令商者不農康成謂賈田在市賈人家所受田蓋在官之賈歟牛田牧田皆芻牧之地若青之萊夷泰之胡苑魯牧在野周牧在郊邑外曰郊郊外曰野薦草多衍六畜易蕃之地也古有掌宅之官凡仕者

近宮耕者近門工賈近市齊使弗鄭爲宅掌宅之官也是爲國宅宅必有田故曰宅田武王伐紂表商容釋箕子使各處其宅田其田漢高祖詔曰有功勞行田宅孝昭賜蘇武田二頃宅一區孝宣時胡組郭徵卿子孫皆以舊恩賜田宅漢猶如是則周可知矣田有稅宅無征而漆林猶加重者何也舜爲食器而漆墨之諸侯以爲侈漢有工官主作漆器南陽樊氏以富閒欲作器物先種梓漆蓋其利厚民私之故曰民多私利者其國貧且木不可獨伐不可獨舉不可獨運必資民力用妨農事是以倍其征非私漆林惡廢民於生穀也古者計畝以鍾故魏季成子食采千鍾曾子始仕三釜後仕三千鍾秦漢易鍾以石而祿漸薄六朝有職分田一品五頃又有公廨田以供

公用至唐內官賦以石外官賦以田無地者畝給粟二斗五代廢之至宋而復大藩長史二十頃及縣尉不滿五千戶者令四頃尉二頃稍優於唐其田每月不及十貫者支茶湯錢以足之所以厚其養廉之意雖不逮於古然所以示優厚厲清操猶得周家忠厚之遺焉（晉有菜田田騶後魏有公田）戰國策子之相燕貴重主斷燕王噲收吏璽自三百石以上皆效之子之（亦見韓非子）說者謂以石計祿始於此不知以石計祿本起於田李悝盡地力晦收一石半下孰倍中孰三上孰四蓋以石計田以田賦祿王登爲中牟令一日而見二中大夫予之田宅衛嗣君欲以薄疑爲上卿進田萬頃吳起攻亭下令曰有能先登者仕之國大夫賜之上田宅人爭趨之攻亭一朝而拔之

此戰國之賦祿皆以田也吳起相楚悼王以爲封君太衆貧國弱兵之道於是封君之祿二世而收則采地之廢昉於此乎文公欲弛孟文子之宅云欲利子於外地之寬景公欲更晏平仲之宅云請徙子於豫章之圃則國宅不皆官署宅田不盡民居也商君之法斬一首者爵一級欲爲官者爲五十石之官斬二首者爵二級欲爲官者爲百石之官則以石計祿始於秦然韓非子以爲善田利宅所以戰士卒也而斷頭裂腹播骨乎平原曠野者無宅容身身死田奪大臣左右無功者擇宅而受擇田而食則當時賦祿及賞仍以田明矣曲禮無田祿者不設祭器有田祿者先爲祭服祭統古者於禘賜爵服於嘗出田邑田邑者田宅也康成以爲國地其不然

乎。左傳。衛公孫免餘曰。唯卿備百邑。下有上禄。亂也。邑。謂十室之邑。百邑則田一成。卿之禄也。趙武以絳老爲絳縣師與之田。使爲君復陶。案縣師上士。非所謂士食田者。猶晉侯賞桓子狄臣千室。千室者。千夫之田。桓子上卿。千室。百邑也。古者井有定。邑無常。易曰。改邑不改井。康成注易訟卦云。小國之下大夫。采地方一成。其定税三百家。故三百戶也。孔疏謂一成九百夫。宮室。塗巷。山澤。三分去一。餘有六百夫。又通率其地。不易再易。一家而受二夫之地。故定税三百家。然春秋大國之卿。其田不過一旅。一旅之田。不過一成。如其説。一家受二夫之地。當定税四百五十家。言一旅者。舉成數也。三百戶不滿一成。以田賦禄而予之以不食之地。其説妄矣。

古之人臣苟非有功不得食邑。載師所謂宅田。賞田。是也。若夫公邑家邑小都大都。皆非采地。亦非禄田。所謂王命尸臣官此栒邑。栒故豳國。提封萬井。兵車百乘。天子使之治其賦而主其民。又賜之鸞旂黼黻琱戈。而宗人掌其禁令。仍督其違失者。其地則載師任之。不得專焉。及周之衰。遂爲巳邑。溫子卽狄。樊皮叛王。君子惡之公邑之利都家之主地不成國民不稱君而內有六鄉外有六遂甸稍縣畺犬牙相錯雖有不臣之心其力亦不能爲亂所謂無拳無勇職爲亂階巧言之卒章得其情矣（呂氏春秋晉文公合曰有能得介子推者爵上卿田百萬淮南道應訓宣王封子發執圭列田百頃左傳莊十九年惠王奪子禽祝跪與詹父田而收膳夫之秩田猶秩也秩亦田也奪田收秩所謂奪以馭其貧也宣十四年衛孔達縊而死衛人以爲成勞復室其子使復其位室謂宅田祿也周書所謂一室之祿蓋祿其子襲父位杜預謂室者以女妻之鑿矣自一室之祿至于室之祿皆田也故古者名祿爲田成八年經晉殺其大夫趙同趙括是時趙朔已死朔子武尚幼以其田與祁奚晉景公從韓厥之言哀盾忠勳不可無後乃立武而反其田焉然則復室其子者反其田也）古者天子畿內不以封秦仲爲西垂大夫隴西有秦亭秦谷而非子居犬邱周之犬邱漢之槐里懿王都之本非國也及平王東遷秦仲之孫襄公於是始國而詩有秦風則車鄰駟鐵皆襄公時作而序

謂車鄰美秦仲失之天子守邑之大夫安得有內小臣傳令乎世本云鄭桓公居棫林徙拾紀年謂始居洛後居鄭父之邱是爲鄭桓公則是西周畿內亦未聞有鄭國也及桓公之子武公與晉文侯夾輔平王始滅虢會而都於溱洧焉後世遂有新鄭之目而指漢之京兆鄭縣爲舊都豈非附會者爲之歟說文云周制天子地方千里分爲百縣縣有四郡說本周書而王制則云天子縣內有九十三國其說多依孟子然皆不合周官漢書薛瓚注言周自穆王以下都於西鄭不得以封桓公也幽王既敗虢會又滅遷居其地國於鄭父之邱是爲鄭桓公無封京兆之文其說本穆天子傳及竹書而謂桓公未聞封於京兆其識卓矣漢中南鄭猶京兆西鄭也者舊傳云南鄭之號始於鄭桓公桓公死於犬戎其民南奔故以南爲號其不然乎有西鄭故加南又何與於鄭桓公也

禮說卷四　五　江□□

凡民有夫則有家有家則有里夫出口泉故口以夫名家給繇役故役以家名里樹桑麻故樹以里名夫布者一口之夫家征者一夫之家里布者一家之里也征有弛舍惟賢能老疾貴者服公事者而閒民不與焉故使之出三日二日一日之力征而田與追胥轉移執事亦在竭作之列所謂唯爲社田國人畢作是也後鄭謂家征者出士徒車輦失之又謂里布二十五家之布罰一家而使出二十五家之布勢必不能且不毛與不耕孰重宅不毛者罰布一里田不耕者罰粟三夫趙商嘗疑而問焉康成亦不能言其故矣宅之所處爲里里者居也夏官量人所謂軍社之所里是也蓋屋在田故田不耕者出三夫之屋粟宅在里故宅不毛者出一家之里布

也夫征卽夫布說見前案漢律民不繇貲錢二十二謂民出貲錢以給繇役每家二十二錢蓋漢之家征如此則閒民反重其征必不然矣漢律見說文解字且民之無事者爲閒民公族之無事者爲遊倅等閒也而貴賤分故公族之無事者諸子掌之國征弗及而民之無事者入衞於宮則宮伯有徒役之事出耕於野則載師有夫家之征夫家猶徒役也國家旣養而長之又重征以困之有是理乎稾人職外內朝有冗食卽宮中之人民而謂之冗食者許氏說文云人在屋下無田事然則冗食卽閒民也康成謂畱治文書若今尚書之屬諸直上者則凡外內朝之散吏趣走給召呼之屬亦皆閒民爲之矣此民無家事而服公事者鄉大夫舍而弗征則載師亦不得

而征之也春秋魯作三軍各征其軍注謂征其軍之家屬孔疏云丁壯從軍者官無稅其家屬不入軍者稅之閒民出夫家之征蓋以此

周書西土方千里分爲百縣左傳九縣長轂九百四十縣遺守四千則每縣百乘百縣萬乘此國畿千里出車之大數也地官有縣師秋官有縣士凡縣之衆庶縣士聚之縣師作之若將有會同師田行役之事則縣師受灋於司馬甸稍都鄙受灋於縣師是爲縣師之灋名曰縣法而縣士則各掌其縣之禁令焉風俗通曰百里爲同總名曰縣縣玄也首也從系倒首言當玄靜徭役也然則縣法者徭役之法歟鄭司農以三百里至四百里爲縣康成則分爲五等百里曰郊二百里

曰甸三百里曰稍四百里曰縣五百里曰都司馬法二百里爲州三百里爲野餘同不知甸地稍地畺地皆縣地也稍人掌邱乘方士掌都家所掌者即甸地稍地畺地而稍人則以縣師之法爲邱乘之政令方士亦以時修其縣法而爲都家之治其都邑則又縣師造之量其地辨其物而制其域故曰縣弦也縣聲近弦施繩用法不曲如弦也縣師掌師田作衆庶造都邑故以取名周曰師楚曰尹漢曰令其職兼文武并掌兵器春秋周禮未改楚武王授師子以伐隨衛懿公將戰而國人受甲古者兵器藏於國有事而後授兵旣事復還兵所謂良兵藏於玉府及內府者必非民閒所造造之者繕人槀人掌之者司甲司兵戈盾弓矢各有司存晉作州兵使州作兵魯作邱甲使

邱作甲非古也西京精兵聚於雒陽武庫故漢之武庫令猶周之司兵哀帝建平中毋將隆奏言武庫兵器天下公用國家武備繕治造作皆度大司農錢蘇林曰用度皆出大司農未聞取之於百姓說者謂周官兵器出於鄉遂之民誤矣小司徒及鄉師頒六鄉之比法車輦登其數馬牛辨其物簡閱之而已非籍而賦之且古有命民小司徒辨貴賤所謂民之貴者亦得乘飾車駢馬焉而遂人鄰長簡兵器以備追胥非以供軍旅會同之用也司馬法邱出牛三頭馬一匹甸出長轂一乘馬四匹牛十二頭此卽春秋所謂田賦歟古者馬牛車輦皆謂之賦魯使邱甸出之重傷民力故春秋書之曰用田賦較之初稅畝而尤甚矣何以知之以未用田賦之時知之三軍作而

三子各毀其乘如依司馬法則乘者甸之出也奚爲毀之且甸出車一乘故甸讀爲敶其訓爲乘則是毀其乘者毀其甸也毀其乘則可毀其甸則不可毀其甸是壞井田之法先商鞅而決裂阡陌也以是知甸出車一乘之說非也自魯用田賦始也自魯用田賦列國皆然名爲乘馬邱牛其實賦車籍馬與秦之頭會箕斂何以異焉周官牛人有公牛而牽徬同輓校人有王馬而毛物異頒旗有司常以待國事鼓有鼓人以和軍旅車有巾車而其用無常又安用乘馬邱牛重傷民力哉然則馬牛車輦旗鼓兵器皆非民間之物縣師使其有司備之各帥其民而至及其會車人之卒伍則五人爲伍百人爲卒而一乘七十五人之說亦無所用之先偏後伍伍乘

彌縫廣有一卒卒偏之兩所謂車人之卒伍也楚攻魏張儀請出兵以勁魏於是攻皮氏而以卒萬人車百乘與魏是古者車一乘卒百人武王伐殷革車三百乘法當用卒三萬人故田單曰帝王之兵所用不過三萬而天下服矣説者謂周官無偏則不然古者士有卒伍車有偏列司徒主卒司空主車冬官亡則偏法亦亡廣車之萃分爲左右每廣一卒謂之正法偏者廣之偏左廣爲左偏右廣爲右偏偏之兩者合則四兩以翼廣分則五伍以承偏謂之偏法亦曰偏駕則知車人之卒伍未嘗無偏君行師從故覲禮有偏駕過天子之城宜櫜甲束兵故偏駕不入王門康成謂偏駕者金象木革四輅其不然乎魚麗之陳先偏魏舒毁車爲卒亦偏爲前拒蓋

無定數因事制宜者歟鄭志趙商問一甸之田方八里有戎馬一乘大夫采四甸一甸之稅入於王其餘三甸裁有十二匹而校人職家四閑何也答曰四閑八百六十四匹此乃國馬不出於民司馬法民出軍賦無與於國所謂民出軍賦者卽春秋之田賦也古文田陳同音故齊陳轉爲齊田甸乘亦同音故邱甸通爲邱乘說者以爲甸出車一乘故甸改爲乘失之司馬穰苴兵法因號司馬法案戰國策齊閔王時司馬穰苴爲政閔王殺之大臣不親則穰苴乃閔王之將以故齊南破楚西屈秦用韓魏燕趙之衆猶鞭筴者蓋穰苴之力居多及穰苴死而閔王亡矣晏子春秋以爲齊景公史遷因之如其然左傳曷爲不載乎韓非子曰私門之官用馬府之世

絀又曰民產絕則畜生少畜生少則戎馬乏戎馬乏則將馬出是將馬者國馬謂之馬府戎馬者民間之馬所謂民出軍賦者也民馬乏故以國馬給軍則其法非始於春秋行於戰國歟何休曰用田賦者若漢家斂民錢以田爲率矣禮軍賦十井不過一乘愚謂以田爲率乃稅畝非田賦也魯語田一井出稯禾秉芻缶米而已如以十井爲乘則包咸之說（見論語註）吾未之前聞（秦穆公送公子重耳入晉革車五百乘步卒五萬疇騎二千此一乘百人之法而兼有騎則騎起於春秋非始於戰國也民年二十三傅之疇官學習騎射故曰疇騎見韓非子）春秋隱四年傳云敝邑以賦與陳蔡從服虔云賦兵也昭六年傳大夫有賦於軍故魯之御叔大夫也而儌使人令倍其賦謂軍賦也漢孝惠之初令吏六百石以上及故吏嘗佩將軍都尉印及二千

石官印者家唯給軍賦他無所與則大夫有賦於軍至漢猶然矣哀七年傳魯賦八百乘邾賦六百乘故兵車曰賦輿有稅有賦稅以足食賦以足軍論語治賦孔安國亦謂之兵賦然則用田賦者以田賦出兵司馬法本諸此［服虔引司馬法五十乘爲兩百二十乘爲伍二十五乘爲偏杜預引司馬法車十五乘爲大偏九乘爲小偏則偏無定數伍兩亦然倍伍爲什倍兩爲五十倍卒爲二百齊語五十人爲小戎二百人爲卒倍法也坊記孔疏云據司馬法之文車甲馬牛皆計地令民自出鄉遂之衆七十五人出革車一乘甲士三人馬四匹牛十二頭恐非力之所能皆是國家所給故巾車職毀折入齎於職幣質人云凡受馬於有司者書其齒毛與其賈馬死則旬之內更司兵云授兵從司馬之法頒之受兵亦如之是國家所給也愚謂司馬法出於田賦始自春秋之末行於戰國之時］魯用田賦猶鄭作邱賦服虔曰作邱甲者一邱之田出一馬三牛其說是也然以爲古法則非子產愛民而行病民之政學者不能無疑焉大宰有芻秣

之式大府以四郊之賦待之則牛馬不出於邱明矣秦孝公十二年爲田開阡陌十四年初爲賦賦者軍賦也軍賦始於春秋至是開阡陌而更定其法也

師氏三德二曰敏德敏者何也克爲敏德以己承之孔子曰克己曾子曰己任一也說文克之象肩也其義任也詩云佛時仔肩毛傳曰克鄭箋曰任釋詁曰勝蓋能勝其任謂之克然則苟非己焉能克苟非克焉得敏是故堯舜恭己禹稷由己成湯惟己伊尹若己皆敏德也於文以己承之曰巹巹者謹慎之辭詩云赤舄己己見說文蓋言謹也周公之敏也若無己則敬失其基禮失其幹慎失其藉墮枝體黜聰明離形去智變爲槁木死灰亦終入於昏昏墨墨而已矣學問求諸己

廉恥行諸己忠恕推諸己立達取諸己安人安百姓修諸己孔子無我非無己也楊子爲我非爲己也己之欲非己猶身之垢非身爲仁由己是謂當仁仁以成己惟敏乃成訓己爲私濫於王肅淩於劉炫異乎吾所聞一曰至德至者何也中庸其至矣乎民鮮能久矣惟有敏德者能之敏德所以爲仁而孝德者爲仁之本也春秋昭十二年左傳云仲尼曰古也有志克己復禮仁也則古有是言而孔子引之爲仁由己而由人乎哉此發明克己之義也而復禮之目未詳故顏子請問克爲敏德其詳可得聞乎不能謂之賊不足謂之畫浮沉謂之溺游移謂之惑中廢謂之弱後退謂之郤皆不能自克者敏之蠹也惟克乃敏詩曰農夫克敏力耕數耘收穫如寇盜之至農夫之敏也君子克己亦如之詩曰良士蹶蹶言動而敏於事也此敏

德所以爲行本歟子曰一日克己復禮又曰有能一日用其力於仁用力者己也能用力非克己乎而皆曰一日者言由己不由人也故曰我欲仁斯仁至矣不識己焉識仁子貢之施濟求之人孔子之立達反之己故曰修己以敬以安百姓堯舜猶病五行己屬中宮土易曰安土敦乎仁故能愛未有不愛己而能愛人者也求仁者於己取之可矣史遷紀帝嚳普施利物不於其身非吾儒之學也吾儒學在己利物本諸身莊子曰至人無己無己是無仁也故莊子不知仁莊子謂枝於仁者擢德塞性蹩躠爲仁天下始疑而其論仁也則云中心物愷兼愛無私以墨子之學爲孔子之語其謬已甚皆自至人無己之一言始

路寢制如明堂面有四門虎門者路寢之西門也西爲成熟之方學貴成熟故小學在西亦名西學祭義云食三老五更於大學所以教諸侯之弟也祀先賢於西學所以教諸侯之

德也西學周小學也先賢有道德王所使教國子者大學在成均則西學在虎門之左明矣古者學在門繆公學著人齊風毛傳云門屏之間曰著著人者楚語所謂位宁有官師之典著與宁通蓋師氏保氏也師氏保氏同居門左各司王朝保氏不言者省文可知或云南稱門北稱闈此臆說也蕭子良云蕭何以署書題蒼龍白虎二闕不知據何書後漢德陽殿東門雲龍西門神虎虎金獸也故在西則虎門爲路寢西門又何疑乎家之學在門側之堂故國之學在虎門之左此蔡邕所謂周官有門闈之學也文耀鉤云西宫白帝其精白虎左傳昭十年欒高與陳鮑相攻遂伐虎門晏平仲端委立于虎門之外蓋以虎門師保所居講學視朝之地故朝服立於其外歟東漢有白虎觀肅宗詔諸儒論定

五經同異於此白虎門名於門立觀因以名之葢取地官師氏虎門之義也一說虎門宮之外門失之矣師氏守王門保氏守王闈尒疋宮中之門謂之闈康成謂巷門相通者雜記夫人奔喪入自闈門升自側階然則闈門乃旁側之門也路門外之應門爲正門而虎門在西師氏居其左闈門又在內似皆旁側之門畫虎象秋嚴漢制則然矣康成以路門當之豈其然乎廣韻引周禮云公卿之子入王端之左教以六藝謂之門子其後氏焉氏焉者以門爲姓若吳有胥門巢晉有下門聰也以虎門爲端門國子爲門子則似干寶註而目爲周禮誤矣

師氏詔王媺而教國子以三德三行保氏諫王惡而教國子

以六藝六儀國子者公卿大夫之子而王之世子亦齒焉古者師保之官掌國中失之事中者爲媺王有媺則道之使成失者爲惡王有惡則閑之使止因以教王及王世子而國之貴遊子弟皆從王世子而學焉者也降及春秋其道息矣然其風猶存秦穆公益國十二而學於著人荆文王兼國三十而學於保申秦至穆而霸楚至文而昌二君能光大先世之業以成其媺者師保之力也楚大子商臣之惡其師潘崇實倡之猶陳公子佗之惡本於其傅之不良蓋二人之性未必惡師傅惡故二人從之而惡說者謂商臣蠭目豺聲形惡也豈其性惡乎詩有墓門刺陳佗也陳佗無良師傅以至於不義惡加於萬民焉故曰墓門有棘斧以斯之言斧能析薪猶

師能止惡也。秦不法古，律令爲師，胡亥學書，趙高教之，夫也
不良，此之謂矣。夫之言傅也，謂師傅也。師傅不良，故陳佗惡
加萬民，胡亥毒痡四海。太元曰：黃兒中蓄，君子洗慾，言有老
臣以爲師保，則君子庶幾免於惡焉爾。人之所好而不足者
孅也，人之所醜而有餘者惡也。彊其所不足，拂其所有餘，此
保氏師氏之職歟。漢成中主，委任外親，帝師張禹，國之佞臣，
黨於王氏，變漢爲新，師保之官，安可非其人也。易兌講習，臨
教思。二陽咸臨，師保之象。初以志行正爲貞，二以不順從爲
利，言詔孅諫惡逆之吉，順之凶。潘崇之於商臣，趙高之於胡
亥，張禹之於漢成，皆不正而順從，何利之有。君命順，則臣有順命；君命逆，則
臣有逆命。君命逆而臣順之者，一言可以喪邦。臨九二爻辭
曰：咸臨吉，无不利。夫子恐人以順爲利也，故特明其義曰：咸

臨吉无不利未順命也未之言非古語也言非以順命爲利也爲人臣者不明乎此義則不免爲宋之三言相公而已三言者一曰取聖言二曰領聖言三曰已得聖言也此之謂順命即六三之甘臨故甘臨曰无攸利咸臨曰无不利兌象朋友臨象師保易曰无有師保如臨父母書曰放黜師保則師保非三公也三公官不必備師保必備其官易初元士二大夫師氏保氏正當元士大夫之位故臨二陽象之周公師保萬民則三公亦得兼焉荀子曰從命而利君謂之順從命而不利君謂之諂逆命而利君謂之忠逆命而不利君謂之篡然則咸臨之无不利甘臨之無攸利其義曉然矣傳曰從道不從君此之謂也晏子曰君正臣從謂之順君僻臣從謂之逆君失其道臣失其守逆政行而有司不敢爭覆社稷危宗廟是故上有行中之君下有順命之臣君不行中故臣未順命知臨之宜咸臨之吉歟

荆威王學書於沈尹華昭鼇惡之有中謝者爲昭鼇謂王曰國人皆以王爲沈尹華之弟子也王不說因疏沈尹華甚哉人之好爲師而恥爲弟子也故細人一言而威王不說則師保廢於戰國矣商書曰能自得師者王謂人莫已若者亡故荆興於文衰於

威一傳而懷王遂亡其國客死於秦
保氏五射白矢參連剡注襄尺井儀案廣韻白矢作白勺襄尺作讓尺參連作參遠賈疏云臣與君射不與君並立襄君一尺而退則襄讀爲讓古今文也新序云左把彈右攝丸定操持審參連吳越春秋云射之道從分望敵合以參連連誤爲遠失其義矣莊子鏑矢復沓注云矢去復往沓然則復沓猶參連也列子曰善射者能令後鏃中前括發發相及矢矢相屬前矢造準而無絕落後矢之括猶銜弦視之若一焉是爲參連後漢陳王寵善弩射十發十中中皆同處其法以天覆地載參連爲奇又三微三小三微爲經三小爲緯經緯相將萬勝之方然要在機牙弩柄曰臂鈎弦曰牙牙外曰郭郭

下曰懸刀合名之曰機差以米則不發然則參連弩射尤精矣詩四矢反兮箋云反復也禮射三而止每射四矢皆得其故處此之謂復莊子所謂復沓也

司諫糾萬民之德而觀察其德行道藝辨之以能司救禁萬民之衺而誅讓其衺惡過失防之以禮乃其職不列於六鄉六遂之中而隷於師氏保氏之下何哉蓋必先師氏詔王媺而後司諫糾民德民之德本於王之媺也必先保氏諫王惡而後司救禁民衺民之衺本於王之惡也糾民德者鄉三物禁民衺者鄉八刑師氏之詔詔以此一人有德以道民德不令而行保氏之諫諫以此一人無衺以閑民衺不禁而止本諸身徵諸民德道禮齊風俗成焉比長奇衺閭胥纘撻族師

刑罰皆所以禁民衺民有過惡州長歲糾黨正月戒司救復三讓三罰之以故民無隱慝比長教和親閭胥聚衆庶書其敬敏任卹者族師每月屬民書其孝弟睦婣有學者是爲德行道藝黨正歲屬民而書之州長正月屬民而攷之然後入之於鄉大夫鄉大夫三年大比則復加攷而舉其賢者能者而獻其書王再拜受之登於天府內史貳之則所以糾民德者較之禁民衺而尤詳焉以故民無遺善司諫復以之攷鄉里之治而詔廢置蓋比閭族黨州鄉或有書之未備攷之未精舉之未當者司諫巡問而觀察之以進退其鄉之吏由是窮居側陋之士無不上聞言行必達皆登於書謂之史傳至秦曠絕其道廢壞漢武始舉賢良方正天子計書先上太史

孅惡之事靡不畢集後漢光武始詔南陽撰作風俗故沛三輔有耆舊節士之序魯廬江有名德先賢之讚郡國之書由此而作其後遂有三輔決錄汝南月旦之評說者以爲處士橫議然猶有古糾德禁衺之遺意而朝廷無詔孅諫惡之官則是不正其本而齊其末也故東漢風俗雖有氣節之名而德行道藝不及三代之純者以此魏置州郡中正區別人物第其高下定爲九品其有言行修著則升進之儻或道義虧缺則降下之此古州長黨正族師閭胥之職也雖風教頹失而無典刑然時有淸議尚能勸俗陳壽居喪使女奴丸藥積年沉廢郤詵篤孝以假葬違常降品一等其爲懲勸也如是雖古之巡問觀察誅讓防禁何以加焉後魏太和以前精選

德高一鄉者爲中正當時頗得其人及宣武孝明之世寖以頹紊而冀州大中正排抑武夫不入清品武夫怨怒遂聚火焚其第殺其人天下寃痛乃詔斬其尤惡者餘大赦以安之而魏亦亡矣中正置於延康廢於開皇立法未嘗不善久而弊滋榮辱在手高下任意此非出於法之不善實由於本之未端端本之道先正朝廷則化起於身教成於國地官糾德禁衺旣有比閭族黨以分其職又有司諫司救以董其成而爲師氏保氏之屬言哉言哉祖已曰惟先格王正厥事此之謂也

調人掌司萬民之難而諧和之典瑞穀圭以和難康成謂難仇讎和之者若春秋宣公及齊侯平莒及郯晉侯使瑕嘉平

戎於王愚案僖公二十一年楚執宋公公會諸侯盟於薄釋宋公公羊謂執未有言釋之者以公與議而釋之何休謂善僖公能免宋公之厄穀梁謂外釋不志以公與之盟而目之康成謂公有功焉此典瑞所謂和難也二十七年楚人圍宋公羊謂此楚子而貶稱人以執宋公故終僖之篇貶何休謂古諸侯有難王者若方伯和平之後相犯復故辠楚前執宋公僖公與共議釋之今復犯圍宋故貶終僖之篇貶者言君子和平人當終身保也然則調人和難保之終身故先動者誅之康成謂猶今二千石以令解仇怨後復相報移徙之郎何休所謂後相犯復故辠是也楚人先動其能免於王者之誅乎二十八年晉人執衛侯三十年公爲之請納玉於王與

晉侯皆十瑴王許之乃釋衛侯尒疋玉十謂之區註云五瑴爲區然則雙玉曰珏半珏曰隻十隻曰區倍之爲十瑴和難之瑴圭也瑴之言穀十數之成和難者成之故用成數倍公行禮故記者善而志之大戴禮曰父母之讎不與同生兄弟之讎不與聚國朋友之讎不與聚鄉族人之讎不與聚鄰曲禮亦云父之讎弗與共戴天兄弟之讎不反兵交遊之讎不同國諸儒異說莫能相一學者惑焉愚謂不與同生者孝子之心令勿相讎者國家之法如其法則孝子之心傷如其心則國家之法壞欲兩全則兩窮于是使不共戴天之讎避諸海外旣不壞國家之法亦不傷孝子之心此調人之所以爲調也千里之外遠於同國而鄉近於國鄰近於鄉族人則疏

於從父昆弟矣亦可補調人之闕焉或曰父之讎辟諸海外是共戴天也可乎曰調人之和難頫封人之錫類也土中有水弗掘無泉四海之外別有一天其誰曰不然若夫殺人者死傷人者刑乃秋官之所弊而謀非調人之所和而釋漢律衷刺刃者必誅以其雖未殺傷人而有殺傷之心也調人職所謂過而殺傷人者吉人良士本無殺傷之心時有過誤不幸陷離者耳漢律過失殺人不坐死（過失若舉刃欲斫伐而軼中人者）調人乃教民之官故以其民共聽而成之東漢之季洛陽有主諧合殺人者謂之會任之家遂假託調人之法因而爲姦利受人十萬謝客數千由是法禁益弛京師劫質白晝群行而漢亡矣

管子春三丣（俗作卯）十二始丣十二中丣十二小丣而始丣合男女秋三丣（今文酉古文丣俗誤爲卯）十二始丣十二中丣十二小丣而始丣合男女冬夏兩至後九十二日謂之春秋兩至春至十日之內室無處女蓋始丣合男女者白露下收聚之初始丣之辰荀子所謂霜降逆女家語所謂霜降而婦功成嫁娶者行焉是也始丣合男女者淸明後出耕之日始丣之辰媒氏職所謂中春之月令會男女是也春至卽春分十日之內三丣之中中春之月會男女之時于是時也奔者不禁故曰室無處女謂女盡行詩摽有梅毛傳所謂三十之男二十之女不待備禮而行者所以蕃育人民也過此則非昏姻之時不用令者罰之荀卿子所謂冰泮殺止（殺止一作殺女）家語所謂冰泮

而農事起昏禮殺于此衆説皆同康成獨異而管子尤合周官故愚引以爲證焉卯爲春門三卯爲八舉木成數八酉爲秋門三酉爲九和金成數九古文卯酉同形書無善本故正之說文卯象開門酉象閉門晉束晳以爲四時皆可昏姻引春秋爲證然民間嫁娶吾聞之詩禮未聞之春秋夏小正二月綏多士女太元內婦始秋分陰外陽內萬物之既自秋至春辛壬癸甲皆嫁娶之時矣張融曰易泰卦六五帝乙歸妹以祉元吉舊說六五爻辰在卯春爲陽中萬物生育嫁娶大吉此管子春三卯合男女之義也參同契謂二月榆落魁臨於卯八月麥生天罡據酉蓋麥生而嫁娶行榆落而婚禮殺合於天時者歟左傳襄二十二年十二月鄭游販將如晉未出竟遭逆妻者奪之則春秋民間

嫁娶亦在秋冬也媒氏會男女卽管子掌媒之合獨所謂合獨者凡國都皆有掌媒取鰥寡而和合之予田宅而家室之三年然後事之此之謂合獨心星爲二月之合宿故三丣爲合獨之時墨子曰丈夫年二十毋敢不處家女子年十五毋敢不事人聖王之法也然則男三十女二十而無夫家皆過時不嫁娶者媒氏會而合之非合獨而何丣從日爲昴丣從日爲昴昴白虎宿星當從丣說文誤作昴（徐鉉音莫飽切）詩云維參與昴毛傳云昴畱也元命苞云昴六星昴之言畱言物成就繫畱愚謂昴西方之宿一名旄頭昴與旄若猶與搖康成曰秦人猶搖聲相近則昴旄亦聲相近也丣象閉門昴爲白虎不當從丣說文非許氏之舊矣俗本流傳莫能正也丣從田

爲畱采地之名因以爲氏漢人改畱爲劉而有丣金刀之說則丣戼之相亂也久矣虞翻云古桺丣字同王充曰日出扶桑暮入細桺故宅西曰桺谷是日夕爲丣也左傳陳成子救鄭及畱舒鄭箋引之作桺舒是古畱桺亦通矣律書言二十八舍北至於畱畱者言陽氣之稽畱也故曰畱八月也則直讀𣇍爲畱也

祝融作市其象爲離離明爲日日有三時三時者朝時昃時夕時不曰中而曰昃者皇侃以爲日將中而未中猶在東側是中前爲昃也賈公彥引書日中昃不遑暇食是中後爲昃也家語日出聽政至於中昃王肅云中日中昃昳中說文以日西爲昃失之矣日東爲朝日西爲夕日昃爲中春秋肆大省公羊曰肆者何跌也何休曰跌過度昳之言跌也過猶不及故中前中後皆曰昳中日至衡陽是爲隅中至昆吾是爲

正中皆日昃時也昃市於中朝市於東夕市於西日中盛明當王之位故曰大市而主萬民百族平旦食時爲公爲卿故曰朝市而主四方商賈日昳晡時爲臺爲僕故曰夕市而主販夫販婦莊子曰日方中方睨側視爲睨睨猶昃也方睨而中方中而睨其時有幾日中不須臾故易曰日昃之離何可久也說者謂日昃明將盡豈其然日中爲市取諸噬嗑上明下動日昃之大市也行人之儀不朝不夕晏子云室夕管子云立朝夕古語皆以朝夕爲東西矣月食必在望月望爲盈日昃必在中日中爲昃故易曰日中則昃月盈則食何休注公羊亦云昃日西是皆以昃爲夕也可乎昃有中有下皆非日夕時古者皋人之喪以昏殣故葬以朝不以夕謂其近於

昬春秋九月丁巳葬定公雨不克葬戊午日下昃穀梁作稷乃克葬何休云下昃蓋晡時晡時則夕也曷為不書夕而書昃且晡時而葬是以皐人葬其君也必不然矣書傳注云平旦至食時為朝隅中至日昳為中晡時至黃昏為夕日出而葬日中而虞禮也魯葬定公以下昃葬小君頃熊一作敬嬴以日中下昃去日中不遠兩書以譏為朝市於西方反天道也故君子非之漢宮闕疏曰六市在西其三在東有東西而無中非古也洛陽三市取則周官金市西一名商觀南市中馬市東古者為市一日三合而河西姑臧市日四合扶風美陽俗以夜市則司市之法不行於天下矣

質人掌賣價之質劑大市以質若牛馬人民小市以劑若兵

車用器及四時食物巡而攷之犯禁者舉而罰之古之質劑後世之文券也東晉及梁陳凡貨賣奴婢馬牛田宅有文券者率錢一萬輸估四百入官賣者三百買者一百無文券者隨物所堪亦百文收四名爲散估說者謂人競商販不爲田業故使均輸雖以此爲辭實利在侵削猶漢笇緡錢而已質人所罰謂之罰布犯禁者罰之謂用器兵車不中度布帛精麤不中數幅廣狹不中量則淳制不壹度量不同故舉其貨而罰之所以同度量而壹淳制也古者以質劑結信而止訟安得有稅乎司市所征謂之廛市一名征廛廛人斂之入於泉府亦曰征布蓋征其廛不征其貨故孟子曰廛而不征後漢第五倫以京兆掾領長安市平銓衡正斗斛市無阿枉百

娃悅服此古質人之職也度量爲斗斛淳制爲銓衡孟子謂之法故曰法而不廛謂廛人不征貨質人不征廛荀子謂之室律治市者平之室律者質律也質人之律漢曰月平所以平市價室質音相近楊注誤儥人民者掌之質人獲人民者告之朝士古無奴婢謂之臣妾亦曰人民費誓馬牛其風臣妾逋逃勿敢越逐祇復之我商賚汝復之者在軍則復於長在國則復於朝故曰委於朝告於士朝者斷獄弊訟之外朝朝士受而聽之商度其所獲而畀之是爲商賚牛馬貨賄皆然故曰大者公之小者庶民私之謂三分其所獲二入公而私其一也越逐者在國越鄉在軍越伍軍有常刑國繫圜土易曰悔亡喪馬勿逐自復言

勿逐故悔亡逐則有悔矣詩曰爰居爰處爰喪其馬于以求之于林之下謂國無政軍無律故越逐者不加刑也質人賣儥人民用長券謂之質王褒僮約石崇奴券古之質歟質許贖魯人有贖臣妾於諸侯者而逋逃之臣妾皆得歸其主焉有主來識認驗其質而歸之仍商度而賚告者凡失物在市三日在朝旬而無主識認乃沒入官故易有億喪貝躋于九陵之象勿逐七日得之占九陵象朝之閭闔九重言七日則旬之內也震長陽其數七勿逐與喪馬同占而不言悔者陽動而陰靜也喪馬睽初九喪貝震六二億發聲古以貝爲貨古者路遺不拾人亡不追非誘非竊旬內自歸太卜官有卜賣買臣妾馬牛得之首仰足開不得首仰足肣音琴謂兆足歛然則易之繇書之誓周官之

文參相合也鄉有比閭族黨州遂有鄰里酇鄙縣軍有伍兩卒旅師皆不得相踰越修閭氏掌國野廬氏掌野司虣掌市市不屬遊國不馳騁野不相翔司險守五溝五涂而呵止行者掌固復晝三巡夜三鼜以號戒之先王寄軍政於鄉遂輔之以什司之以伍伍無非其人人無非其里里無非其家故奔亡者無所匿竊盜者無所容苟非遷徙雖有逋逃莫敢越逐不獨軍中爲然矣董逋逃晉法也楚作僕區乃隱匿逃臣之法〔說文匸藏也品衆也品在匸中踦區藏匿也僕臣僕也僕區者藏匿逃臣〕芋尹無宇之閽逃入王宮無宇執之有司弗與及謁諸王卒取以歸歸之禮也執之非禮也當復之朝〔康成曰復之言報也〕復之朝而有司弗與則失在有司也朝有復者宰夫掌諸臣之復御僕掌庶民之復晏

子春秋所謂齊有北國騷造於君庭而求復者以此太公爲周立九府圜法顏師古以大府玉府內府外府泉府天府凡六府當之而又以職內職金職幣三官充其數焉非也尒疋以八方之八材中原之五穀魚鹽爲九府王應麟引之以當九府圜法失之遠矣所謂圜法者重不廢輕小不妨大子母相權而有九品故曰九府圜法其名見周官者夫布里布辟布絘布總布質布罰布廛布儳布是爲布貨九品其九品在國曰邦布外府掌之在市曰征布泉府掌之載師有里布閭師有夫布皆邦布也出諸民入諸國故曰邦布百畝爲夫五鄰爲里民間之布以夫里得名說者以爲罰布誤矣司市有辟布廛人有絘布總布質布罰布廛布肆長有儳布

皆征布也斂諸市入諸官故曰征布辟布一名辭布辭之言貰也猶漢之貰錢或曰辟法也辟布猶法錢市中作布皆取法焉故曰辟布者于其地之叙叙猶監也作布之叙蓋鑄錢之監歟王莽布貨十品一曰大布次曰次布蓋法周官之欵布乃市中思次介次之布也總布未詳質布者質劑賣債之布罰布者質人所罰犯禁者之布廛布者門關征廛之布儳布者無肆立持之布集韻云儳蹔也音才鑒切徐邈讀詩云抱布抱此管子云握路握此也鄭司農曰布參印書廣二寸長二尺以爲幣貿易物此立持之布歟管子謂隰朋於國有不知政於家有不知事舉齊國之幣握路家五十室而其人不知握猶持也古之儳布也肆長斂之廛人掌之而朋不與

知焉一說僾布者總布之别也盤庚曰無總于貨寶貨寶曰布商賈阜貨而行之立曰僾行曰路執曰總皆商賈之事也盤庚戒在位毋若商賈然職内主錢辨財而執總總者聚而束之以書楬之漢律曰布謂之總總曰升升曰登晏子春秋十總之布十總者十升也升登音同故或爲登或爲升皆名爲總以此名布亦以此名泉故文子曰萬物之總皆閲一孔總通作緵漢令徒隸衣七緵布緵一作稯八十縷爲稯五稯爲秭二秭爲秅西京雜記曰五絲爲䋈倍䋈爲升倍升爲緎倍緎爲紀倍紀爲總倍總爲璲璲者古之佩泰之緵以縷爲絲十絲爲升則異說也凡先合單紡爲一系四系爲一扶五扶爲一首五首爲一文文采淳爲一圭首多者系細少者系麤漢制如此而緎紀無聞焉五扶爲首則二十系也漢之首異乎古之升矣漢律曰綺絲數謂之絩布謂之總綬組謂之首詩傳曰鬷數箋曰鬷總也疏云鬷謂麻縷毎數一升而用繩紀之故鬷數爲數總而集之故鬷爲總

泉府凡民之貸者與其有司辨而授之以國服爲之息國服者國軌也亦曰國準軌爲法準爲平古者珠玉爲上幣黃金爲中幣刀布爲下幣中歲黃金一斤直食八石五穀粟米者民之司命也黃金刀布者國之通貨也先王善制其通貨以御其司命軌守其數準平其流於是穀與幣相權而貨通食足焉上無穀以幣下無幣以穀造公幣而寄之民振其不贍以幣準穀直穀而貸之穀爲上幣爲下斂其有餘以穀準幣直幣而庚之穀爲下幣爲上振時穀重而幣輕以輕權重斂時穀輕而幣重以重權輕如此則上不取息下不出息而上下交獲其贏各有什倍之息所謂以國服爲之息者蓋如此有司者職幣與倉人也職幣掌振斂之式法者凶豐之法用

倉人掌之此非國軌之存於有司者歟不贍而莫之振也則穀愈重而民流有餘而莫之斂也則穀愈輕而民病蓋歲有凶穰物有輕重今歲糴賤狗彘食人食至來歲而道有餓民此皆不通國軌之法輕重之權者也較謂之服式謂之軌較出式上是爲軌前故知管子國軌卽泉府國服息者陽息反是爲消藏繦千萬貫朽於庫積粟萬億紅腐於倉謂之消粟米財物上下通流使相灌注無有滯留謂之息流而不竭出而不窮此泉府之所以爲泉歟辨而授之謂辨合見荀子卽稱責之傅別蓋旅師以質劑頒斂泉府以辨合賒貸皆劵契也總名約司約掌之一說有司鄉遂之吏也周書云賦洒其幣鄉正保貸洒謂散之貸者鄉正保焉又云成年不償信誠匡

助助且不償安得取息乎又云幣租輕乃作母以行其子此國軌所以輕重相權也秋官朝士凡民同貨財者令以國法行之同貨者司市以泉府同貨而斂賒國服行之以國法猶國軌平之以國準所以制四方貨殖低昂使萬物不得騰躍其權在司市而朝士慮貶國用故亦得與焉易損益二卦損六五益六二皆曰益之十朋之龜兩貝爲朋一龜直十朋寶龜而貨貝變通趨時則上下交相益也俗儒不明損益焉識盈虛之數乎國軌也國服也皆謂之乘故稍人有邱乘之政管子有乘馬之筴淮南子元玉百玉大貝百朋注云二玉爲玉五貝爲一朋山虞服耜注云服牝服疏云車平較也。

司關掌國貨之節以聯門市其法管子行之於齊以爲市者

天地之材具也萬人之所和而利也關者諸侯之陬隧也而外財之門戶也萬人之道行也征於關者勿征於市征於市者勿征於關此司關聯門市之法也市有廛布關有征廛皆貨賄停儲邸舍之稅自外入者征於關關移之門門移之市所謂征於關者勿征於市也自內出者征于市市移之門門移之關所謂征於市者勿征於關也若自內而不由於市自外而不出於關然後舉而罰之否則征其廛而不稅其貨也康成謂參相聯以檢猾商失之矣左傳廢六關注謂關所以禁絶末遊而廢之爲不仁家語置六關注謂置關以稅行者爲不仁兩說皆非也國之有關久矣不自文仲始何得言置設關以限內外司出入所以防非常又焉得廢之農有租而

商無稅是將使民弃本而趨末烏在其爲仁也且六關之廢置與三軍之作舍等耳一書一不書則又何說吾是以知廢與置兩說皆非也廢者謂廢司關之法一作置置與廢通古醫用針針有補瀉難經言補則取氣瀉則置氣置者不取也古者不取謂之置不去亦謂之置春秋萬入去籥公羊謂去其有聲者廢其無聲者何休云廢置也置者不去也齊人語不去爲廢則魯舊有關先王之法名存而實息矣魯之有名無情皆若此文仲號爲賢大夫不能振而興之故孔子謂之不仁古以廢爲置又以廢爲發詩一發五豝發讀爲廢莊子發藥列子廢藥一也豈獨齊人語乎齊桓公三會諸侯令曰市賦百取二關賦百取一此周官關市之征也虛車勿索徒負勿入以

來遠人以通賓客視其名視其色以察奇衺國乃不惑司關之職唐天下關二十六蕃客往來閱其裝重入一關者餘關不譏猶有古司關之遺意焉莊子廢一於堂廢一於室釋文曰廢置也是先秦之文皆以廢為置矣

禮說卷四

禮說卷五

東吳　半農　惠士奇

地官三

邦節有八守節二分其半於都國都鄙而掌節藏其半達節六掌節守之小行人達之達之邦國三曰山國曰土國曰澤國達之都鄙三曰門關曰貨賄曰道路節與瑞不同瑞全而節半君命召則合之故當其常則二節以走一節以趨值其變則效節而出握節而死官守其節故曰守官一名符一名契隋樊子蓋守東都衛元守關中別造玉麟符代銅虎以給之蓋取則周官玉節所以重鎮守也齊陳乞遣陽生與之玉節而走之秦安國君刻玉符約立子楚爲適嗣蓋析玉而分

其半爲後當迎之合以爲信唐則天時崔神慶上疏曰古者召太子皆用玉契今則惟有文符非愼重防萌之意然則玉契自古有之矣陽城君毀璜爲符以守國司馬牛致邑與珪而適齊皆玉節也角節未聞當考英蕩有兩說干寶謂英刻書簜竹箭刻而書其所使之事以助三節之信是英蕩者傳也凡達節皆有傳傳所以輔節節以金傳以竹康成謂傳若漢之移過所文書古名關移過所者韓非所謂關於州部也魯昭公使公衍獻龍輔於齊侯孔疏云鑄金爲龍節以玉爲函盛之名爲龍輔是英蕩者玉也輔者函也玉釆浮筠故曰英蕩兩說皆通前說爲允然漢之符與傳則又不同郡國領符門關用傳傳以繒帛與古用竹者殊小行人旌符管三節

皆用竹漢之竹使符本此使者所持節則上加旄注旄首曰旌卽古之旌節古者刻符摹印皆曰璽書呂氏春秋吳起謂商文曰置質爲臣其主安重釋璽辭官其主安輕淮南子亦云龜紐之璽以爲佩是印爲璽也戰國策楚攻韓泠向求救于秦公孫昧曰其言収璽實猶有約注云璽軍符収之者言欲止楚之攻韓是符爲璽也然則璽節以管爲之鑴刻璽書或曰貨賄或曰都鄙者謂都鄙之貨賄璽管一節兩名地秋二官互見貨賄者商賈也商賈阜通貨賄出入於市爲璽節出入於關爲貨節而輔以傳焉孟嘗君更封傳變名姓以出關則傳書名姓也門關古用棨漢外人入宮門長史爲封棨傳至晉猶然羊祜嘗欲夜出軍司執棨當門此其類歟一玉

一角守節鎮焉三金三竹達節通焉邦國之守以玉而達以金其地遠防矯誣也都鄙之守以角而達以竹其地近從簡易也舉邦國都鄙則鄉遂在其中故布治布教布政布刑不曰鄉遂而皆曰邦國都鄙守之達之職在掌節古之道路有節乃達楚不與齊通遂絶齊約齊既與秦合乃折楚符約猶符也是故勇士罵齊而借宋之符樂毅適燕而假魏之節田鳩之楚楚與之節以如秦蓋非是則不達也周入於韓秦聞之而焚周之節不通其使漢使陸賈於南越剖符通使焉此皆達節也六國擯秦請焚天下之秦符而傳焚符之約則當時列國往來無節者有幾則不達可知矣或曰節亦名瑞謂之法瑞管子曰君發其明府之法瑞以稽之立三階之上南

面而受要卽此漢官儀曰秦以前皆以金玉銀銅犀象爲方寸璽各從所好奉璽書使者乘馳傳騎驛騎也然則角節蓋犀象歟王制金璋璋一作章王氏謂金爲印章孔疏謂章定本從玉以金飾之圭璧之類周時稱印曰璽未聞稱章愚謂金章者金節也周曰璽秦漢曰章秦法凡官吏及民有問法令者主法令之吏各以所問者明告之爲尺六寸之符明書年月日時及問者名以左券予之謹藏其右券封以法令之長印凡法令皆藏禁室封以禁印有擅發者及剟一字以上辠皆死此秦之符猶周之節主法令者猶漢之符節令藏於符節臺者也符長尺六而節無聞徐璆曰昔蘇武困於匈奴不墜七尺之節則漢之使節長七尺矣秦代周以爲水德數

以六爲紀故符六寸然則尺六之符本於孝公而始皇更定
其制也符節皆有副吾故曰瑞全而節半瑞之半者六器惟
璋璜璋半圭璜半璧瑞以行禮故屬春官節以徵信故屬地
官許叔重曰漢制以六寸之符分而相合是漢因秦制也應劭曰竹使符長五寸漢官儀曰節柄長八尺以旄牛尾爲眊三重馮衍與田邑書所謂八尺之竹犛牛之尾是也或云七尺兩存備攷
大司徒有不易之地一易之地再易之地遂人有上地中地
下地易謂休不耕是爲萊六遂之萊即六鄉之易而鄉遂一
夫百畝皆不易之地每歲種百畮休百畮爲一田一萊謂之
一易每歲種百畮休二百畮爲一田二萊謂之再易是爲中
地下地而六遂上地又加萊五十畮焉所謂上地食者參之
一蓋以其地三分之而休其一則天下無不易之田也康成

謂一易者休一歲再易者休二歲何休謂上田一歲一墾中田二歲一墾下田三歲一墾則田有三易矣凡耕之大方力者欲柔柔者欲力强土爲力息者欲勞勞者欲息棘者欲肥肥者欲棘急者欲緩緩者欲急濕者欲燥燥者欲濕易之之謂也何休謂肥饒不得獨樂墝埆不得獨苦三年一換主易居張晏謂周制三年一易以同美惡孟康亦謂古制三年爰土易居班固則謂下田三歲更耕之自爰其處此乃秦晉之爰田爰換也猶移換獄辭謂之爰書而以當周官之易田誤矣人勞多瘠土勞多瘠故必休之而土乃肥其所謂休者非弃之也春萌而斫其新夏夷而芟其陳秋繩而敗其實冬耜而剗其根則有薙氏殺草之法以治其地農土沃土涽土并土中

土肥土成土隱土申土土各異物物各異宜則有草人土化之法以物其地畜水止水蕩水均水舍水瀉水水歸其澤澤草所生則有稻人揚芟之法以作其地如是而休一歲二歲然後復種則土加肥美其收數倍於歲墾之田故曰易者不易也變易也孟子所謂深耕易耨易其田疇者以此一說易謂已耕之土而休之萊謂未耕之土而墾之六遂加萊者先王於授田之時寓墾荒之術也周之易田漢變爲代田歲代處故曰代田疑卽秦晉之爰田孟子所謂辟草萊任土地者蓋代處而不休則地力盡矣故孟子惡之然其法則猶得易田之遺意焉低爲甽高爲隴一晦三甽三隴廣深各尺苗葉方生隤隴附根及苗壯盛隴盡甽平能風與旱是爲深耕後

世耕淺有風災旱則立稿矣甽一名區區猶邱也隴也汎勝之書分爲三等上農區廣深各六寸間相去七寸中農區廣七寸間相去二尺下農區廣九寸間相去三尺深皆六寸上農區多收亦多下農區少收亦少故曰上田弃畮下田弃甽言上田甽多下田甽少也畮欲廣以平甽欲小以深上得陽而下得陰畮無不甽田無不易然惟六鄉地狹故有不易之田則天下田之不易者亦寡矣汜勝之奏曰昔湯有旱災伊尹爲區田教民糞種收至畮百石勝之試爲之畮收四十石

大喪及窆遂師抱磨案磨當作秝郎擊切說文秝稀疏適也從二禾讀若歷適者適均呂覽辨土篇曰稼疏而不適謂分布不均故二禾相比稀疏乃適也然則執紼者千人分布於六

綍如禾稼有行勿使疏勿使密衡行必得縱行必術正其行齊其力巡行校録遂師之職執書數之名曰抱秝秝借爲曆得其聲失其義矣歷過也磿石聲也厤治也皆以秝得聲聲同而義殊漢書議郎耿育疏曰太伯見歷知適逡循固讓王充謂太王亶父以王季當立故易名爲歷歷者適也太伯覺悟去而避之戰國策周有五庶子皆愛之而無適立也然則適立謂之適歷與適均謂之適秝不同康成謂磿者適歷執綍者名或作磿或作歷雖古文假借音同者通然得子失母終非正義黃霸傳馬不適士馬少士多謂之不適稀疏適者多少均也孟康曰關西人謂補滿爲適千人引而六綍滿豈非適秝乎韓昭釐侯出弋上車靷偏緩其右攝而適之高誘

注云適猶等也合觀衆說則適秝之義明矣廣雅訓秝爲潤遠潤遠非適也失之續漢書曰天子葬太僕駕四輪輴爲賓車大練爲屋幙中黃門虎賁各二十人執紼車著白絲三紏紼長三十丈圍七寸六行行五十人執紼有行適歷之義也案魏書蔣濟傳帝幸廣陵戰船數千皆滯不得行帝還盡留船付濟船本歷適數百里中濟更鑿地蹴船令聚廣雅訓秝爲潤遠以此

遂大夫之職凡爲邑者以四達戒其功事馬融廣成頌曰司徒勒卒司馬平行車攻馬同教達戒通通者掌固之通守政達者遂大夫之四達也四達戒功以通守政達猶通也守在四通故曰四達衞宮中者授八次之職四角四中守境內者戒四達之功晝三巡夜三鼜則戒之事也在國曰守在民曰功教而戒之職在有司而掌固贊其不足焉一說四達謂飾器也兵甲之屬財用也稍食也材器也塹築藩落國之守政可通者四遠近

相移有無相補勞逸相調緩急相救推而至於師田行役則有作帥之同徒稼穡耕耨則有歲時之合耦皆守政之所通而遂師遂大夫移用其民以救其時事者也此之謂四達左傳親其人民明其五候賈逵云五候五方之候王肅云五候山候林候澤候川候平地候董遇云五候候四方及國中之姧謀愚謂五候猶四達也夏官候人各掌其方之道地官遂人各屬其地之功五方故曰五候四竟故曰四達書云申畫郊圻愼固封守以康四海此之謂也程典曰固其四援明其伍候依其山川利其守務此非掌固之所謂通守政歟制地君曰官府之藏强兵强國城郭之險外應四極遂人之戒戒以此

里宰合耦于耡康成謂耡者里宰治處若今街彈之室於此合耦使相佐助因放而爲名愚案周書曰五戸爲伍以首爲長十夫爲什以年爲長合閭立教以威爲長古文君讀爲威閭胥里宰亦稱君威猶君也合旅同親以敬爲長飲食相約與彈相庸耦耕而耘此里宰合耦之法也與彈相庸者民功曰庸佐助曰相與起而撿彈之以佐助其功也漢於街立室名曰街彈蓋取之此後漢酸棗令劉熊碑曰以卒爲更慼念烝民勞苦不均爲作正彈造設門更則是正彈者所以平其繇役使勞逸得均焉水經注平氏縣城內有南陽都鄉正街彈勸碑街誤爲衙彈勸者既彈之又勸之也洪氏隸釋載其文亦云縣令慼繇役之苦而其須有勸導有功及耕千耦梵梵黍稷之語則知彈

勸不獨平繇且合耦矣水經注魯陽故城內又有南陽都縣正街彈碑縣正鄉正即古之里正何休曰一里八十戶八家共一巷中里爲校室年耆有德者名曰父老辯護伉健者爲里正田作之時父老里正旦開門坐塾上晏出後時者不得出莫不持樵者不得入蓋彈勸之略如此褚祭有郵表畷者謂田畯於井畔造田舍而止其中郵猶街也蓋街之郵亭督約百姓之處里之有街非起於漢自古有之莊子所謂渠公之街也注云渠公爲街正南陽孔嵩爲新野縣阿里街卒正身厲行街中子弟皆服其訓化然則街在里里宰掌之有正有卒漢官典職曰洛陽有二十四街街一亭古者二耜爲耦而輓犂以耕管子丈夫二犂童五尺一犂是爲以與耡利甿

以疆予任甿彊者童五尺與耡者犂也說者謂輓犂起於趙過誤矣過用耦犂二牛三人此非古合耦之遺法歟抑又聞之詩曰攸介攸止烝我髦士箋云介舍也禮使民耡作耘耔閒暇則於廬舍及所止息之處以道藝相講肄以進其爲俊士之行然則合耦於耡非徒勸農功亦所以烝髦士也

屋三爲井以井計曰耡粟井以耡名九夫之粟也夫三爲屋以夫計曰屋粟夫以屋名三夫之粟也夫一爲廛以廛計曰閒粟廛以閒名一夫之粟也（廛民居區域　閒猶閒架也）一而三三而九所謂出民貢者三三相保小司徒攷夫屋以此攷之司稼出斂法以此出之師旅平輿積亦以此斂而聚之聚而頒之者也康成謂屋粟不耕者所罰之粟閒粟閒民所罰之粟誤矣夫

布屋粟出於夫屋非因罰得名閭民旣出布矣復出粟可乎閭猶廛也詩曰禾三百廛又曰十畝之間一夫之居曰廛十畝之間桑且閑閑泄泄非廛居之地歟康成謂六遂之民奇受一廛疏云餘夫奇别更受廛備後離居之法然則閭粟者餘夫奇受一廛之粟也魯語籍田以力而底其遠近賦里以入而量其有無任力以夫而議其老幼籍謂勑夫謂屋里謂廛賦入以里謂稅入以廛廛謂之戸趙簡子使尹鐸爲晉陽尹鐸損其戸數蓋損其戸則民優而稅少是古者稅以廛也一說地有上壤閭壤下壤管子相壤定籍其法本周官上壤者上地不易之田百畝是爲正夫故曰勑粟下壤者下地再易之田三百畝是爲三夫故曰屋粟閭壤者中地一易之田

二百畝在上下之閒故壤曰閒壤粟曰閒粟鄉遂分上中下授田故旅師亦分上中下斂粟管子以此法行之齊故能振貧補不足下樂上而民不移旅師以地之媺惡爲之等者蓋如此土均平政亦以地媺惡爲輕重之灋而行焉蓋土有三壤稅有三粟力有三科閒壤亦名閒田管子曰高田十石閒田五石庸田三石其餘皆屬諸荒田一說內經有歲穀有閒穀閒穀者旅師之閒粟也辰戌之紀其穀元黅卯酉之紀其穀白丹寅申之紀其穀丹蒼丑未之紀其穀黅元子午之紀其穀丹白巳亥之紀其穀蒼丹是爲歲穀歲穀者言其時之正色之純爾或宜高或宜下或宜晚或宜早視其歲之有餘不及無常地亦無常時土之利氣之化也是爲閒穀穀之大者保精辟邪其類衆多不純一色故

曰間大司徒辨十有二壤之種司稼周知其名與其所宜地而縣其種於邑閭以示民及斂而入之倉倉人與舍人辨其物物有異種種有異色色有異名而別爲書旅師之間粟即此然則耡粟者其地屋粟者其夫閒粟者其種也

稍人掌邱乘韓詩維禹𢾅之毛詩𢾅作甸葢古𢾅乘甸通其音同後世失其音由是俗書陳乘甸判然分爲三矣說者謂甸出車一乘故曰乘據司馬法而曲爲之說亦見管子乘馬篇方六里（似入誤爲六）爲一乘之地也一乘者四馬也一馬其甲七其蔽五一乘（俗本一誤爲四）其甲二十有八其蔽二十白徒三十人奉車兩（一乘爲兩）器制也一甸四馬謂之甸馬亦曰乘馬管子因以名篇似出於稍人之邱乘然縣師之法同徒輦輂未聞

乘馬邱牛春秋魯作邱甲實本於齊一邱一馬七甲四邱爲乘故一乘之甲三十有八司馬穰苴變通其法一邱益以三牛故一乘之牛十有二頭盛行於戰國而稍人邱乘之法亡矣輂輦鄉師治之縣師作之稍人帥之巾車所謂良車散車不在等者若漢輜車後戶之屬（軍中輜車後開戶）毀折則入齊于職幣而更造焉逸周書所謂三輪四輿歸御者以此大臣篇曰同甲十萬猶同徒也衆欲其齊心欲其一荀子曰百將一心三軍同力詩云與子同仇言一心也問篇曰鄉師車輜造脩之具其繕何若然則鄉師治輂輦春秋亦如之而謂兵車出於邱甸不亦妄乎侈靡篇曰乘馬甸之衆齊法也非周制也古乘馬未聞有鞍而齊唁昭公以鞍爲几秦送重耳疇騎二

千則鞍騎起於春秋矣山國軌篇曰被鞍之馬千乘齊之戰車之具無求於民則軍中輜輦亦非民間之物可知也揆度篇曰百乘田萬頃戶萬戶開口十萬人當分者萬人輕車百乘馬四百匹千乘田十萬頃戶十萬戶開口百萬人當分者十萬人輕車千乘馬四千匹萬乘田百萬頃戶百萬戶開口千萬人當分者百萬人輕車萬乘馬四萬匹蓋當分者爲卒無過戶一人謂之輕車者輜重不存焉此齊法合於周官者其略如此春秋宋昭公田于孟諸公之祖母襄夫人使帥甸攻而殺之帥甸者稍人正義謂公邑大夫失之稍人帥甸以聽于司馬帥役以聽于司徒帥甸猶帥乘也作同徒帥乘和遂人以土均平政故六遂有土均之職六鄉爲均人皆掌土

地之政令而異其官者一兼均力役故曰均人一專均土地故曰土均其在春秋則謂之地均管子乘馬篇所謂地均以實數若也地均之均地則有蔓山汎山涸澤流水林藪凡鎌纏斤斧網罟得入者皆得均之或百當一或十當一或九當一或五當一十仞至十五仞見水比之於山五尺至二尺見水比之於澤則有七尺之施以手實焉其至泉也則五施之土音中角四施之土音中商三施之土音中宮再施之土音中羽一施之土音中徵五土中五音自六施至二十施凡十五土皆可得泉惟庚泥青商騂石灰壤凶土不可得泉而縣泉復呂泉英三土則在山上其地不乾鑿之二尺三尺五尺至於泉而九州之土則粟土沃土位土爲三土羣土之長也

蘟土壤土浮土爲上土怸土壚土壏土剽土沙土塥土爲中土猶土弘土殖土觳土鳧土桀土爲下土皆在三土之下而又分其等爲三則楚蒍掩所書九度八鳩七辨六表五數四規三町二牧一井之土亦不外是矣土均之均地守均地事者其略如此而匠人之井土草人之化土稻人之稼土柞氏之木土薙氏之草土山虞澤虞林衡川衡之山林麓川澤之土丱人之金玉錫石之土場人之場圃之土土方氏之相宅任地之土形方氏之所正乖離之土凡在大司徒土地之圖者十有二土之名十有二壤之物皆以土均之法均之則皆與土均聯事而分掌之者也若夫以五物九等制天下之地征以作民職以令地貢職在載師閭師農貢九穀圃貢草

木工貢器物商貢貨賄牧貢鳥獸嬪貢布帛衡虞各貢其物貢之之目雖在均之之法已亡而齊國之貢也則以黃金爲率無金則用絹無絹則用布季絹三十三制纍布百兩皆當黃金一鎰田里之租一鎰食百乘之一宿關市之貨百鎰爲一篋十篋爲一穀三歲脩封五歲脩界十歲更制此齊之地均均地貢則然而天官冢宰九貢秋官大行人六服之貢皆邦國也而都鄙不及焉然則僅存其目而已其詳不可得聞矣貢之言供也書曰庶邦維正之供邦國之貢也萬民惟正之供都鄙之貢也言文王無淫逸遊田之費故邦國都鄙之貢各得其正司書合九貢九賦而立九正之名蓋取諸此正猶貞也禹貢厥賦貞和其政令調其媺惡適其輕重之平是

為貞亦曰均均則庶土交正故曰九正書有九共篇九共者
九貢也其書曰予辯下土使民平平平平者均之謂也漢建
武中天下墾田多不以實或優饒豪右侵刻羸弱百姓怨嗟
蓋土均之職廢而土地不得其平矣
草人九土曰騂剛曰赤緹曰墳壤曰渴澤曰鹹潟曰勃壤曰
埴壚曰彊檃曰輕爂墳壤者隱起若墳地多蚡鼠名曰橐土
蟲易全處乾而不斥湛而不澤土之最上者五沃也其種大
苗細苗樹宜五麻菜宜五臭勃壤者無塊曰壤膏肥膴膴若
澤若屯名曰息土不純一色或黃或白土之次上者五壤也
赬莖黃秀種無不宜一說壤者塲也科鼠之塲曰坻蟥塲曰
坥科鼠者蚡鼠謂之科者言起地若犂坻坥猶墳勃也鹹潟

者是爲淳鹵甚鹹以若地下生物狀如爐火土之最下名曰五粲其種所宜白稻長狹有土化之法則惡者亦美矣土黏曰埴其色多赤甚臞而塉土之下者五埴也其種鴈膳黄實朱跗剛土曰壚不黏而疏既强且麄土之中者五纑也壚與纑通其種大細邯鄲而粟大埴壚二土合爲一蓋中下錯歟疆㙩者礫礰磊塊埒闢之區若穢以肥色黄而虚土之中者五壏也㙩與壏通其種大荔小荔青莖黄秀月令美土疆其丈切左傳數疆潦說者謂疆㙩墝埆之地不堪種植豈其然乎輕㶾者火飛爲㶾華然若芬色如蠶炭有類屑壓土之次中者五剽也㶾與剽通其種大秬細秬黑莖青秀潟澤者二尺見水比之於澤水去土柔不離不坼捍然如米色黝以黑種宜芒種嘉蔬是

殖。蓋五浮之土歟。騂當作垶。赤剛土也。釋名曰。土赤爲鼠肝。其色似之。地員篇曰。五弘之狀如鼠肝。土之下者。其種青粱。黑莖黑秀。然則垶剛赤緹。一土分爲二。蓋五弘之土歟。土有強有弱。有輕有溼。皆非中和。垶剛赤緹。彊檃埴壚。鹹潟（虞翻曰剛鹵柔）非強土也。墳壤勃壤。弱土也。輕興。輕土也。渴澤。溼土也。強者弱之。弱者強之。甚輕者牛羊踐之。甚溼者茭艾燒之。使強弱相得。輕重相衡。燥溼相調。則有草人物地之宜土化之灋焉。取骨煑汁。漉去其滓。麋鹿貆狐牛羊犬豕。溲而曝之。汁乾乃止。欲稼耐旱。漬以附子。欲稼不蟲。和以蠶矢。古法用蕡藍取之。此煑水以雪。名爲雪澤。冬埋地中。穀之精液相宜。糞種畝收百石。我言不信。聞之先嗇。（糞種皆以獸。獨彊檃用蕡。北山經曰。單狐之山多机木。注云机木似榆可燒以糞稻田出蜀蓋亦䕡之類也緹赤黄色執金吾緹騎二百人緹赤色繒則墶剛赤緹皆赤土信矣禹貢廣斥史記廣潟潟與斥古今文冉駹土地剛鹵不生穀粟麻菽唯以麥爲資然則鹹潟宜麥歟

稻人凡稼澤夏以水殄草而芟夷之鄭仲師說今時謂禾下麥爲荑下麥管子所謂九月斂禾麥之始也是爲穱麥謂稻下種麥案澤地爲稼其說見呂覽任地篇以室爲突把之以陰保濕而處萑夷毋潛使子之野晝爲泠風古音風協潛五耕五耨盡其深殖陰土必得大草不生又無螟蜮兗州人謂蜮爲螣音相近也今玆美禾來玆美麥所謂禾下麥者以此愚謂稼下地者一易再易之地也今歲稼而明歲萊故曰稼下地以水殄草揚芟作田作者易也變也否則既曰田矣又何待于作乎康成亦謂澤地爲稼者必於夏六月之時大雨時行以水病絕草

之後生者至秋水涸芟之明年乃稼詩曰以茠蒤蓼蒢陸草蓼澤草茠而去之職在薙氏稻人所芟則澤草也芟草所以成穀故曰草土之道各有穀造漢律因之膠田茠艸春秋隱公二年天王崩三年武氏子來求賻桓公十有五年天王使家父來求車文公八年天王崩九年毛伯來求金公羊以爲王者無求求賻求車求金皆非禮也繼文王之體守文王之法度文王之法無求而求故譏之穀梁以爲求之爲言得不得未可知之辭求之者非正也求車猶可求金甚矣左氏亦謂諸侯不貢車服天子不私求財然則王者無求之之道歟非也地官土訓原其生以詔地求則王者有求之之道也無其道則不書於經衛孫林父甯殖出其君名在諸侯

之策孔子削而更之曰衞侯出奔齊蓋以臣出君猶以臣召君不可以訓故不書書求者明有求之之道而失焉者也楚貢不入齊桓徵之敢不共給且列國相弔賻以乘黄周有大喪魯不歸賻其辠大矣鄭輸晉幣壞垣納車盟主猶然何況王者魯不輸幣故周使來求其識亦在魯荆揚之貢惟金三品未聞徐州貢金金非魯地之産非其地之産而求之是土訓失其官也穀梁謂求車猶可者以此晉弔周喪王求彝器叔向譏之韓宣聘鄭私自求環子美拒之皆失求之之道矣上求於下其象爲益益之上九曰莫益之或擊之孔子曰定其交而後求无交而求則民弗與也莫之與則傷之者至矣由是知君之於民亦有求之之道焉漢之匈奴稱臣朝貢列

為北藩而王根貪其材木所生之地遣使求之求而不得因之怨恨釁由是生豈非所謂莫之與則傷之者至乎魏文帝遣使於吳求雀頭香大貝明珠象牙犀角瑇瑁孔雀翡翠鬭鴨長鳴雞吳之羣臣奏曰荊揚二州貢有常典魏所求珍玩之物非禮也吳主孫權以為彼在諒闇之中而所求若此寧可與言禮哉然則周之求賻未為失禮也適足以見王室之卑自文公以後王使來求絕不復見者天王之命不能復行於諸侯矣地之所生詳於禹貢制其貢各以其所有周有職方居山者不以魚鱉為禮居澤者不以鹿豕為禮此之謂地求家語魯君求假於季孫孔子曰君取於臣謂之取臣取於君謂之假此非孔子之言也君可曰求臣不有曰假君曰求

下交也臣曰假上僭也君下交爲泰臣上僭爲凶楚公子圍之汰也亦曰假之寡君王莽盜漢先假後篡書大傳太子年十八曰孟侯於四方諸侯來朝迎於郊問其土地所生美珍怪異人民之好惡山川之所有無此土訓之職也又爲用問且使太子問之諸侯其說益誕矣宋眞宗祀汾陰趙湘爲考制度副使請如周官置土訓所過州縣山川與俗好惡目錄奏御從之管子曰君有三欲於民一曰求求必欲得求多者其得寡未有能多求而多得者也益之上九莫益之者以此其心無厭雖天地亦不能贍其求而況於人乎

土訓道地圖誦訓道方志古之稗官也稗官乃小說家者流小說九百本自虞初虞初洛陽人漢武帝時以方士侍郎號黄車使者蓋即古之土訓誦訓王巡守則夾王車挾此祕書

備以自隨待上所求問皆常具焉王者欲知九州山川形勢之所宜四方所識久遠之事及民間風俗輶軒之所未盡採太史之所未及陳凡地慝方慝惡物醜類乃立稗官使稱說之故曰訓解詁爲訓偶語爲稗其義一也說者謂街談巷語道聽塗說者所造豈其然乎應劭曰其說以周書爲本賢者識大不賢者識小而文武之道存仲尼之所學也君子有九能一曰山川能說說有兩義一曰說說者說其形勢一曰述述者述其故事然則訓兼兩義或說之或述之淮南要略曰操舍開塞各有龍忌注云中國以鬼神之亡日忌胡越謂之請龍此豈誦訓之所詔乎非也誦訓道方慝土訓道地慝慝者惡也陸子曰惡政生於惡氣惡氣生於災異蝮蟲之類隨

氣而生虹蜺之屬因政而見治道失於下則天文亂於上惡政流於民則蟲災生於地聖人察物無遺六鷁飛五石隕鸜鵒來冬多麋凡所謂慝備載春秋矣開塞之龍忌則未有聞焉楚申公子培從王獵王獲隨兕子培刼而奪之未幾子培死其弟曰臣之兄嘗讀故記曰殺隨兕者不出三月是以臣之兄驚懼而爭之伏其辠而死王令人發平府而視故記果有太元曰蒙柴求兕其德不美測曰蒙柴求兕得不慶也兕者隨兕一名科雉隨讀爲科兕與雉音相近獲之者不祥此土訓所道之地慝也發府視記而後知之則土訓失其職矣順氣成象而吉祥止逆氣成象而凶慝生於是有方慝先王設爲辟忌之法以弭之辟忌者易之所謂辟咎春秋之所謂

省災論語之所謂修慝也是故每當天患行地妖生逢不若見惡人輒大自攻治曰予一人亦有慝焉此之謂修慝修慝所以省災省災所以辟咎蓋天地人物凶慝之氣無方不有聖人恐懼修省之意無地不然誦訓所詔詔以此漢丞相魏相敕掾史案事郡國及休告從家還至府輒白四方異聞或有逆賊風雨災變相輒奏言而宋李沆爲相亦日取四方水旱盜賊奏之或以爲細事不足煩上聽非也古者四方異聞盡在地圖方志人君朝夕之所常聞盜賊水旱風雨災變皆方慝也誦訓又時時道之以爲警戒則人君之修心奚由而作乎若夫陰陽禁忌聖人不言非誦訓之所詔也王制太史典禮執簡記奉諱惡蓋四方所諱所惡謂之方慝而保傅傳

謂日月之時節先王之諱大國之忌風雨雷電之眚皆太史之任則諱惡非災眚歟康成以爲四方言語所惡不避之則其方以爲苟於言語失之淺矣荀子曰奇物怪變所未嘗聞也所未嘗見也卒然起一方則舉統類而應之無所儗怍如其說則四方怪變博物者能名之而已則又失誦訓詔之之義也誦者爲王誦之韓非子曰時稱詩書道法往古則見以爲誦楚辭有惜誦發憤杼情因以風諫至於身罹愍病而終不能忘深得古誦訓詔之之義焉楚語曰倚几有誦訓之諫乘必以几倚几亦謂王在車漢法駕出侍中多識者一人參乘散騎爲侍從騎並乘輿車謂夾王車也周芮良夫之詩曰聽言則對誦言如醉箋云見道聽之言則應答之見誦詩書

之言則寘臥如醉於是誦訓之官雖存而實廢矣小雅節南山家父作誦以究王訩訩猶慝也究王訩者詔王慝也山虞澤虞掌山澤之政令而爲之厲禁厲古列字玉藻所謂山澤列而不賦也列者司農謂遮列守之不賦者謂取材於地而不賦於民山虞令萬民時斬材有期日澤虞頒其餘於萬民則與民共之矣平其守者使之勿爭舍其守者令之勿犯入禁者有時斬材者有法竊木者有刑服邦之季材豆籩之川奠玉府之財物喪紀之葦蒲皆取之於山澤焉古厲列同音列山氏一作厲山氏詩垂帶如厲古而如通左傳鞶厲游纓康成皆訓厲爲裂內則男鞶革女鞶絲蓋裂帛以飾帶帶謂之鞶卽左傳之鞶厲厲乃鞶之飾故毛傳云厲帶之垂者謂

裂帛垂之以爲飾也春秋紀裂繻公穀二傳作履緰蓋履厲音相近古裂讀爲厲文異音同漢郊祀歌迣萬里晉灼曰迣古迾字讀爲厲學者不知音以爲康成好破字則是先王設官守山澤以厲民也可乎鄭大旱使屠擊祝欵豎柎有事於桑山斬其木不雨子產曰有事於山蓺山林也而斬其木其辠大矣奪之官邑而漢元時御史大夫貢禹亦云斬伐林木亡有時禁水旱之災未必不繇此然則虞衡之官養護繁殖即子產之所謂蓺山林而毋竭川澤毋漉陂池取之以時合於天道則地臧不泄山川得以含氣出雲而國不憂水旱亦聖人財成輔相之一端也王制名山大澤不以封注云不以封者與民同財不得障管穆王里圃田之路有東虞西虞南

虞北虞凡十虞作居范宮以觀桑者乃命桑虞用禁纍人東至雀梁休於深藋休謂舍其中案視守者而申戒之命虞人掠林除藪以爲百姓材所謂與民同之者其略如此及周之衰諸侯各擅有山林藪澤之利春秋書築以譏之築者障塞而管領之也則天子虞衡之政令不行於列國矣魯頌曰錫之山川土田附庸言錫之者明非所當得也附庸不得專臣山川亦不得專有爲王守其地之財物仍以時入於王之玉府而頒其餘於國之民故季氏伐顓臾成公築鹿囿皆非禮也且山爲苑澤爲沱雍氏禁之矣乃公然築爲鹿地之苑非犯先王之令哉戰國山澤皆有賦魏之梁囿溫囿皆苑也溫匡之利歲入八十金而燕有氈裘狗馬之地齊有海隅魚鹽

之地楚有橘柚雲夢之地此皆山澤川林之有賦者也冢宰以九賦斂財賄山澤之賦閭師任而徵之貢其物而已惟漆林倍其征左傳謂澤之目御（萑蒲說文作目篽）藪之薪蒸海之鹽蜃齊皆有官守之則倍其征者豈獨漆林乎齊語澤立三虞山立三衡三虞者大山大林麓中山中林麓小山小林麓三衡者大川大澤藪中川中澤藪小川小澤藪侯國亦如王國也秦大饑應侯請發五苑之草著蔬菜橡果棗栗以活民昭襄王不許以爲無功而民受賞是亂國之法魏惠成王發逢忌之藪以賜民紀年書之以爲美談則知當日之障塞而管領之者其法之嚴征之暴更甚於春秋矣韓嬰曰聖人通四方之物使澤人足乎木山人足乎魚餘衍之財有所流故民無

凍餓此冢宰之九職虞衡作山澤之材而又使商賈阜通之者也有蕃曰園有牆曰囿列者不蕃不牆故曰隤牆塡壍使山澤之民得至焉古山澤不築築者隱以金椎故曰亭皐千里靡不被築春秋書築以此冢宰以九兩繫邦國曰藪以富得民富謂山澤川林之財物霸者以富國王者以富民管子曰山澤雖廣草木毋禁壤地雖肥桑麻毋數薦草雖多六畜有征閉貨之門也時貨不遂金玉雖多謂之貧國信哉古者山澤作于虞衡鳥獸養于藪牧是爲山澤之農不生九穀者而管子謂山澤之作廢民于生穀故先王禁之誤矣甲子木行御而大斬伐則傷庚子金行御而攻山擊石則死喪敗亡故春秋之斬木不入禁非其時也壬子水行御位在北山北

曰陰故冬不斬陰丙子火行御位在南山南曰陽故夏不斬陽非是則弗禁也凡材必先掄之然後斬之斬有時掄無時故斬材禁而掄材不禁自管子剏爲官山海之說海正鹽筴山立鐵官鹽鐵之利由此興虞衡之職亦由此廢

丱人掌金玉錫石之地蓋山虞之別也山虞掌林丱人掌金斬山木鼓山鐵毋籍於民而用足後世言利者得托焉地數篇曰出銅之山四百六十七山出鐵之山三千六百九十山戈矛之所發刀幣之所起能者有餘拙者不足亦見中山經昔者葛盧之山雍狐之山發而出水金從之蚩尤受而制之以爲劍鎧矛戟芮戈故世本曰蚩尤作兵漢之精兵藏於武庫而於武庫祭蚩尤以此路史乃謂緜其咸械故貊焉非也表貊

貊一作貉四時田不祭蚩尤也玉起於禺氏禺一作牛牛禺音同古金起於汝漢珠起於赤野距周七千八百里其塗遠其至難故先王度用其重而因之珠玉爲上幣黃金爲中幣刀布爲下幣權其高下疾徐輕重於是玉幣有七筴陰山之礝碈燕之紫山白金發朝鮮之文皮汝漢水之右衢黃金江陽之珠秦明山之曾青牛氏邊山之玉是爲七筴以狹爲廣以寡爲多天下之數盡於輕重矣齊城陰里門九襲牆三重因於其中刻石而爲璧尺者萬泉八寸者八千七寸者七千珪中四千瑗中五百璧之數已具遂西見天子請率諸侯而朝先王之廟因令天下諸侯不以石璧不得入朝于是石璧流而之天下天下財物流而之齊故國八歲而無籍陰里之謀也其說似誕

然漢造銀錫爲白金而以白鹿皮爲皮幣直四十萬王侯宗室朝覲聘享必以皮幣薦璧實祖陰里之謀而利析秋毫矣

上有丹矸（矸一作沙）者下有黃金上有慈石者下有銅金上有陵石者下有赤銅青金（一作金錫赤銅似誤）上有代赭下有鑒鐵上有蔥下有銀沙一曰上有鉛者下有鉒銀上有丹沙者下有鉒金此山之見榮者也榮者山之精神徵爲形色占其氣知其味謂之物地物地者物生於地而原其生著爲圖說爲訓故其官有土訓其說有地圖凡物先原而後求故求無不得康成所謂占形色而知鹹淡者知鹹淡即知金玉金鹹而玉淡故洗金以鹽金在山而童玉在山而潤銅英青金英黃玉英白或曰眘而知之豈其然而管子謂山之見榮者謹封而祭之

距封十里而爲一壇使乘者下行行者趨若犯令者辠死不赦噫甚矣又云有犯令者左足入左足斷右足入右足斷其說益又甚焉廾人之職以時取之物其地圖而授之蓋山師辨其物土訓授之圖辨其珍異與其利害頒之邦國都鄙遮迣以守之而廵其禁令未聞封爲壇也古者名山不封好事者因廾人有禁令遂創爲犯令辠死之說而制斷足之刑不亦誕且妄乎又云發徒隸而作之則逃亡而不守發民則下疾怨上邊竟有兵則懷宿怨而不戰未見山鐵之利而內敗矣不如與民量其重計其贏民得其十君得其三之爲善也然則金玉錫石亦須其餘於萬民歟大麓大川徒皆百有二十人大山大澤徒皆八十人廾人之徒四十人皆有常職以

食於上則又何說而逃亡也齒角羽翮之政絺綌草貢之材染草炭灰互蜃疏材之物因斂之山澤之農以當邦賦矣若夫採取金玉錫石發民羣聚於山亦未聞於古

掌炭掌灰物炭物以共邦用掌荼掌聚荼及疏材之物以待邦事掌蜃掌斂互物蜃物以共闉壙之蜃蓋皆畜聚之物一時不可猝辦故平時聚而斂之以待邦用邦事兼以共喪所謂下里物也死者歸蒿里葬地下故曰下里人皆以爲不祥故不爲之備而五禮遂有吉無凶漢昭帝時茂陵富人焦氏賈氏以數千萬陰積貯炭葦諸下里物及昭帝大行方上事暴起用度未辦大司農田延年奏言商賈或豫收方上不祥器物冀其疾用欲以求利非民臣所當爲請沒入縣官奏可

然則炭荼蜃物之官其廢久矣上失其官下備其物舉而罰之是時霍光當國遂可其奏亦不學無術之一端也宋熙寧初判太常寺章衡建言自唐開元纂修禮書以國恤一章爲豫凶事刪而去之故不幸遇事則捃摭墜殘茫無所据今宜集禮以貽萬世從之此凶禮之大者固當講明而切究之矣其小者炭荼互蜃至纖至微皆物有其官官有其備安得謂豫凶事乎

大祭祀廩人共接盛康成讀接爲一扱再祭之扱凡禮成於三故以柶祭醴三始扱一祭又扱再祭士昏禮記文賈疏謂讀如特牲少牢誤矣說文皀穀之馨香也象嘉穀在裹中之形匕所以扱之㿝以秬釀鬱艸芬芳攸服以降神從凵爲器

中象米匕所以扱之然則扱盛者穀之馨香秬之芬芳而扱之者匕也皀與鬯皆從匕以此匕一名柶用比取飯古者飯以手後世飯以匙一名畱犂應劭曰畱犂飯匕也蓋起於秦漢歟說文謂匕以扱米扱收也一作接孟子接淅而行謂洮米未炊收之而去然接淅說文作滰淅淅者汏米滰者浚乾之非廩人之事也故云扱以授舂人扱接音同故讀從之曾子問接祭注云不迎尸謂朝踐坐尸於堂饋食迎尸入室朝踐之後饋食之初既酌奠復焫蕭尚未迎尸自此以前謂之接祭接之言捷也跛倚以臨不敬大矣故禮敬則捷也荀子曰先事慮事謂之接接則事優成注云接讀爲捷內則接以太牢注亦讀爲捷尒疋接捷也古接捷通信矣扱一作捷士

冠禮捷栖注云捷栖扱栖於醴中蓋捷栖於醴猶扱匕於盛是爲扱盛捷又作鍤音義亦同穀梁子曰甸粟而内之三宮三宮米而藏之御廩御廩者粢盛之所藏也諸侯三宮天子六宮古者后宮藏種生而獻之故帝耕於籍后獻其種及帝籍之收藏于神倉則有王后親舂之禮禮蓋如天子三推而舂人終其事焉公羊子曰周公盛魯公燾羣公廩盛者新廩者陳燾者下陳上新是故非天子不接盛春秋宋萬弒其君捷鄭伯捷卒公羊捷皆作接古捷接通非誤也三傳經文多類此學者觀之可察方言并識古音矣

舂人職凡饗食共其食米康成謂饗兼燕食賈疏謂燕禮無食米食禮無飲酒然伐木燕朋友之詩而有八簋以盛黍稷則燕禮有食米矣箋云陳其黍稷謂爲食禮蓋言或燕或食

互文相通則不然饗主恭燕主醉食主飽是爲三大禮陳饋八簋卽祭之饋食籩豆有踐卽祭之朝踐燕諸父諸舅而行祭禮禮之盛也君子敬則用祭器三大禮之謂歟行一禮而三者兼焉或云燕有樂食無樂非也天子食三老五更於太學冕而總干天子親在舞位則其樂聲容之盛非徒坎坎蹲蹲而已周人養老三者兼行故盛也公食大夫非禮之盛者故無樂然飲酒實于觶加於豐則食禮亦非無酒或曰食有酒者優賓也蓋奠而不舉燕雖主醉天子賜爵則貌變食雖主飽擯者相幣則降辭皆肅敬承命又未嘗不主于恭也故三者異而同饗在朝燕至夜質明行事日中禮成故鄭饗趙孟禮終乃燕周饗隨會燕以好合彤弓饗諸侯也而有賓客

之勸酬常棣燕兄弟也而有王公之立飫大射儀曰以我安安者燕也則未安之前皆行饗禮既安徹俎而薦庶饈然後燕禮行焉則知饗禮不亡盡在燕禮矣春人並舉饗食而不及燕大行人饗禮九獻七獻五獻食禮九舉七舉五舉而燕亦無文古者燕饗通設俎爲饗徹俎爲燕或曰饗食在廟燕則于寢寢者廟之寢湛露天子燕諸侯也曰厭厭夜飲在宗載考則燕亦在廟矣毛傳云夜飲必於宗室宗室者大宗之廟也

稾人職內外朝康成謂外朝斷獄弊訟之朝今司徒府中有百官朝會之殿云天子與丞相舊決大事焉是外朝之存者歟蔡質漢儀曰司徒府與蒼龍闕對厭於尊者不敢號府應

劭曰不然丞相舊在長安時有四出門隨時聽事東京本欲依之迫於太尉司空但爲東西門耳東京司空卽西京御史大夫每國有大議天子車駕親幸其殿然則東漢三公府皆對蒼龍闕也周之外朝左右皆棘而中槐則槐當在闕下左九卿之盧右諸侯之舍中三公之朝面三槐對兩觀與漢丞相殿對蒼龍闕者正同司徒殿面西三公朝面北則外朝在雉門外矣舊說在庫門外非也覲禮諸侯受舍于朝注云在廟門外廟在中門之左雉門爲中出廟門至雉門門外之右九棘之下蓋諸侯之舍歟聘禮宗人授次次以帷少退於君之次次者舍也聘賓之次當在羣吏之舍其次在諸侯之後而少退焉朝士職所謂右九棘公侯伯子男之位羣吏在其後是也康成謂雉門設兩觀與

今宮門同閽人幾出入者窮民不得入則又不然兩觀之間左嘉石而罷民平右肺石而窮民達中象魏而萬民觀奚爲而不得入乎且路鼓建於路門外以達窮則窮民得至路門矣先鄭謂外朝在路門外內朝在路門內亦非無說也匠人職外有九室九卿朝焉朝士職左九棘孤卿大夫位焉三孤六卿爲九卿則九卿卽孤卿樹棘以表位則九棘卽九室康成亦謂在路寢之外如今朝堂諸曹治事處則外朝又在路門外歟愚謂王有三朝曰聽朝曰治朝曰燕朝聽朝者鄉士遂士縣士等所謂職聽於朝訝士所謂四方之獄訟故曰眡四方之聽朝冢宰贊之王親往而會其期三訊三詢皆在焉小司寇與朝士所掌者是也王與羣臣治事之朝曰治朝冢

宰贊之宰夫掌其法司士正儀辨等而儐之者是也王與宗人圖嘉事之朝曰燕朝每日眡治朝畢退而聽政於此太僕掌之是爲內朝亦曰路寢庭朝治朝聽朝皆外朝一在路門一在雉門

槀人主冗食者司農讀槀爲犒蓋本書序槀飫篇注云槀勞也飫賜也服虔云以師枯槁故饋之飲食展禽使乙喜以膏沐犒師膏沐者潤澤之義也潤澤謂之槁猶存謂之徂治謂之亂故謂之今古語皆然也將賞爲之加膳加膳則飫賜春饗孤子秋食耆老冬饗士庶子是爲飫賜槀飫之官名槀人以此小行人國有師役則令槁禬之注云故書槁爲槀大戴禮朝事儀亦作槁古文也兩傳皆作犒似後人所改而古無

之故說文不載牛人職云軍事共其犒牛洪氏隸續載漢斥彰長田君斷碑有勞醻之語醻與犒同何休曰牛酒曰犒加飯羹曰饗故犒醻一從牛一從酉何休之說信矣則其文蓋起於漢歟淮南子泰族訓曰湯之初作囿也以奉宗廟鮮犞之具注云生肉爲鮮乾肉爲犞犞與槁通未聞訓爲勞廣雅謂犒與罷倦煩御同義西京賦曰割鮮野饗犒勤賞功稾人之事也稾從牛從酉皆非古文醻字雖奇亦非無說故并及之

禮說卷五

禮說卷六

春官一

東吳　半農　惠士奇

王通曰禮有祀焉有祭焉有享焉古先聖人所以接三才之奧也天統元氣故推神於天接以祀禮地統元形故示之以民（古祇字示旁作民）接以祭禮人統元識故推鬼於人接以饗禮圜丘尚祀觀神道也方澤貴祭察物類也宗廟用饗懷精氣也愚謂在天成象昊天上帝日月星辰司中司命飌師雨師天之象也天心見於復其德圜而神故祀之日以冬至而位於圜丘在地成形社稷五祀（五行也故屬地）五嶽山林川澤四方百物地之形也萬物見乎離其德方以知故祭之日以夏至而位

於方澤。象者神氣也。故祀之禮燔燎而升煙。所謂燔柴於泰壇祭天也。則有禋祀實柴槱燎以報陽。形者骨肉也。故祭之禮殺牲而薦血。所謂瘞埋於泰折祭地也。則有血祭貍沉疈辜之禮以報陰。天秉陽垂日星。地秉陰播五行。陰陽變化。精氣爲物謂之神。游魂爲變謂之鬼。故人鬼居上下之際。天地之間。聖人合莫以嘉魂魄而享之於宗廟焉。肆獻祼者。享之始也。饋食者。享之終也。祠禴嘗烝者。享之時也。謂之享者。以人道事之。死如生。亡如存。百物者。五地之物。神仕職所謂以夏至日致地示物鬼。物鬼者。羽物。蠃物。鱗物。毛物。介物之鬼。是爲百物之精。而以夏至日致之。則非蜡祭明矣。王有二社。王社在門右。大社在澤中。澤中方丘。謂之大社。亦曰泰折。折與社音相近長言之爲社短言之爲折又壇圓折方故郊曰泰壇社曰泰折孔疏以門右之社爲大社而王社所在書傳無文崔氏謂王社在籍田臆說也祭法云王自爲立社曰王社故在中門之右爲羣姓立社曰大社故在澤中之丘社必兼稷者稷麗乎土猶日麗乎天圜丘之樂六變而天神皆降則非獨昊天也方丘之樂八變而地示皆出則非獨后土也康成以五祀爲四郊䶂辜爲蜡祭其不然乎又云不言祭地失之失者也崑崙神州誕矣哉坤元不讚大地示不稱皇郊祀天而主日社祭地而主稷司服毳冕祀山川希冕祭社稷此社在山川下者王社也大宗伯血祭祭社稷貍沉祭山川此社在山川上者大社也大社祭地而五祀五嶽山林川澤四方百物皆及焉則皆地示也地統於天故曰郊社地道也妻道也臣道也天有三光日月星地有三形高下平故祀天之禮三祭地之禮三土爰稼穡中央爲宅五行之君與天合德坤位在

中黃裳元吉號曰北郊漢儒之惑或曰四方何神也曰郊有四望社有四方一也春秋傳曰不郊無望詩曰以社以方在天曰望在地曰方漢郊祀歌云練時日矦有望焫膋蕭延四方謂選練吉日良辰而有事於四望取蕭合膓間脂而焫之馨香以延四方之神則漢幷方望而爲一矣上帝爲天而五行之神亦各以時爲帝大社爲地而二十五家之里皆有社名江淮間呼母爲社俗儒遂謂大社非地上帝非天未可與言禮也鼓人職云以雷鼓鼓神祀以靈鼓鼓社祭以路鼓鼓鬼享注云神祀祀天神社祭祭地祇鬼享享宗廟則康成亦以大社爲地矣賈公彥以爲舉社以表地舍其大而舉其細何居公羊曰天子有方望之事無所不通言惟天子得徧及

四望四方也。然春秋昭十八年，鄭子産大爲社，祓禳於四方。明祭社必兼四方矣。然則非天子不四望，諸矦亦得及四方焉。曲禮曰：天子祭天地，明諸矦不祭天亦不祭地，故大社惟天子得立之。詩曰：迺立冢土。毛傳云：冢土，大社也。美太王之社遂爲大社也，則國社變爲大社矣。大社非地而何？大宗伯無地，猶許氏説文無劉。劉乃漢姓，許氏漢人，安得無之？非無劉也，畱即古文之劉也。地乃大祭，宗伯掌禮，安得無之？非無地也，社即所祭之地也。春秋三傳盡改從劉，毛詩王風尚存其舊。天神、人鬼、地示三大禮，獨不言祭地，有是理哉？劉爲卯金刀，説本讖緯，光武篤信之，故經傳盡從劉。漢儒識字若揚子雲，未聞卯金刀之説；康成好讖緯，亦無聞焉。王風畱子，毛傳云：畱，大夫氏。地理志：劉聚，周大夫劉子邑。公羊曰：劉者，邑也。其稱劉何？以邑氏也。水經注：劉氏聚三面臨澗，在緱氏西南，周畿內劉子國卽詩所謂丘中鄭箋從毛亦無異說則畱卽劉信矣或云畱子國漢屬彭城子房所封酈注以爲朱邑左傳侵宋呂畱卽其地也安得指爲畱子國乎

大宗伯祀天神禋祀實柴槱燎注云禋之言煙周人尚臭煙氣之臭聞者槱積也三祀皆積柴實牲體焉或有玉帛燔燎而升煙所以報陽也愚謂禋從示煙從火皆以㮚得聲精意以享謂之禋燔燎升煙以達精意當在祭初天神之柴猶人鬼之祼郭景純注爾雅謂旣祭而燎是宗廟亦當旣祭而祼也可乎天神之樂六變地示之樂八變人鬼之樂九變蓋奏樂以致其神而人鬼禮之以玉而祼地示禮之以玉而薦血天神禮之以玉而燎柴張說謂樂六變天神降降神以樂不以燔宜先祭後燔非通論也唐宋皆有燔玉宋元符初曾

旼言先儒以爲實柴無玉槱燎無幣今祀衆星不用幣以此考典瑞玉人之職皆曰圭璧以祀日月星辰則實柴非無玉矣槱燎無幣恐或未然然圭璧以祀未聞以燔唐太和九年王起議禮神九玉蒼璧黃琮青珪赤璋白琥黑璜四圭兩圭圭璧各有二其一禮神一則燔焉宋治平四年詳定所言禮天以蒼璧燎亦如之議者欲以蒼璧禮天四圭從燎非也請皆用蒼璧元大德九年集議以爲鄭注或有玉帛未定之辭崔氏謂天子自奉玉帛牲體于柴上引詩圭璧既卒以爲燔玉蓋卒者終也謂禮神既終當藏之也禮無燔玉漢祠大乙胙餘皆燎之無玉晉燔牲幣亦無玉唐宋乃有之顯慶修舊禮乃云郊之有四圭猶廟之有圭瓚並事畢收藏不在燔列

宋政和禮制局言古祭祀無不用玉周禮典瑞掌玉器之藏言事已則藏焉有事則出而復用未嘗有燔瘞之文今後大祀禮神之玉時出而用無得燔瘞從之蓋燔者取其煙氣之臭聞玉無煙又無氣祭之日但當奠於神座而已又云祀天之有煙柴猶祭地之瘞血宗廟之祼鬯歷代以來或先燔後祭或先祭後燔皆爲未允祭之日樂六變而燔牲首牲首亦陽也祭終以爵酒饌物及牲體燎于壇天子望燎柴用柏愚謂煙柴猶祼鬯廟先祼郊先燔曷爲而未允乎韓詩內傳曰天子奉玉升柴加於牲上皇氏云祭日之旦王立丘之東南西嚮燔柴及牲玉以降神則崔氏之說亦非無據玉有瘞有沉故魯語曰不愛牲玉於神議者謂古無瘞玉失之牲玉同

燔行於唐宋政和大德去玉留牲未爲得禮如謂禮無燔玉亦未聞有燔牲祭時積柴加牲其上馬融說也大戴禮割列禳瘞是爲五牲割割牲列副辜禳向禳瘞瘞埋而燔無聞焉獨羊人爨積康成謂積積柴豈積柴實牲體獨用羊乎必不然矣積古文作眦仲師讀爲漬云漬軍器得之路史謂牛人祭祀共享牛求牛享以祀神求以降神一燔一祭其說雖巧未足憑也祭天特牲以少爲貴先燔後祭分而用之豈非臆說乎漢儀南郊焚犢北郊埋犢皆在祭終晉太常賀循以爲燎在壇南用犢左胖漢禮用頭唐宋因之先燔首後燔體葢本之此祭終而燎乃牲幣耳後世遂以祭終之燎當祭初之燔非禮也祭初燔柴不燔牲漢郊見通權火葢燔柴之遺法

甘泉賦欽柴宗祈燎熏皇天招繇泰壹舉洪頤旗名樹靈旗樵蒸焜上配藜四施東燭滄海西耀流沙北爌幽都南煬丹厓所謂通權火者如此古燔柴之禮未嘗亡也張晏曰招繇神名一作皐搖如淳曰皐挈皐積柴於挈皐頭置牲玉於其上舉而燒之其說近鑿顏師古不知漢之權火卽古之燔柴乃謂衆祠一時薦饗宜知早晚故以火爲之節度其說益陋矣說文社肉盛以蜃故謂之祳春秋傳曰石尚來歸祳漢志作脤顏注云脤讀爲蜃公穀兩傳皆曰脤者俎實生曰脤生一作腥熟曰膰左傳受脤於社祀有執膰戎有受脤則脤爲社肉矣而昭十六年傳爲嗣大夫喪祭有職受脤歸脤似非指社杜預謂大夫祭社歸肉于公孔疏乃云大夫奉君命攝祭於社

皆臆說也大宗伯以脤燔之禮親兄弟之國大行人歸脤以交諸侯之福左傳王使宰孔賜齊侯胙古者異姓聯兄弟雖甥舅之國亦以親兄弟之禮親之故孔疏以胙肉爲脤膰而掌蜃祭祀共蜃器亦非獨盛社肉則脤膰兼廟社互舉通稱審矣何休曰禮諸侯朝天子助祭於宗廟然後受俎實豈其然穀梁子曰石尚欲書春秋諫曰久矣周之不行禮于魯也請行脤貴復正也

九儀之命五命賜則鄭司農云則者出爲子男康成謂未成國皆本王莽諸公一同侯伯一國子男一則之說愚謂則者則土也茅土謂之則土見周書作雒篇子男出封賜則土也漢書叙坤作墜埶高下九則故曰則土天問亦云地方九則

則或作列不知者以意改之耳御覽引周書作冽土一說則者制度也禮有九錫二十則車馬衣服樂爲一等皆與之物朱戶納陛虎賁爲二等皆與之則鈇鉞弓矢秬鬯爲三等皆與之物惟盛德始封得賜三等子男始封賜一等得有樂是爲四命受器器者樂器也後有功稍賜至二等是爲五命賜則六命賜官朱戶納陛爲則虎賁爲官而皆謂之則者蓋以二等有制度而無物也進爵爲伯是爲七命賜國復有功稍賜至三等弓矢以征斧鉞以殺進爵爲八命之牧秬鬯二卣禋於文武成王以賜周公秬鬯一卣告於文人宣王以釐召虎進爵爲九命之伯毛傳云九命賜秬鬯是也昭十五年傳鏚鉞秬鬯文公受之崔氏謂晉未賜鉞不得專殺誤矣古者節以專殺

後世持節督軍而以黃鉞非人臣之器故不輕假然揚干亂行魏絳用鉞大夫猶然況盟主乎魯且賜郊豈徒秬鬯齊亦賜履非但斧鉞而皆謂之侯然則周爵不過侯歟一說公羊九錫之樂樂器一作樂則五命賜則者樂則也典命大夫四命出封加一等故得具聲樂納陛者堂階之磩爲陛級以登朱戸者天子黃闔諸侯朱戸所謂宮室異則也大夫出封雖加一等爲五命未得賜則三年考績有功乃得賜焉魏晉至隋非受禪不加九錫儒者諱言其禮而白虎通以九錫分爲三郎易之三錫非一時賜之也如秦之白起稍賜爵爲左庶長左更國尉大良造以至封侯爲上將軍蓋稍稍賜之與功大小相稱俾建功者勸而慕進者勤勞不倦故曰凡賞無常

輕重眂功王命諸侯名位不同禮亦異數書傳云古者諸侯之於天子也三年一貢士一適謂之好德再適謂之賢賢三適謂之有功有功者天子賜以衣服弓矢再賜以秬鬯三賜以虎賁百人號曰命諸侯各記所聞其說不一然賜必有功而非一時驟加九錫則同也古者天子有虎賁習武訓諸侯有旅賁禦災害大夫有貳車備承事士有陪乘告奔走天子虎賁八百人諸侯三百人禮有等差以漸而降至大夫士亦得備承事而告奔走焉故大夫出使虎賁從行禮也至漢而其禮尤重光武以賜東海王彊虎賁旄頭擬於乘輿矣中山王焉就國虎賁官騎稱娖前行詩曰申伯番番既入於謝徒御嘽嘽毛傳謂番番勇武貌諸侯有大功則賜虎賁嘽嘽者

稱娖前行之象歟然則六命賜官益賜虎賁矣曹莒無大夫則六命或未有官臣也小國二卿皆命於其君晉士起大國上卿稱士則小國無官臣可知玉作六瑞四方象鎮雙植象桓玉之體也直身象信古伸字曲身象躬玉之形也粟文象穀藻文象蒲玉之彩也其瑑飾則無聞焉瑑者覜聘之圭璧卿大夫執之以覜聘天子及聘問諸侯故加瑑飾以别之六瑞則不瑑也故曰大圭不瑑美其質也康成依漢禮而言遂謂六瑞皆瑑如其說則與覜聘之圭璧何以異乎說者又謂覜聘之圭璧有圻鄂瑑起無桓信躬穀蒲之文也不知桓信躬穀蒲乃玉之形體與其彩非瑑飾之文故曰和氏之璧不飾以五釆隨侯之珠不飾以銀黃其質至美物不足以飾之夫物之待飾而後行者非至美者

也六瑞無瑑飾者以此山海經圭璧十五五彩惠之惠猶飾也祀山川造賓客皆曰素功素功者設色之工畫繢之事是爲瑑書之八體大篆小篆亦以此取名焉說者謂素功無飾其不然乎孔疏云一圭之上環爲二柱象道旁二木及宮室兩楹故曰雙植象桓桓亭郵表也謂於亭郵之所立木卽今之橋旁表柱諸侯葬用桓楹謂每一碑樹兩楹如淳曰縣所治夾兩邊各一桓名曰桓表陳宋之俗言桓聲如和今猶謂之和表卽華表也愚謂古桓獻同音桓轉爲和猶獻轉爲莎說文桓作瓛從玉獻聲讀爲桓以此禹貢和夷底績鄭注云和讀爲桓酈道元云桓水以南爲和夷桓一作洹天者神也地者形也天燥而水生焉水陰德也天產作陰其色黑位於北至陰肅肅出乎天禮之法屬陰法不平則神傷神傷則濕濕則天不生水故以中禮防之地淫而火生焉火陽德也地產作陽其色赤位乎南至陽赫赫發乎地樂之聲

屬陽聲不和則形槀形槀則燥燥則地不生火故以和樂防之水火不生則陰陽無以成氣度量無以成制五勝無以成埶萬物無以成類百業俱絶萬生皆困是故聖人以禮樂合天地之化百物之産蓋天地之化合於坎離百物之産根於水火節之以禮和之以樂則形神調而生理脩由是神不病溼形不病燥而水火成旣濟之功焉水流濕者天産而其形行乎地火就燥者地産而其神上乎天也氣由神生道由神成神備於心道備於形五禮六樂皆出乎身明有禮樂幽有鬼神故其德上及泰清下及泰寧中及萬靈鳳凰者陽之精也騏麟者陰之精也萬民百物者陰陽之精也德能致之其精畢至膏露降白丹發醴泉出朱草生衆祥具鬼神以此事

萬民以此諧百物以此致矣葢天地成於元氣萬物乘於天地神聖秉於道德以究其理故流分而神生動登而明生明見而形成形成而功存聖人者出之於天收之於地在天地若陰陽者杜燥濕以法義與時遷焉流分者陰德天作之動登者陽德地作之法義者中和之禮樂聖人以杜之者防之也此鶡冠子度萬泰録二篇之說實與春官大宗伯互相發明因竊取而合之云爾水生於燥故天有漢津神之在天者也火生于濕故地有火井形之在地者也則天作陰地作陽其理不益顯乎天產本乎地故水地爲比地產本乎天故天火爲同人深於易者知之齊景公伐魯得東門無澤而問魯之年穀何如對曰陰水厥陽冰厚五寸景公不知以問晏子

晏子曰寒温節也節則刑政平平則上下和和則年穀熟故曰形神調而生理脩月令仲冬行春令而水泉竭傷於淫也仲夏火王欲静無躁易及樂春秋說夏至人主與羣臣從八能之士作樂五日蓋以和樂防之古之法歟抑又聞之天不發其陰則萬物不生地不發其陽則萬物不成天以陽生陰長地以陽殺陰藏物生有體立之在禮物成而克其樂雍雍故曰立於禮成於樂〔荀爽曰陽動之坤而成坎坤者純陰故曰淫陰動之乾而成離乾者純陽故日燥其說似本鶡冠子天作陰者陽動之坤地作陽者陰動之乾也月令仲夏用盛樂所謂以和樂防之又云止聲色則聲色乃美色淫聲止者放而遠之爾文耀鉤云水土合則成爐冶爐冶成則火興火生於淫亦以此莊子曰水中有火大雨雷電而火生焉非所謂水中有火歟〕

周書曰天道尚右武禮右還順天以利兵地道尚左吉禮左

還順地以利本詩曰左之左之君子宜之右之右之君子有之毛傳云左陽道朝祀之事右陰道喪戎之事然則小宗伯建神位右社稷陰道也故秋殺於右左宗廟陽道也故春生於左何休云質家右宗廟尚親親文家右社稷尚尊尊此緯書之說豈其然乎詩云似續妣祖箋云似讀如巳午之巳謂巳成其宮廟疏云古者似巳文同故於穆不巳師徒異讀子思論詩於穆不巳孟仲子曰於穆不似廟在雉門外之左社在其右門當午則廟當巳社當未矣乾位在亥坤位在未故社位於未取似續之義故廟在於巳歟韓非子曰四海既藏道陰見陽左右既立開門而當此之謂也兆五帝於四郊兆說文作垗畔也爲四界祭其中是爲域外祀之垗典祀掌之守各有域周謂之垗

秦謂之時。

釋名曰。祀。巳也。新氣生。故氣巳也。何休曰。祀者無巳長久之辭。此詩似續之義。古祀與巳同。又與似通。易巳事遄往。虞翻本巳作祀。注云。祀舊作巳也。古祀巳同。信矣。以與巳本同。似與巳亦同。古音也。劉勰不知古音。乃曰子思弟子。於穆不祀者。音訛之異也。古文祀作巳。猶域作或。倦作劵。何訛之有。

宋元豐詳定局言。漢儀縣邑常以丙戌日祠風伯於戌地。巳丑日祀雨師於丑地。從其類也。熙寧祀儀。兆日東郊。兆月西郊。是以氣類爲之位。至於兆風師於國城東北。兆雨師於國城西北。司中司命於國城西北亥地。則是各從其星位。而不以氣類也。請稽舊禮。兆風師於西郊。祠以立春後丑日。兆雨師於北郊。祠以立夏後申日。兆司中司命司祿於南郊。祠以立冬後亥日。如是則壇兆從其氣類。祭辰從其星位。仍以雷師從雨師之位。以司民從司中司命司祿之位。愚謂司民非星也劉歆星傳軒轅角有大民少民康成遂據以爲司民案軒轅后宮所居月犯之女主憂春秋元命苞曰熒惑守軒轅貴妾爭晉志云少民后宗也大民太后宗也謂之司民可乎司民謂先民猶先嗇也神農爲先嗇天地開闢有神民爲先民先民謂之司民猶先嗇謂之司嗇康成分爲二失之息田夫而祭司嗇獻民數而祭司民大宗伯槱燎不及焉則司民非星審矣潛夫論曰天地開闢有神民民蓋本楚語路史乃謂古帝皇有神民氏都於神民之邱一曰神皇氏然則司民蓋神民氏歟梁天監六年明山賓議曰舜典望于山川春秋傳江漢沮漳楚之望也今北郊設岳鎭海瀆又立四望竊謂煩黷徐勉議曰岳瀆是山川之宗而望祀不止岳瀆也至十二年詔更詳議朱异議曰望是不卽之名凡遥祭者皆名爲望

豈容局於星漢拘於海瀆請命司天有關水旱之義凡四海名山大川能興雲致雨一皆備祭爲允愚謂山川既包於四望而四望之外更有山川此明山賔所謂煩黷者也四望天神從祀於郊山川地祇附祭於社蓋山澤通氣實能降興上下之神與水火雷風爲乾坤六子故祀天祭地皆兼及焉後世以四望爲地祇失之矣先鄭謂山川道氣出入言氣出入於山川之竅其本在地而精神上屬乎天故六宗四望皆天神也日朝月夕風礫雨收謂之四類洪範庶徵日月風雨日月成歲風雨惟星既合於丘復分於兆四類之爲用也大矣哉大司樂奏姑洗歌南呂舞大磬以祀四望則四類亦用此樂可知天神言祀則四望非地祇僉信康成以爲卽五嶽四

鎮國寶豈其然乎或曰司民非星而天府職曰祭天之司民何也府曰天府祿曰天祿民曰天民神之也敬之也書云王司敬民賈誼曰受計之禮王所親拜者二聞生民之數則拜之聞登穀則拜之或曰軒轅主后土之養氣而庇祐下民也故左角謂之少民見魏書志

公羊隱三年武氏子來求賻武氏子者天子之大夫其稱子者父卒子未命也穀梁亦云未畢喪孤未爵謂天子諒闇不爵命公羊桓五年天王使仍叔之子來聘稱仍叔之子者父老子代從政也穀梁亦云錄父以使子也父在子代仕之辭愚謂武氏子仍叔之子皆門子也門子未爵命故周禮無官然代父從政聘問列國儼然大夫矣故鄭伯盟於戲六卿及門子皆從

子孔爲載書大夫與門子弗順入叅謀議出列會盟位亞六卿勢傾執政豈非族大寵多使然歟周書皇門篇曰其有大門宗子茂揚肅德以助厥辟勤王國王家則先王之所以育門子與門子所以効忠於王室濟濟一時之盛可想見矣及其後而世卿專政尹氏亂周非詒謀之不善也燕義有諸子官康成謂門子將代父當門庶子猶諸子副代父者諸子職云國子存遊倅遊者貴遊倅者副倅然則門子爲正國子副之蓋卿之側室大夫之貳宗歟學之師氏掌之太子會同賔客作而從焉脩德學道春合諸學秋合諸射先王教國子如此則知所以育門子亦如此昭穆之辨適孼之分職在少宗掌其政令而會之司寇兼掌春官臧孫氏世居其職文仲後

閔先僖而昭穆無辨武仲廢彌立紇而適孽不分則春秋門子不皆正室可知矣詩裳裳者華刺幽王弃賢者之類絶功臣之世以爲其先人有禮於朝有功於國故先王使其子孫嗣之是時周召爲勲賢之裔尹姞爲禮法之家雖舊族衰門豈無不肖而賢人君子亦多出於其中則先王教化使之然也晉悼公卽位善政畢舉而以育門子爲先且曰膏粱之性難正也故使惇惠者教之文敏者道之果敢者諗之鎮靜者脩之則先王之育門子者其遺風不可復追乎古大明堂之禮曰日中出南門見九侯門子則門子學於虎門矣管子曰國子之義入與父俱出與師俱上與君俱說者謂國子卽門子在家曰門在朝曰國雜記曰大夫之適子服大夫之服尊其適象賢也詩曰凡周之士不顯亦世言其臣有光明之德者亦得世世在位

故曰商祖伊尹世世享商孟子所謂故國有世臣以此

小宗伯卜葬兆甫竁注云鄭大夫讀竁爲穿杜子春讀竁爲毳皆謂葬穿壙也今南陽名穿地爲竁聲如腐脆之脺脆七歲反舊作脺誤劉音清劣倉沒二反字書無脺有臎今本或有作臎者則與劉音協矣沈云字林有脺音卒脺者牛羊脂臎者耎易破案小爾雅壙謂之竁塡竁謂之封與鄭義合於文從穴毳聲讀依杜可也然鄭大夫讀爲穿亦非無據漢書王莽掘平共王母丁姬故冢時有羣燕數千銜土投穿中師古曰穿謂壙郎小爾雅所謂壙謂之竁水經注引漢書穿中作竁中則竁讀爲穿信矣許叔重曰穿通也竁穿地也文異義同仍讀依先鄭爲允漢書多古文往往亂於後人酈注所引蓋其舊也易不封不樹虞翻注云封古窆字然則竁古穿字歟宋

郊祀歌月竁來賔則又讀為窟矣竁與䐑窟與䯔音義同鄭注腐脆之䐑䐑誤為膟當作䐑雜記釁廟用羊及雞封于屋中衈于屋下康成謂衈封割牲以釁先滅耳旁毛薦之耳主聽告神欲其聽之此刉衈之正義也小雅執其鸞刀以啟其毛祭義鸞刀以封毛牛尚耳此所謂耳旁毛取以告神與血並薦是為衈康成見雜記用雞遂云羽牲曰衈非也穀梁叩其鼻以衈社豈羽牲乎東山經曰祠毛用一犬祈聃注云聃音餌以血涂祭為聃也公羊傳蓋叩其鼻以聃社今本公羊作血社穀梁作衈社然則刉一作祈衈一作聃玉篇以牲告神欲神聽之曰聃蓋兼取膟膋故耳從血用祈神聽故聃從申中山經曰刉一牝羊獻血注云以血祭刉猶

刲。又曰。衈毛用一雄雞一牝豚。刉。注云。刉亦刲刺之名。然則雞豚皆曰刉。康成謂毛牲曰刉。亦非也。案刉。犬人職作幾。康成謂肆師職故書祈爲幾。杜子春讀爲祈。案幾說文作鐖。云以血有所刉涂祭也。（涂猶釁。）鐖省爲幾。廣雅作禨。云祭名。楚人鬼而越人禨。（禨一作魕。從示從鬼一也。）然則鐖幾禨三字通。皆祭名也。刉非祭名。破幾爲刉。又何說乎。刲牲曰刉。薦毛曰衈。祭血曰鐖。三者相因。其名易亂。故正之。衈。周禮皆作珥。古文簡假借多。釋名。珥。耳也。言似人耳之在面旁也。從申從血。後人所加。故說文不載。先鄭云。珥以牲頭祭也。存之以備一說。

凡四時大甸獵。祭表貉。（貉一作貊。）肆師爲位。貉一作伯。伯爲兵禱。其禮亡。詩曰。吉日惟戊。（音牡。）既伯既禱。（職救切。）毛傳曰。伯。馬祖也。

將用其力故禱其祖說文引詩伯作禡應劭曰禡者馬也馬者兵之首故祭其先神也案校人職春祭馬祖夏祭先牧秋祭馬社冬祭馬步明指四時之田因田而祭矣先牧始養馬者馬社始乘馬者馬步害馬之神馬祖天駟房星或弭其災或祈其福或報其功合而言之曰四時之表貉肆師舉其凡校人詳其目也康成讀貉爲十百之百祭造軍法者禱氣勢之增倍孔穎達謂貊之言百祭祀此神求獲百倍則似貉非祭馬祖矣武王東觀兵上祭於畢蘇竟曰畢爲天網主網羅無道之君故武王伐紂上祭於畢求助天也說者謂畢星主兵故師出而祭畢然則表貉蓋祭畢與唐禮禡祀軒轅氏或曰祭蚩尤世本曰蚩尤作兵大戴禮曰蚩尤庶人之貪者也

何兵之能作案蚩尤冢在東郡壽張闞鄉常十月祀之有氣出如絳號蚩尤旗而山陽鉅野有肩髀冢云蚩尤死而别葬焉其說甚誕漢禮於武庫祭蚩尤非表貉也軍前大旗曰牙師出必祭謂之禡蓋立牙爲表所謂表貉是歟大司馬春蒐冬閱有師表貉於陳前卽漢之貙劉斬牲之禮貙與貉皆獸也田曰于貉祭曰表貉似謂取禽旣斬牲卽立馬不用命者視此斬牲爭禽而不審者罰以假馬獲籌曰馬祭表曰禡漢亦有乘之之名似言尚武然貙劉一作貙膢貙膢者食新也蘇林曰膢祭名貙虎屬常以立秋日祭獸王者亦於是日出獵還祭宗廟故曰貙膢而禡轉爲伯伯轉爲貉字滋益多莫知其說小雅吉日美宣王田則禱禮存焉毛公大儒鄭箋從

之田祭馬祖又何所疑軒轅與畢皆兵禱歟近有講音學者見吉日戊協禱遂謂戊古音耄不知文焉知音禱一作禂皆從示以周壽得聲平呼若周去呼若呪正與戊協詁訓兼音義祭以剛日戊之日剛其義也戊之言牡馬必乘牡其音也毛傳所謂維戊順類乘牡者以此且耄與牡古音通何必強爲之辨乎說文云禂禱牲馬祭也從示周聲詩曰旣禡旣禂

獻之屬莫重于祼祼之言觀也易之觀卦於此取名凡祼事鬱人沃盥故祼一作盥易曰觀盥而不薦有孚顒若詩曰顒顒卬卬如圭如璋圭璋祼玉顒顒溫貌卬卬盛貌祼之儀也君有君之儀臣有臣之儀君祼以圭瓚臣助之亞祼以璋瓚詩曰濟濟辟王左右奉璋奉璋峩峩髦士攸宜濟濟者辟王

之容君之儀也峩峩者奉璋之貌臣之儀也鬱人詔祼將之儀者以此宋人之享也置折俎仲尼使舉之以爲多文辭魯人之祼也禘周公仲尼欲觀之以爲多威儀歟既祼而往不欲觀者始則恭恪後稍慢怠也大享有祼賓之禮易觀之六四曰觀國之光利用賓于王上公王禮再祼侯伯子男王禮壹祼洛誥祼於太室而曰王賓則賓于王者惟祼禮爲盛君子於此觀威儀省禍福焉祼之節則亡矣其畧有三實鬱鬯於六彝爲祼之初節播芬芳於二瓚爲祼之中節達臭陰於淵泉爲祼之終節是爲三節名曰肆獻祼肆者肆師築而鬻鬱人實而陳祼者小宗奉而授小宰贊而行獻者獻於尸奠於神小祝沃尸盥小臣沃王盥大祝令鍾鼓肆師誅怠慢其

賓客則大宗攝酌獻王親拜送云詩曰朋友攸攝攝以威儀言助祭之臣相攝佐以威儀之事然則鬱人詔儀節者攝以威儀也威儀攝而馨聞威儀喪而腥聞殷以此滅周以此興於呼奈何弗欽

鬱人大祭祀與量人受舉斝之卒爵而飲之量人凡宰祭與鬱人受斝歷而皆飲之宰祭者冢宰佐王祭亦容攝祭非郊也量人掌俎實制脯燔故曰宰祭特牲舉斝角詔妥尸說者謂特牲饋食祝酌奠奠於鉶南是時也天子奠斝諸侯奠角及尸入主人拜妥尸尸執奠祝饗是爲舉斝角主人拜如初大夫士之祭則方饋食之始天子諸侯之祭則在坐尸於堂之後迎尸入室之初鬱人受舉斝之卒爵而飲之正當其節非也尸執奠而不飲雖舉斝而實

未嘗卒爵也及加爵行尸爵止而後上嗣舉而卒爵焉且是時皇尸未食朝獻未行而先獻鬱人量人其不然也必矣故康成破斝爲嘏謂王飮尸尸嘏王鬱人受王之卒爵亦王出房時也特牲主人受嘏出寫嗇於房還而獻祝故曰出房時謂當獻祝時其說近之祭或無尸未聞無祝故天子有太祝而佐食無聞尸神象也祝相尸佐食助之三者事相成尸之嘏王也必先佐食摶黍授祝祝授尸尸乃執以嘏王三者亦相成則有祝不可無佐食也故先獻尸次獻祝次獻佐食者以此且佐食一名利利者養也祭告利成養之成也佐食之功君子報之其人雖微先卿而獻然則鬱人量人蓋天子之佐食歟抑制從獻之脯燔詔祼將之儀節其事與佐食有聯

遂次佐食而獻之歟詩卷阿箋云王之祭祀擇賢者爲尸豫撰几擇佐食尸之入也祝贊道之尸至設几佐食入助之賓筵箋云室人有室中之事者謂佐食也是天子必有佐食矣賈公彥乃云天子有獻鬱人量人之禮無祝及佐食之事此何所見而云然乎愚謂尸飲九以散爵獻士及羣有司鬱人量人宜在羣有司之列特牲謂之私臣少牢謂之私人舉觶者舉觶也所謂賓一人舉觶於尸卒爵者所謂升受下飲卒爵升酌歷而皆飲之者所謂交錯其酬皆遂及私人爵無算也位門東北面其獻有薦脀禮曰奠觶或作觗注云古文觗皆爲觶詩曰奠斝皆爵也奠斝猶奠觶則舉斝猶舉觶矣有司徹注云古文觶皆爲爵延熹中詔校書定作觶則古觶爵通名周曰爵

殷曰斝斝先王之爵天子用以獻酬諸侯以下用觶也

古熏字多作釁鬯人釁鬯大祝隋釁女巫釁浴皆當讀爲熏案齊語三釁三浴韋注云釁或爲熏呂氏春秋湯始得伊尹祓之於廟釁以犧猳風俗通引之作熏以萑葦劉昭亦以此註後漢志矣漢書豫讓釁面吞炭顏注云釁熏也以毒藥熏之是古熏多作釁之明文也王度記曰天子以鬯諸侯以熏鬯爲香艸香艸曰熏熏之言釁也女巫釁浴注云釁浴以香薰藥草沐浴則康成亦讀釁爲熏矣說文釁從分得聲故王亹讀爲門釁讀爲熏

制諸侯賜圭瓚然後爲鬯未賜圭瓚則資鬯於天子資猶齎也少牢資黍注云資今文作齎外府幣齎先鄭云齎或爲資今禮家定作資後鄭云齎資同耳其字從貝以齊次爲聲掌

皮財齎注云予人以物曰齎今詔書或曰齎計吏然則賫鬯者謂齎以遺之蘇秦之至趙也燕文侯齎以車馬金帛蜀守文翁以刀布齎計吏而遺博士淮南王上書亦云賫衣糧入越地古齎賫通信矣爲鬯者有器與官使其官築鬱臼以椈杵以梧柏香桐潔擣而煑之爲鬯會有鬯圭則諸侯亦有鬯人也賫鬯者無器故無官天子齎遺之而不自爲焉故曰諸侯以熏熏卽鬯明甚說者謂未賜圭瓚故不以鬯而以薰吾不知薰爲何物也喪禮有浴無釁浴謂之渳渳以鬯斂以玉摩莎鬱艸以出其香沙除肴瑑以流其汁故曰大渳渳在斂初先渳後斂蓋兼用玉鬯矣設斗沃尸不以酒小宗伯因鬯連言秬耳鬱人渳共肆器大祝以肆鬯渳尸典瑞祼圭以肆

則所謂肆器者非玉器而何康成以肆器爲大盤非鬱人之所當共也古無釁尸之禮故先鄭破釁爲徽徽言美熏言香兩讀皆通從熏爲允未築未煮曰鬱已築已煮曰鬯漢斂以玉匣古之制也珠襦金縷失之侈矣季孫以璵璠斂孔子歷級而救之救其僭也以大夫而僭用天子之禮是可忍孰不可忍說者譬之㬥骸中原不亦陋乎仲梁懷曰攺玉攺步猶晉文請隧而王弗許曰大物其未可攺也霸主尚不敢攺玉攺行而況若季氏之幺麿者哉案說文萻從艸君聲讀若威是威有君聲也故漢律婦告威姑威姑者君姑也又案呂氏春秋殷皆作郼是郼有殷聲也故曰湯立爲天子夏民大悅親郼如夏親郼者親殷也威讀爲君郼讀爲殷故徽亦讀爲

臯先鄭破䵼為徽以此高誘曰郼讀如衣今兖州人謂殷氏曰衣中庸壹戎衣注云衣讀如殷齊人言殷聲如衣今有衣姓者殷之胄歟愚謂古文殪作壹方言殷作衣壹戎衣者殪戎殷也說者謂壹著戎衣誤矣古威與震通見詩長發鄭箋易革卦上六象辭君協蔚其音若威采芑卒章威協犹其音若君是威與君古音同也說文齊人謂靁為賁讀若云詩曰嘽嘽焞焞如霆如靁靁音云顯允方叔征伐玁狁蠻荊來威威音君說苑正諫篇曰好道者多貧好樂者多迷好道者多糧好樂者多亡貧讀為齎與迷協此古音也

秋嘗冬烝饋獻用壺尊饋獻者饋食之獻嘗薦孰時於是后薦豆籩而獻以壺焉揚子太元曰家無壺婦承之姑或洗之塗注云壺禮也婦承姑事猶洗濯而以塗愚謂婦承之姑者婦饋食於姑猶后薦豆籩於廟而獻以壺尊故其測曰家無壺無以相承也其義本易暌之上九曰先張之弧後說之壺古說與設通虞翻云猶置也離上與兑三陰陽相應而家道

睽垂故先疑後釋張弧者拒之如外寇三至五象坎坎爲盜設壺者禮之若內賓壺誤爲弧失其義矣壺者家之禮法故家無壺婦無以承姑妻無以事夫上九六三婚媾之象始以爲寇也故先張之弧非寇乃婚媾也故後設之壺古易皆作壺壺尊也昏禮設尊於室爲內尊又尊于房戶東爲外尊此之謂設壺大射儀兩壺獻酒獻讀爲莎是壺尊亦盛鬱矣後世以三酒實壺尊失之諸臣之所酢皆有罍小罍謂之坎故坎之六四有貳用缶之象缶即罍也禮器門外缶門內壺說者謂壺缶皆飲諸臣貴者以壺賤者以缶燕禮皆用壺卿大夫方而士圜焉古者貴賤不嫌同名饋獻之壺其最貴者乎腹方口圓曰壺反之曰方壺有爵飾三禮圖曰壺受一斛口徑一尺頭

高五寸大中身兌下赤漆中上加青雲氣

司尊彝四時之間祀鄭司農謂禘祫在四時之間故曰間祀非也禘以夏四月祫以冬十月三年一祫五年一禘名曰殷祭而以間祀嘗之可乎後漢孝明遺詔無起寢廟藏主於光烈皇后更衣別室有司奏言更衣在中門之外處所殊別其四時禘祫於光武之堂如孝文祫祭於高廟故事間祀悉還更衣續漢書曰禘之爲諦祫之爲合諦審昭穆合食於祖謂之殷祭四時正祭外有五月嘗麥三伏立秋嘗粢盛酎十月嘗稻等謂之間祀卽各於更衣之殿更衣者光武廟之別室也東京廟制異室同堂合祭於堂是爲正殿間祀於室是爲便殿便殿爲更衣則間祀非正祭矣月令仲春獻羔開冰季

春薦鮪孟夏嘗麥仲夏嘗黍羞含桃孟秋嘗穀仲秋嘗麻季秋嘗稻季冬嘗魚禮運十二月蜡賓皆間祀也非正日間歲穀之外有間穀正色之外有間色正祭之外有間祀一也康成以追享爲請禱朝享爲月祭故遂以二者爲間祀間祀也追享也朝享也判然爲三安可合爲二哉西京舊制日祭於寢月祭於廟時祭於便殿寢日四上食廟歲二十五祠便殿歲四祠則便殿乃時祭也與東京不同而間祀皆於陵寢諸儒以爲非禮而罷之陵寢雖非古間祀之禮本於春官其不可罷也審矣

鬱齊獻酌郊特牲汁獻涚於醆酒注云泲秬鬯以醆酒獻讀爲莎齊語聲之誤也秬鬯中有鬱和以盎齊摩莎泲之出其

香汁因謂之汁獻愚案獻酌獻尊皆讀爲莎（素何反）似非聲誤獻一作犧毛傳云犧尊有沙飾也（沙莎通）謂刻鳳凰之象於尊其形婆娑然鄭仲師亦云飾以翡翠而雞彝鳥彝皆刻畫爲雞鳳之形是尊彝同飾矣然鬱齊獻酌盛之以尊是爲獻尊似非以飾得名康成謂獻尊酌醴而不和鬱豈其然乎鬱人詔祼將之儀故仲師讀獻爲儀亦非無據後之學者信其所不可信疑其所不必疑犧讀莎獻讀儀（音俄）觀之書其文通（大誥民獻有十夫大傳民儀有十夫古獻儀通王莽作大誥合而用之曰民獻儀九萬夫）考之詩其音協（小雅儀協莪魯頌儀協多）稽之禮其義愜學者猶疑之而魏太和中掘地得尊如牛象遂目爲古犧尊實未敢信以爲然也醴齊縮酌縮酌用茅注云醴齊和以事酒泲之以茅縮去其滓詩曰伐木

所所釃酒有萸毛傳云所所柹貌以筐曰釃以藪曰湑湑茜也茜古縮字是爲縮酌古文所與許通漢疏廣傳數問金餘尚有幾所注云幾所猶幾許故所所一作許許說者謂許許邪許聲案邪許一作邪軒一作嘘與一作輿謣（邪許見淮南子邪軒見文子嘘與見劉子輿謣見呂氏春秋一也）挽車者唱邪軒牽石拖舟者歌嘘與舉大木者呼輿謣皆勸力之歌前呼而後應乃舉木非伐木也所者削柹猶斯者析薪故斯所皆從斤晉王濬治船於蜀吾彥取流柹以呈孫皓是爲削柹說文依毛傳而云所所伐木聲蓬聞其聲近見其貌傳言貌者以伐木之柹與縮酒之茅若作邪許何所取義且以伐爲舉是改詩辭先儒訓詁斷不可易信矣凡酒脩酌康成讀脩爲滌（滌與滫通）以水和而泲之今

齊人命浩酒曰滌愚謂廟用脩故曰脩酌猶朝踐用獻尊故曰獻酌不必破爲滌也陸佃云脩爵名荀子曰脩爵無數孔疏云脩爵無筭爵蓋所謂凡酒歟大宗伯以肆獻祼享先王典瑞祼圭有瓚以肆先王以祼賓客則祼一事有三名肆者實而陳之祼者將而行之獻者奉而進之實以彝祼之陳將以瓚祼之行獻以爵祼之成祼禮始於肆成於獻故曰肆獻祼祼當朝踐用兩獻尊名曰獻酌則獻尊酌鬱齊又何疑瓚如盤其柄圭尺有二寸黃金勺青金外朱中央龍頭鼻口有流前注蓋用以行酒尊以酌之瓚以行之爵以獻之六彝陳而不行二瓚行而不獻一說脩猶溲士虞記明齊溲酒言以明水溲之貴新之義脩當作滫內則注秦人溲曰滫滫與滌古音通說文皆從水以脩條得聲條狼氏條讀爲滌滌本音條故不言誤

帝牛在滌滌謂之搜通作趨趨者匿養牢中故注云搜除是滌讀爲搜矣漢周亞夫封條侯功臣表作脩師古曰脩讀爲條是脩條通而滌滌亦通也秦人曰滫齊人曰滌儀禮曰溲三者音義同酌以尊獻以爵司尊彝及鬯人不言爵但言尊集韻卣或作脩康成讀脩爲卣者以此禮器賤者獻以散特牲利洗散獻於尸則散似爵名康成以爲漆尊亦必有本矣圭瓚以行酒王制注云鬯爵或未之前聞周有獻尊又有獻豆摩莎䟽刻兩義相兼犧獻同聲齊人之語不其然乎祭義言朝事覸蕭光以報氣饋食加鬱鬯以報魄則知鬱齊不獨用之於祼也且云覸以俠甒加以鬱鬯俠甒謂兩甒卽朝踐之兩大尊明大尊亦和鬱矣大射禮尊于大侯之乏東北兩壺獻酒獻

酒者鬱齊也祭侯以鬱神之然則神尊皆酌鬱歟鄭司農云鬱十葉爲貫百二十貫爲築許叔重亦云十葉爲貫百廾貫築以煮之爲鬱其文從鬯彡其飾也明鬯皆和鬱而獻爲飲器中有鬯酒又以持之則鬯獻非圭瓚明矣周語鬱人薦鬯犧人薦醴蓋陳之爲犧尊和之爲犧酌薦之爲犧人王卽齋宮祼鬯饗醴以自香潔然則犧人卽鬯人不和鬱者皆凡酒也應劭曰鬱芳草也百草之華煮以合釀黑黍或說今鬱金香漢郊祀歌一章曰尊桂酒賓八鄉晉灼曰尊大尊也元帝時太宰丞李元記曰以水漬桂爲大尊酒其十二章曰百末旨酒布蘭生師古曰百末百華之末也以之雜酒故香且美說苑曰天子以鬯爲贄鬯者百草之本也上暢於天下暢於地無所不暢然則鬯者合釀百草之華以祀天祭地非獨用之宗

廟也

禮說卷六

禮說卷七

東吳　半農　惠士奇

春官二

白虎通曰天子圭尺二寸博三寸剡上寸半厚半寸半珪爲璋方中圓外曰璧半璧曰璜圓中牙身玄外曰琮璜以徵召璧以聘問璋以發兵珪以質信琮以起土功之事圭上兌下方位在東璧方中圓外位在中璜半璧位在北璋半圭位在南琮內圓而湊外直而牙位在西尚書大傳曰天子執瑁以朝諸侯諸侯無過者復得其圭有過者留其圭能正行者復還之三年圭不復紬以爵還圭留璧璧所以留者以財幣盡輒更造也禮曰圭造尺八寸有造圭明得造璧矣案白琥禮

西方不聞以琮元璜禮北方不聞以徵召徵召自有珍圭也疏琮以斂而有渠聘琮以享而有瑑駔琮以權而有鼻大琮以鎮而有牙宗后以爲鎮后理陰教故以起土功又黃琮禮地則土功其類也可補典瑞之闕焉春秋繁露曰圭天法商玉厚九分白藻五絲圭地法夏玉厚八分白藻四絲圭天法質玉厚七分白藻三絲圭地法文玉厚六分白藻二絲然則藻之絲玉之厚取則天地陰陽又藻地白而加采典瑞玉人之所弗及也存以備攷絲謂采五絲五采也周官射無四正藻無四采逸詩四正具舉是射有四正也繁露白藻四絲是藻有四采也蓋二王之後歟射人職王五正諸侯三正卿大夫士二正典瑞職王藻五采公侯伯藻三采子男藻二采鄭注四正謂正爵非也藻藉以韋衣木板而畫之繫以元

纁焉聘記謂之組繫露謂之絲蓋染絲織之以爲組也或屈之或垂之屈之爲質垂之爲文組之大者如綬小者如條條以結纓綬以結璲皆染絲爲之繫玉之組亦然不畫也畫者其板耳綬卽古之佩條卽古之紃康成曰繅繅藻通雜文之名也合五采絲爲繩繫露謂之絲者以此公羊曰寶者何璋判白注云判半也半珪曰璋白藏天子青藏諸侯魯得郊天故錫以白璋所以郊禮珪以朝璧以聘琮以發兵璜以發衆璋以徵召詩斯干毛傳曰裳下之飾璋臣之職故顧命王受瑁臣秉璋棫樸言賢人衆多奉璋者皆髦士也王肅謂羣臣從王行禮之所奉杜預亦謂臣爲君使執璋康成以璋瓚當之則惟用之於祼矣禮天用蒼璧不以璋赤璋禮南方不以白

何休謂璋以郊其色白者蓋羣臣奉以行禮不徒用之於祼也段氏雜俎曰安平用璧興事用圭成功用璋邊戎用珩戰鬭用璩城圍用環災亂用雋大旱用龍大喪用琮愚謂發兵用琥禱旱用龍祠廟用瑒（瑒卽鬯圭所謂祼圭尺二寸有瓚）節行用珩引陛用瑗（上下除陛從官扶輦瑗大孔璧奉以引之防傾覆也）聘人用珪召人用環絕人用玦穀圭聘女親迎加琮（親迎諸侯以屨二兩加琮曰某國寡小君使寡人奉不珍之琮不珍之屨大夫士庶人以屨二兩加束脩曰某之父某之師友使某執不珍之屨不珍之束脩）或曰古之璋猶今之笏故天子搢珽羣臣奉璋

春秋桓九年冬曹伯使其世子射姑來朝十年春曹伯終生卒蓋世子冬朝而曹伯春卒故知曹伯有疾使其世子來朝春秋志之以爲合於禮公羊譏父老子代而依違其說未

知在曹在齊在齊者世子光代父出會在曹者世子射姑代父來朝穀梁謂曹使世子伉諸侯之禮則失在曹魯以待人父之道待人之子則失在魯獨左氏以爲曹太子來朝賓之以上卿禮也典命職凡諸侯之適子誓于天子攝其君則下其君之禮一等未誓則以皮帛繼子男而周制大國之卿當小國之君曹世子未誓故待以上卿皮帛繼子男之禮何休膏肓謂左氏以人子安處父位尤非衰世救失之宜於義爲短康成箴云必如所言父有老耄罷病孰當理其政預王事也蘇寛亦云誓于天子下君一等未誓繼子男皆降下其君非安居父位然則攝者攝行其事不居其位也吉凶皆然父有癈疾不勝喪則適孫承重爲攝主不得以父在爲辭吉禮

可攝則凶禮獨不可攝乎鄭志趙商問謂父有廢疾不立而立適孫父在而爲其祖服非世子乃諸侯也故康成答以天子諸侯之喪皆斬衰無期宋孝宗崩光宗病不能執喪寧宗嗣服已大祥議者欲持禫兩月監察御史胡紘議曰孫爲祖服已過期矣議者欲更持禫兩月是何禮也若謂嫡孫承重則太上聖躬康復自于宮中服三年喪而陛下又行之是喪有二孤不可是時朱子獨以爲非而未有以折之及檢喪服傳得疏所引鄭志大喜以爲有疑父在不當承重者時無明自證驗今得鄭志方見父在而承國於祖之服乃始無疑向使無鄭康成則此事終無斷決而知學之不講其害如此愚謂議者不行三年而持禫兩月固非禮矣天子絕期而爲其

祖期吾不知是何代之禮也且古未有父在而子受國者故曰攝寧宗既受國矣居其位不行其禮可乎哉春秋晉景公有疾立太子州蒲以爲君而會諸侯伐鄭父在而子居父位經書晉侯以惡之故攝者不居其位也魯隱公元年不書即位攝乎非乎曰非也吾聞貴妾攝妻禮有攝女君適子攝父未聞臣攝君周公非攝乎曰非也君薨百官總已以聽冢宰武王崩周公位冢宰正百工何攝之有坐明堂朝諸侯是賊莽假之以盜漢也楚昭王出奔子西攝王保於脾洩以靖國人由于責之凜凜若秋霜焉吾故曰臣不攝君攝者攝行其事事之大者喪也祭也曲禮老而傳傳謂傳重喪祭子爲主而父不與故七十處於內不居廬八十齊喪之事弗及也寧宗受

重而不服重身登大寶而委重於親失之甚矣父在為祖斬
非衰有二孫歟曰衰有無後無無主孝宗崩光宗病不能執
衰衰無主矣寧宗不為之主而誰主乎無二孫者無二主也
胡紘不學焉知禮禮有宗子之父父在而稱宗子則為祖斬
何疑春秋僖公二十有八年踐土之會衛侯出奔母弟叔武
攝位受盟從公侯在喪之例書曰衛子猶葵邱之會宋襄在
衰而書宋子也其載書曰晉重魯申衛武與晉魯同名儼然
人君矣然則弟可攝兄歟曰否宋背殯為不子衛立君為不
臣臣不攝君禮有攝主何也曰祭有主主有位王不與祭大
宗攝位謂之攝主管子曰祭之時上賢者也故君臣掌君臣
掌則上下均其亡茲適上賢者亡役賢者昌掌猶攝也言臣

行君事惟祭則然其他不攝也苟非祭而亦攝焉名爲上賢適足以亡而已禮賤不攝貴故士不攝大夫而況臣與君乎

周厲王流彘周召二相行政號曰共和呂氏春秋乃謂厲王之難天子曠絶共伯和修其行好賢仁而海內皆來竹書紀年遂謂共伯和攝行天子事妄矣自古豈有攝天子哉子代父曰義也臣代君曰篡也管氏之論篤矣乎

司服王祀昊天上帝則服大裘而冕祀五帝亦如之司裘掌爲大裘以共王祀天之服鄭司農云大裘黑羔裘服以祀天示質鄭志大裘之上又有元衣與裘同色隋志大裘冕無旒以羔正黑者爲之取同色繒爲領袖其裳以纁而無章飾唐罷而宋復之陸佃以爲大裘與衮同冕古者裘上必有衣王

服大裘以衮襲之冬至祀天中裘表衮夏至祀地服衮去裘以順時序何洵直以爲節服氏有衮冕有裘冕是各異冕無同冕兼服之理記曰大裘不裼故露質見素不爲表襮何必假他衣以藩飾之佃又以爲覆之曰襲露之曰裼大裘不裼非襲而何愚謂裘之裼也見美也見則美在外服之襲也充美也充則美在中裘質衮文中裘表衮是美在外也謂之襲可乎玉藻惟君有黼裘以誓省大裘非古也王肅增損郊特牲之文托爲家語乃云天子大裘以黼之又自注曰大裘爲黼文則合大裘與黼裘爲一矣又云被裘象天旣至泰壇王脫裘服衮以臨燔柴其說不知何據脫裘服衮以衮襲裘兩俱無據孰者爲優熊氏云六冕皆有裘君用純狐青大夫士

雜以豹褎諸侯朝服緇衣羔裘不用狐青也狐青乃冕服之裘劉氏云凡六冕之裘皆黑羔裘也論語注緇衣羔裘祭於君之服卿大夫以朝服助君祭是祭服用羔裘矣然則五冕不言裘省文黼裘以誓省者聽誓命省牲鑊也誓在祭前十日省在祭前一日之夕黼如斧形刃白而身黑康成謂以羔與狐白雜為黼文蓋大裘之次天子黼裘以聽誓省牲大裘以祀天享帝焉玉藻君衣狐白管子曰狐白應陰陽之變六月而一見蓋物之難得者故君衣狐白臣衣狐青士不衣狐白物以難得者為貴也犬羊之裘不裼非以其賤乎祀天尚誠貴質而服賤者之裘愚所未通以俟達者荀子曰天子山冕又曰大路之素郊之麻冕一也山冕謂山龍郊乘素車服麻冕則大裘不被袞明矣白虎

通曰天子狐白諸侯狐黃大夫蒼士羔裘別尊卑也魏秦靜議曰麻冕者素冕麻不加采色漢祭天乘殷路謂之桑根車周乘玉路非素也

荀子不見周官

司服五冕衮爲龍鷩爲雉毳爲虎蜼希爲粉米元無文裳刺黻鄭說也唐楊炯述其說而爲之議曰龍變無方象先王之德亨先王服之雉被五采表先公之賢亨先公服之毳祀四望岳瀆之神也虎蜼山林之獸所以象其物希祭社稷土穀之神也粉米由之而成所以象其功小祀百神不可偏擬惟取黼之相背異名而已鄭義也希冕刺而不績故曰希希當作黹假借作希蓋黻冕也詩曰玄衮及黼箋云黼黻謂絺衣秦風謂之黻衣亦疋衮黻也注云衮有黻文故黻衣一名黻冕黻亦作紱顔師古曰畫爲亞衣亞古弗字於文亞爲撟弗

狀似兩巳古之尊彝禮器皆作亞形晉以黻冕命士會說者以爲蔽厀失之孔安國謂衮龍黼黻天子諸侯服之粉米藻火大夫服之士藻火而巳孔頴達謂衣則尊者在上故首衮龍裳則尊者在下故先黼黻古有是說馬融亦云蓋衣在上爲陽陽統於上故所尊在前裳在下爲陰陰統於下故所重在後詩玄衮及黼書麻冕黼裳是裳先黼黻矣此說近是然以宗彝繪在尊則毳冕又何物先鄭以毳爲罽衣或非無據也宋禮局官宇文粹中議曰有虞氏服韍夏后氏山殷火周龍章韍者乃黼冕非蔽厀之芾也愚謂黻者黑與青而芾色皆赤以淺深爲尊卑天子純朱諸侯黃朱大夫赤而巳安得以芾爲黻乎明堂位注云韍或作黻四朝之服其詳未聞論

語禹美黻冕虞也荀子天子山冕夏也傳有火龍黼黻殷也禮有日月龍章周也且黻與韍異物韍從韋以韋爲之黻從黹紩衣也則黻非蔽厀亦明矣今之蔽厀古之蔽前尒疋蔽前謂之襜釋名曰跪襜跪時襜然張也江淮之間或謂之袚袚即芾字見說文古文從市篆文從犮市與韍二字兩形韍與韠一物兩名黻與韍異物同聲詩之毳衣即禮之毳冕青如䋛赤如璊釋名毳芮也畫藻文於衣如水艸之芮豈其然乎說文以毳爲罽色如虋故謂之璊虋禾之赤苗然則罽也者毳衣也或赤或青五色備泰去韍而佩綬故著頡篇以韍爲綬非古也古者革帶以佩韍廣雅云韍謂之韠而五經異義曰韍者大帶之飾非韠也蓋市從巾象連帶之形故玉藻曰紳韠晉

語曰韠帶異義之説誤矣說苑修文篇曰士服黻大夫黼諸侯火天子山龍諸儒異説存以備攷

司服王爲公卿錫衰爲諸侯緦衰爲大夫士疑衰首服弁絰

案西漢帝師褒成君孔霸薨元帝素服臨弔者再至東漢建武中凡大臣薨素服臨之永平初太常桓榮病顯宗臨幸入街下車及卒變服臨喪送葬東海恭王薨發哀而已制服無聞焉晉咸寧二年詔大臣薨三朝發哀一月不舉樂一朝發哀三日不舉樂亦未聞爲之服也東晉賀循議曰雜記君於卿大夫之喪比葬不食肉比卒哭不舉樂古者君臣義重雖以至尊降而無服三月之内猶錫衰以居不接吉事愚謂君爲臣服錫衰以居出亦如之素弁加絰同姓以麻異姓以葛

漢舊儀丞相有疾皇帝親問從西門入卽轝移居第中車駕往弔帝師鄧弘卒安帝服緦麻幸其第此君爲臣服猶古之錫衰緦衰歟然弘太后兄太后服齊衰故子從母服非禮也春秋知悼子卒平公飲酒則君不服臣久矣禮大夫卒闕一時之祭祭猶闕之何況飲酒旣不飲酒焉可作樂禮小功至不絕樂則股肱之痛甚於小功旁尊皆報至尊不報故臣爲君斬君爲臣無服無服者無報服也孰謂君不服臣乎小記君弔必皮弁錫衰未當事也當事乃弁絰主人未喪服則君亦不錫衰主人服君乃服也禮君不撫僕妾而士之喪君若有賜則視斂斂卒君坐撫當心士雖微亦不以僕妾視之矣魯隱公元年公子益師卒小斂公不與春秋非之故不書日君不服臣

蓋始於此。大記曰，君於大夫世婦大斂焉，爲之賜則小斂焉。熊氏曰，卿則小斂焉，爲之賜則未襲而往。孔疏曰，柳莊非卿，衛君未襲而往，急弔賢也。然則公子益師，魯之卿歟。

禮服正幅爲端，朝祭之衣端正無殺。康成謂士服則然，大夫以上侈袂，其服遂不復端乎，非也。袂屬於服，袂之侈何害於服之端。且端不徒言服，兼言冠。其冠冕則曰端冕，其冠委貌則曰委端，亦曰端委。穀梁委端搢笏，左傳弁冕端委，周語端委以入。其冠章甫則曰端章甫。其服端，其冠元，則曰冠端而襲。玉藻天子元端朝日，諸侯元端以祭，皆元冕也。章甫委貌皆元冠也。元冕元冠同曰元端，則元端所包者廣矣。服虔以爲端委者衣尚褒長，其長委地，故曰委。杜預因之，亦云端委禮衣，而不言冠，蓋以齊桓委端，晉文端委，皆大國之侯，疑非委貌，故異其語。晉語委笄。韋昭曰：委，委貌。一說委，冠卷。秦人曰委。則端委非委貌也。然端委即元端，委貌即元冠，天子亦服之，況諸侯乎？康成云：西命以上齊祭異冠。孔疏謂齊祭異冠，自祭其廟。若助祭於人，則鄭志答趙商所謂大夫冕，士弁而祭於公，齊時服之，祭淸服之，則又齊祭同冠矣。然士助祭爵弁，其齊元端，安在其爲同也？且所謂異冠者，絺冕祭，元冕齊；元冕祭，元冠齊；爵弁祭，亦元冠齊。以爵弁非齊服，故與元冕祭者同服元冠，惟殊其組纓之色耳。推而至於天子，雖袞冕祭，袞冕祭亦元冕齊。故曰元冕齊戒，鬼神陰陽也。又曰：齊之元也，以陰幽思也。鬼神陰幽，故衣冠陰色，所以交接鬼神，表其如見所祭者之心。祀大神，祭大祇，享大鬼，皆然。故齊則君臣同服。司服職云：其齊服有元端素端自天子達於士一也素冠素衣爲素端其制如元端而素毛傳謂練冠鄭箋謂既祥之冠愚謂練祥之齊冠說者謂練冠以布素乃白練則素非練冠失之矣周人弁而葬殷人冔而葬與神交之道也有敬心焉接神之道不可以純凶變服而葬故亦變服而齊則練祥二祭齊服素端又何疑乎天子練祥之事大祝掌之元端則爵韠素端則素韠熊氏皇氏謂諸侯巳下皆元端齊而以爵韋爲韠同士禮天子亦如之練祥之齊服素端素韠或曰練無韠祥有韠則葬素冠而加葛絰練則首絰除矣素衣而要葛絰練筮日筮尸皆在三日齊之前也少牢旬有一日筮日特牲前期三日筮尸削幅爲素服正幅爲素端

守祧職既祭藏其隋案隋說文作陊一作墮戰國策曰墮飯

趙孝成王方饋不墮飯是也飯以手謂放飲於器曰墮春秋傳曰墮幣楚有宗祧之事將墮幣焉是也祭用幣謂奠幣於神曰墮士虞禮曰墮祭墮之爲言下也猶放飯於器也墮之爲言輸也猶奠幣於神也其音近綏曾子問士虞記少牢饋食皆作綏因綏爲挼因墮爲隋轉相假借失其本義當定作隓康成謂守祧之隓卽士虞禮之苴非也祭於苴者謂之饗士虞記所謂饗祭于苴特牲少牢不言者省文蓋祭必有饗饗必有苴士虞記備載饗辭而特牲饗在迎尸之後說者遂以饗神爲饗尸誤矣尸與主人主婦之祭祝命之佐食助之者謂之隓隓者神饗之後尸祭神餘尸飽之後主人主婦又祭尸餘皆祭于豆間及地不於苴也而主人隓祭則當受嘏

之時孔疏云將受福先隋祭佐食既受隋祭遂摶黍授祝祝授尸尸執以親嘏主人主人受而詩懷之出而寫嗇于房祝以籩受少牢則尸命祝嘏主人尸不親天子受嘏之禮見于詩詩曰公尸嘉告嘉告者告以善言謂嘏辭也然則藏其隋蓋嘏辭歟隋爲嘏設不嘏亦不隋故言隋則嘏可知也及周衰而嘏辭藏於巫史之家則其禮亦廢矣一說大祝隋釁在逆牲前牲猶未殺非薦血也灌鬯求神謂之釁鬯既灌然後迎牲然則隋者灌也灌于茅象神歆之是爲莤茅先鄭云隋神前沃灌器名近之矣一說隋當作綏周頌載見諸侯助祭之詩曰綏以多福俾緝熙于純嘏箋云純大也天子受福曰大嘏則所謂綏者非綏祭而何綏與受嘏其事相連頌言綏

者不一而隓無聞焉竊意隓者皇尸祭神之目而綏者孝孫受嘏之名白虎通曰坐尸而食之毀損其饌欣然若親之飽故尸祭謂之隓隓者毀也凡幣以禮神灌以降神皆曰隓綏者安也曾子問攝主不嘏故不綏士虞記喪主不嘏故亦不綏蓋攝非正喪非吉皆不受福不受福故皆不綏然則受福謂之綏也詩曰以綏後祿又曰綏我眉壽言綏者不一皆受福之辭少牢主婦綏祭如主人之禮不嘏注云不嘏者夫婦一體主人受福主婦亦與焉且祭禮尸無不墮主有不綏則墮爲尸祭綏爲主人受福之祭明矣士虞禮尸祭爲墮少牢主祭爲綏有司徹主祭亦爲綏曰其綏祭其嘏如前說則藏其墮者謂嘏辭古文假借墮與綏通蓋既祭則藏於祧守祧掌之禮運所謂祝嘏辭說藏於宗祝巫史非禮也如後說則藏其墮者謂

茜茅蓋既祭則藏於館司巫共之守祧藏之以依神也黍稷肺脊不可久藏鄭說失之祝以孝告謂祝通孝孫語於先祖嘏以慈告謂嘏傳先祖語於孝孫則祝輕而嘏重藏其墮舉重者而言其實祝嘏辭說皆藏之也周公祝册納於金縢之匱鄭注云凡藏秘書藏之以匱必以金緘其表則嘏辭可知蓋藏之無故不啓漢儀注祭天地五時皇帝不自行祠還致福謂之受釐釐說文作禧言受神之福也受福之釐猶受嘏之綏歟文帝詔曰吾聞祠官祝釐皆歸福於朕躬不爲百姓漢之祝釐即周之祝嘏也司巫蒩館館或作飽飽古文包字天文訓曰酉者飽也任包大也說文包象褱妊故曰任包然則蒩飽者謂以茅包墮祭而藏之也兩說皆通前說爲允有司徹司宫埽祭注云埽豆間之祭舊說埋之西階東明黍稷

胏春既祭埽而埋之不藏也墮與服同藏非豆閒之祭鄭注曲禮綏讀爲妥音湯果反說文墮音徒果切綏與墮音近而通當從綏爲正以鶡冠子曰增規不圓益矩不方墠以全犧正以齊明傳之子孫可持可將以爲神享禮靈之符藏之宗廟以璽正諸所謂藏其墮者蓋如此其嘏辭之意詩曰卜爾百福如幾如式既齊既稷既匡既勑永錫爾極時萬時億幾猶期也式猶法也言高曾規矩不增不益可持可將也齊猶齋也稷猶疾也所謂墠以全犧正以齊明也匡猶正也言正之以璽也勑猶符也所謂神享禮靈之符也長賜女以中和之福而藏之宗廟億萬年享天之休此非天子嘏辭之存者歟

司服卿大夫之服元冕士之服皮弁春秋崔杼齊卿也莊公

以其冠賜人劉炫云崔子之冠元冕也孔頴達曰非也禮運冕弁兵革不藏私家則冕在公府非助君祭不得服之愚謂冕弁藏於私家猶祝嘏辭說藏於宗祝巫史皆非禮也故祝嘏之辭與冕弁之服皆藏於廟將祭則出之既祭則藏之守祧所謂藏其墮與其服也墮者墮祭之嘏辭則服者祭服之冕弁矣祖宗之遺衣爲重子孫之祭服爲輕先其重者首列遺衣後其輕者未言祭服兩之也非一之也或云其服卽遺衣誤矣祭服視其尸先王之尸衮冕先公之尸鷩冕故祭服亦如之孫爲祖屈不敢以衮冕祭先公尸衣其衣子孫亦服其服而助祭羣臣則各服其上服焉司服掌之凡大祭祀共其衣而奉之穀梁子曰衣服不脩不可以祭大夫士助祭之

服受之於君月令收繭稅以共造云
祭法遠廟爲祧有二祧康成曰天子遷廟之主藏於二祧聘禮不腆先君之祧謂始祖也案禮冠於廟春秋襄九年傳曰君冠以先君之祧處之如康成說則曾之周公衛之康叔乃得稱先君之祧是時公會晉侯反及衛曷爲不冠於康叔之廟而冠於成公之廟乎服虔以成公爲衛之曾祖曾祖即云祧則祧非始祖廟矣昭元年傳楚公子圍聘於鄭且聘於公孫段氏公孫段者穆公之孫子豐之子其家惟有禰廟而傳云豐氏之祧則禰廟亦稱祧也春官守祧先王先公之廟皆曰祧然則遠廟爲祧之說非乎三昭三穆與太祖廟而七則文武列於昭穆也及遠而親盡當遷獨文武以功德不毁故

後世謂之二祧因是有遠廟爲祧之說魯之世室魯公武公
象周之文武而武公之廟立於成公六年則知文武二祧之
名必起於東遷之後矣享人鬼曰先妣先祖立廟祧曰先王
先公而先妣不聞有廟則姜嫄無廟也無廟而爲壇祭之蓋
高禖也殷祠娀簡周享姜嫄曰高禖神之也曰先妣尊之也
以爲我祖之母周之所自出故魯頌因后稷而推本姜嫄說
者遂以閟宮爲姜嫄之廟妄矣周無先妣之廟魯安得有姜
嫄之廟哉孟仲子曰禖宮亦非也高禖有壇不聞有廟守祧
奄八人者每廟一人又一人爲長女祧每廟二人者廟各以
其妃配魏景初元年有司請於太祖廟左爲文帝昭祧右擬
明帝穆祧帝方在位預立二祧君子是以知魏之將亡也

冢人掌公墓之地正墓位蹕墓域凡諸侯及諸臣葬於墓者爲之蹕則蹕通上下之名齊崔氏側莊公于北郭葬諸士孫之里四翣不蹕案禮大夫四翣葬以大夫冢人當爲之蹕四翣而不蹕則非大夫之葬禮也側者不殯之名死於兵者不入兆域謂投之域外里名士孫乃墓中之室墓大夫之所居萬民之葬地則是葬諸邦墓而非公墓不但投之域外矣蹕者止行人又曰辟辟者辟行人王燕出入士師辟邦有賓客訝士辟三公有邦事鄉士辟六卿有邦事遂士辟大夫有邦事縣士辟辟者身爲前驅宮中有事隸僕蹕邦有大事遂士蹕諸侯爲賓士師蹕喪祭賓軍鄉士蹕賓客居館訝士蹕蹕者帥其屬夾道鄭司農謂若今衛士填街蹕也填街一作塡衛應劭漢官

（儀曰鹵簿五營校尉在前名曰塡衛）然內豎爲王后之喪蹕又爲內人蹕內人六宮之人則蹕之名通上下矣至秦天子出入稱警蹕諸侯出入稱課促惟至尊乃蹕也古者王門蹕郊兆蹕山林蹕古文蹕爲避杜子春云避當爲辟謂辟除姦人則蹕與辟名異而實同朝士之辟也帥其屬以鞭呼且趨條狼氏亦如之公墓（春秋謂之公氏魯葬昭公季孫使役如闞公氏將溝焉闞者公墓之地氏猶家言死者以墓爲冢溝者兆域也溝而絕之爲域外溝而合之爲域內）冢人掌公墓以爵等爲樹數許叔重云天子樹松諸侯樹柏大夫欒士楊欒木似欄欄桂類春秋緯所謂藥艸也王制庶人不封不樹墓大夫掌國民之墓亦無封樹之文而春秋緯則云庶人無墳樹以楊柳蓋起於近世古者生無爵死無墳

故不封者亦不樹也

媒氏禁遷葬遷葬者改葬也改葬非禮也故禁之改葬非禮則冢人墓大夫之事也曷爲媒氏禁之媒氏聽陰訟幽宅屬陰且媒氏地官也故爲之禁然則冢人墓大夫曷爲弗禁也冢人固有墓禁矣墓大夫之禁令改葬在其中焉何以知之以族葬知之大司徒族墳墓以安民圖其兆正其位巡其厲守之百年遷之一旦豈安民之意哉冢人墓大夫又安得漠然坐視而弗禁乎然而古之改葬者多矣何以知其非禮而禁之春秋桓公十五年天王崩桓王也莊公三年五月葬桓王自崩至葬距七年左氏以爲緩穀梁子疑之因有郤尸以求諸侯之說似非人情公羊子以爲改葬蓋得其實改葬不

書改而春秋二百四十二年之內亦無改葬之文以此知改葬非禮也故禁之也左傳隱公元年改葬惠公左氏謂公弗臨故不書子葬父何故弗臨如曰隱爲桓攝攝主不臨喪是何禮也蓋改葬非禮故不書然則喪服曷爲而有改葬緦改葬緦者康成謂墳墓崩壞將亡失尸柩昔王季歷葬於渦山之尾欒水齧其墓見棺之前和文王於是出而爲之更葬雖其說近誕然仁人孝子或不幸而遭之此禮之變也非是而改葬者則春秋鄭改葬幽公齊改葬莊公皆君弒賊不討葬不以禮及鄭人斲子家之棺齊人尸崔杼於市賊既討而改葬其君此皆得禮之變者然非禮之正故不書於經則改葬非禮益明矣古之葬也筮宅其辭曰度茲幽宅兆基無有後

窾是葬爲死者非爲生者後世有圖墓之術以冢中枯骨求子孫富貴於是遷葬者益多則尤惑之甚者也不可以不禁媒氏遷葬與嫁殤本兩事康成一之謂生非夫婦死旣葬遷之使相從如成人耶則我未之前聞如未成人耶則曹孟德愛子冲死爲聘甄氏亡女與合葬是合葬非遷葬也康成失之周曰嫁殤漢曰娶會唐曰冥婚喪三日而殯凡附於身者必誠必信勿之有悔焉爾矣言旣棺不可復開也三月而葬凡附於棺者必誠必信勿之有悔焉爾矣言旣葬不可復改也旣葬而復改猶旣棺而復開仁人孝子所不忍見不忍言者也後世無故而行之遂成風俗亦何異於狐埋之而狐搰之者哉壽張侯樊宏遺敕薄葬又以爲棺柩一藏不宜復見如有腐敗傷孝子之心使與夫人同墳異藏光武善而從之合于古矣

圜丘之樂圜鍾爲宮黃鍾爲角太簇爲徵姑洗爲羽方丘之樂函鍾爲宮太簇爲角姑洗爲徵南呂爲羽宗廟之樂黃鍾

爲宮大吕爲角太蔟爲徵應鍾爲羽注以圜鍾爲夾鍾函鍾爲林鍾而十二律配十二辰夾鍾生於房心之氣天帝之明堂爲天宮林鍾生於未之氣未坤之位而天社地神在東井輿鬼之外爲地宮黄鍾生於虛危之氣虛危宗廟也爲人宮又以律吕相生之次卑者不用尊者避之後生先用先生後用則上下損益相生之古法亂矣又謂祭尚柔商堅剛也故樂無商五味調謂之和五采備謂之繡五聲和謂之樂五聲無商猶五味無辛五采無白也無辛則五味不調未可謂之和無白則五采不備未可謂之繡無商則五聲不和未可謂之樂也說者謂鬼神惡商如其說則天神地示皆惡商矣而天有四時地有五行是將使四時無秋五行無金而後可也

有是理哉唐趙愼言謂三大祭無商商音金也周木德金尅木故去之唐士王請加商調去角調又云聲無定性音無常主剛柔之體實由其人人和則音和人怒則聲怒以破商聲堅剛之說是則然矣而木德去商土德去角豈其然也水德去宮可乎宋紹興中有司議以爲天宮取律之相次圜鍾陰聲第五陰將極而陽生故取陽聲之首黃鍾爲角陽聲第二太蔟爲徵陽聲第三姑洗爲羽天道有自然之秩序故取其相次者以爲聲地宮取律之相生函鍾上生太蔟爲角太蔟下生南呂爲羽南呂上生姑洗爲徵宮生徵徵生商商生羽羽生角此古法也宮生角角生羽羽生徵或未之前聞地道資生而不窮故取其相生者以爲聲人宮取律之相合黃鍾子爲宮大呂丑爲角子合丑也大蔟寅

爲徵應鍾亥爲羽寅合亥也人道以合而相親故取其相合者以爲聲其說似近理然顛倒四音尤拂於經五聲六律還相爲宮三大祭之樂古還宮法也天宮黃鍾爲角者（夷則之宮黃鍾爲角）夷則之上宮聲清爲上以清角爲宮故曰上宮周語武王伐殷二月癸亥夜陳未畢而雨以夷則之上宮畢之故長夷則之上宮名之曰羽羽生角（夷則之宮仲呂爲羽仲呂生黃鍾）故推本其所生而名之羽者雨也易林曰羽動角甘雨續草木茂年歲熟蓋取諸此大蔟爲徵者（林鍾之宮太蔟爲徵姑洗爲羽）林鍾之下宮聲濁爲下以下徵爲宮故曰下宮周語所謂以太蔟之下宮布令於商者也（太蔟之宮南呂爲徵以下徵爲宮故曰太蔟之下宮）姑洗爲羽者林鍾之羽是圜丘六變三宮四均圜鍾宮夷則宮林鍾宮是爲三宮圜鍾

以其宮爲均。夷則以其角爲均。林鍾以其徵其羽爲均。是爲四均。方丘八變。宗廟九變。四宮四均。函鍾宮以其宮爲均。無射宮以其角爲均。無射之宮。太蔟爲角。南呂宮以其徵爲均。南呂之宮。姑洗爲徵。黃鍾宮以其羽爲均。黃鍾之宮。南呂爲羽。黃鍾宮以其宮爲均。大呂宮以其角爲均。南呂之宮。大呂爲角。林鍾宮以其徵爲均。林鍾之宮。大蔟爲徵。大蔟宮以其羽爲均。太蔟之宮。應鍾爲羽。是爲四宮四均。宮君商臣。以商爲均。君臣易位。革命之象。故商不爲均。非無商也。商不爲均也。均一名調。古者一宮四調。沿及魏晉。三調猶存。曰正宮調。曰清角調。曰下徵調。而羽調亡矣。函鍾一名大林。其聲函胡濁而下。周語所謂黃鍾之下宮也。六微旨大論曰。君位臣則順。臣位君則逆。逆則其害速。順則其害微。故宮可居商位。而商不可居宮位旋宮獨無商者以此鶡冠子曰東方者萬物立止焉故調以徵角木調以徵火南方者萬方華羽焉故調以羽徵火調以羽水西方者萬物成章焉故調以商北方者萬物録藏焉故調以角羽水調以角木中央者太一之位百神仰制焉故調以宮調猶均也徵居角位羽居徵位角居羽位更迭爲均謂之調惟宮商君臣之位不易其方古者商不爲均信矣北方羽而調以角猶周語夷則角而名以羽也韋注失之董仲舒曰風者木氣也其音角雨者水氣也其音羽雨以潤風以散角羽調則燥溼平

大司樂凡建國禁其淫聲過聲凶聲慢聲詩鼓鍾傳曰幽王用樂不與德比會諸侯於淮上鼓其淫樂以示諸侯賢者爲

之憂傷箋云爲之憂傷者嘉樂不野合今乃淮水之上作先王之樂失禮尤甚王基云所謂淫樂者鄭衛桑間濮上師延所作新聲之屬王肅云凡作樂而非其所則謂之淫淫過也幽王用樂不與德比又於淮上所謂過也桑間濮上亡國之音非徒過而已孫毓云四章之義明皆正聲欽欽人樂進之善同音四縣克諧爲雅爲南大德廣及四夷以爲籥舞和而不僭安得謂之淫愚謂樂則先王之樂也德非先王之德矣淑人君子其德不回回邪也德正則樂正雖邪者亦正德邪則樂邪雖正者亦邪假令操新聲於虞廷則羣后讓庶尹諧自若也皷雅音於亡國而欲挽政散民流其可得乎孟子謂今樂猶古者以此曰淫曰過曰凶曰慢皆邪也淫者其德侈

過者其德僻凶者其德暴慢者其德偷德貞則聲無淫德中則聲無過德吉則聲無凶德恭則聲無慢大司樂禁之於建國之初所以正其行而糾其德也王肅謂作樂非其所則淫失之苟無回德雖以咸池之樂張於洞庭之野可也若德之回則凡祀大神饗大賓用之郊奏之廟聞者痛心見者蹙額矣是故淮水三洲鼓鍾笙磬皆先王之樂也賢者獨以爲淫其誰曰不可

樂師詔來瞽皐舞說文云气皐白之進也從夲土刀切從白禮祝曰皋登謌曰奏皋皋古奏字皆從夲周禮曰詔來鼓皐舞皐告之也先鄭謂詔來瞽來勑也勑爾瞽率爾衆工奏爾悲誦讀爲容肅肅雍雍毋怠毋凶古文勑作來勑有來音猶刻有亥

音凶者凶聲怠者慢聲大司樂之所禁也肅肅則敬故聲無怠雍雍則和故聲無凶蓋逸詩也又云瞽當爲鼓皋當爲告則皋讀爲告矣後鄭謂皋之言號漢書服虔注曰告音嘷呼之嘷則皋有號告二音左傳齊人歌曰魯人之皋數年不覺使我高蹈言魯俗舒緩皋者緩聲而長引之也喪禮之古孝反復望反諸幽求諸鬼神之道故北面緩聲長引而招之曰皋某復者以此案詩九皐皐當作臭臭古澤字讀若浩皋從夲臭從大韓詩云九臭九折之澤俗作皐失之越絕書有馬嘷者吳伐越道逢大風車敗馬失騎士墮死疋馬啼皋事見吳史是皋與號古文通也左傳豺狼所嘷嘷與號通

小胥正樂縣之位王宮縣諸侯軒縣鄭司農曰宮縣象宮室

四面有牆一名牆合周書大匡篇曰維周王宅程三年遭天之大荒樂不牆合大荒者大司樂所謂大札大凶大烖大憂不牆合者令弛縣也縣如牆合是為宮縣軒縣三面其形曲春秋傳謂之曲縣康成謂去南面以辟王何休曰天子周城諸侯軒城軒城者缺南面以受過也春秋城不以制曾墮三都墮謂滅損之酈道元曰叔孫氏墮郈今其城無南面蓋闕之以象軒城矣說者遂謂南面無城則不然說文轂鼓也古者城闕其南方謂之轂其形曲古文曲作凸象鼓之形然則宮如口說文口回也象回帀之形軒如凸也古文曲作凸王肅曰軒縣曲一面吳姚信有昕天說昕讀為軒言天北高南下若車之軒詩云如輊如軒毛傳從後視之如輊從前視之如軒通俗文云前

重曰輊後重曰軒蓋前重則後輊後重則前軒不平曰軒不周亦曰軒輈車曲輿謂車牀曲前闌與軒同義衣成則鈌衽宮成則鈌隅謙之義也軒城軒縣蓋所以示謙歟唐志軒縣去南面設於辰丑申之位天子宮縣四面將射改縣大射儀不言改者國君與臣行禮不具軒縣東西縣在兩階之外兩階之間有二建鼓東近東階西近西階又無鍾鼓不妨射故不改也天子辟廱諸侯泮宮辟廱者築土雝水外圓如璧其水旋邱以節觀者天子四面諸侯三面泮宮闕其北軒縣闕其南

小胥職大夫判縣士特縣曲禮大夫無故不徹縣士無故不徹琴瑟熊氏案春秋說題辭樂無大夫士制鄭氏箴膏肓從

題辭之義小胥判縣特縣者大夫士治心及治人之樂也特牲少牢大夫士祭祀無樂而鄉飲酒有工歌所謂治人之樂而大夫不徹縣士不徹琴瑟所謂治心之樂不可斯須去者惟疾病乃徹而去之聲音動人病者欲靜也康成謂去琴瑟者不命之士以爲命士特縣非徒琴瑟而已然鄭詩女曰雞鳴士也而曰琴瑟在御此非侯伯一命之士歟賈誼曰大夫猶縣士有琴瑟諸侯之大夫視天子之士故猶縣魏絳有金石之樂僭矣左氏以爲禮失之唐風山有樞刺晉昭公而曰子有鐘鼓明諸侯乃得有鍾鼓也鄉飲酒記曰磬階閒縮霤則大夫特縣惟磬而已程繁曰諸侯倦於聽治息於鐘鼓之樂士大夫倦於聽治息於竽琴之樂農夫春耕夏耘秋斂冬

藏息於聆缶之樂然則非諸侯無鐘鼓信矣魯詩傳曰天子食日舉樂諸侯不釋縣大夫士日琴瑟

大師教六詩曰風曰賦曰比曰興曰雅曰頌賦之言鋪也比之言類也興之言歆也風之言發也長言之若比短言之若發雅之言秀也頌之言容也分爲六合爲三曰風雅頌而賦比興在其中矣天有三時三時不害王化之基春三月是爲發陳天地俱生萬物以榮故風者如春之發也發乎情性根乎陰陽男女歌詠各言其傷風之所以爲不逐者取是以節之也夏三月是爲蕃秀天地氣交萬物華茂故雅者如夏之秀也養長之道賢賢親親歌於朝廟上下歡欣小雅之所以爲小雅者取是而文之也大雅之所以爲大雅者取是而光之也秋三月

是爲容平矢氣以肅地氣以明故頌者如秋之容也百穀登萬寳成禮樂作鬼神歆肅肅雝雝毋怠毋凶頌之所以爲至者取是而通之也舜歌南風夏小正正月有俊風俊者大也大風者南風也故風莫盛於南祈年龡豳雅祭蜡龡豳頌則風兼雅頌矣南其風之始豳其風之終乎物之容狀至秋而平故以雅治人風成乎頌而樂與焉武始而北出再成而滅商三成而南四成而南國是疆五成而分周公左召公右于是樂有二南及周東遷南風不競天道在西北而秦有夏聲繼周之舊周之舊者南也故曰以雅以南則雅亦名南不獨風矣雅之變也與風俱變也雅之亡也與風俱亡也一成而不可變者其惟頌乎古文雅作疋鄭箋以疋爲萬舞文王世

子胥鼓南胥讀爲雅鄭古文疋字與胥通古者舞詩歌之鼓之故曰胥鼓南言肄雅則鼓南風也春誦者誦此夏弦者弦此子之武城聞弦歌之聲弦歌者亦弦歌此南夷之樂曰任古南任音同遂以南爲夷樂非也正南曰荆州荆爲楚南有江漢江漢楚之望說者謂南風者楚也亦非季札觀樂而知周之興師曠歌風而知周之廢或曰天文周楚同野故同風左傳歲棄其次以害鳥帑周楚惡之鳥帑者鶉尾也則周楚同野矣鶉首秦鶉火周鶉尾楚皆在南故秦有夏聲夏猶南也皆言大也雷出地奮豫地中有水師先王作樂以象出地之雷造律以法地中之水水者萬物之準也其色素其味淡準爲五量之宗素爲五色之質淡爲五味之中故律由此生樂由此作得意愷歌以示喜偃伯靈臺以示休豫之義也豫順以動故利

行師師克在和故由豫者大有得將驕必敗故鳴豫者志窮凶天下既平天子大愷故曰志大行也師出以律失律者凶王者制事立法物度軌儀一禀於六律六律爲萬事根本焉其於兵械尤所重望敵知吉凶聞聲効勝負武王伐紂吹律聽聲故名其樂曰武宿夜言武王宿商郊士卒皆歡娛夜半持律管至敵壘大呼有聲來應管乃五行之符太師職所謂執同律以聽軍聲而詔吉凶者蓋以此若師有功則大司馬左執律右秉鉞以先愷樂獻於社左爲陽陽主生左執律者德成衡也右爲陰陰主殺右秉鉞者傷成鉞也一獻於祖用命者賞之一獻於社不用命者戮之愷猶豫也振旅之樂歌說者謂黃帝涿鹿有功命岐伯作愷歌厲士諷敵其曲有靈

夔吼鵰鴞爭后墜崖壯士怒之名出於後世而漢有短簫鐃歌名爲鼓吹其聲惟用正宮調宋元豐中以爲其聲害雅樂欲調治之或以爲不可然皆莫知其故蓋本武王十三年正月師渡孟津甲子至於牧野推律自孟春及季冬殺氣相并而聲尚宮故歷代鼓吹惟用宮調是爲軍聲可知消息而決勝負其術亡矣或云枹鼓之音爲角見火光爲徵金鐵矛戟之音爲商嘯呼之音爲羽寂寞無聞爲宮角聲當以白虎徵聲當以元武商聲當以朱雀羽聲當以勾陳宮聲當以青龍所謂五行之符也

禮說卷七

禮說卷八

東吳　半農　惠士奇

春官三

小史奠繫世辨昭穆瞽矇世奠繫鼓琴瑟故書奠或爲帝杜子春讀爲定其字爲奠書亦或爲奠杜子春謂奠猶定也小史主次序先王之世昭穆之繫康成謂世之而定其繫書於世本然則繫者姓也六世親屬竭矣繫之㠯姓故曰繫世古有正姓有庶姓庶姓六世而別正姓百世弗姝周語司商協名姓說者謂司商掌賜族受姓之官非也司商樂官也人始生吹律合之定其姓名易京君明識音律君明本姓李推律自定爲京氏故繫世必鼓琴瑟㠯定焉司商者大司樂瞽矇其屬也協名姓者同姓合

族異姓主名故昏禮問名協猶合也詩曰文王初載天作之合聯兄弟也定世繫者蓋以協名姓聯兄弟歟太師掌同律以合陰陽陰爲柔陽爲剛陰陽合剛柔分鼓瑟鼓琴以播其音易林曰剛柔相呼二姓爲家此之謂也殷之德陽以子爲姓周之德陰以姬爲姓故殷王以男書子周王以女書姬姓有陰陽出於律呂不鼓琴瑟焉能定之天問啟棘賓商賓商樂章名棘猶革也（古棘革通）改定樂章（古樂皆名商賓商誤爲賓天猶詩商誤爲誅賞字之誤也）荀子曰審詩商商者五帝之遺聲大招有楚勞商楚之樂也故大司樂一名司商瞽矇世奠繫而弦歌諷誦者以此墨子曰誦詩三百弦詩三百歌詩三百舞詩三百周語矇賦矇誦康成謂諷誦詩蓋當作匱謚時其作之也太師帥瞽而廞

廞陳也興也陳王之行迹而興起之于是瞽矇諷誦其治功之詩吕爲謚且定繫世而昭明德焉故有德者世興無德者世廢楚語所謂教之世吕休懼其動者也荀子曰葬埋敬藏其形祭祀敬祀其神銘誄繫世敬傳其名銘謂銘旌爲銘各吕其物王則太常誄之言累累其行而謚成繫世古之世本今之譜牒傳其名者繫世亂則名不正故子爲衞政必先正名不曰正而曰奠奠者定而安之衞輒有祖無父繫世之亂甚矣國之傾危何時定乎魯昭二十有二年景王崩王子朝與子猛爭立春秋書曰王室亂穀梁子曰亂之爲言事未有所成成者定也言繫世之未定也二十有三年書曰天王居于狄泉書天王則其名正名正而後繫世定胡廣曰宗正歲

一治諸侯世譜差叙秩第亦奠之之義後周有宗師掌皇族定世系辨昭穆魯語所謂工史書世宗祝書昭穆也小宗伯掌之書曰七世之廟可㠯觀德父子異世曰繼兄弟同世曰及祖孫隔世曰詒非是則不世也不世則不廟春秋子般卒公羊子曰未踰年之君也有子則廟無子不廟蓋無子則不世也故不廟小宗入繼大宗則世其大宗不世其小宗喪服疏衰期不杖章爲人後者爲其父母報古無伯姪叔姪之名疏廣疏受蔡質蔡邕今之所謂叔姪也兩漢書皆曰父子至晉書始有叔姪之名敗壞禮法者晉也謂我父者我謂之子謂我姑者我謂之姪名安可㠯不正乎報者何也至尊不報旁尊皆報降其父母至尊而爲世父母叔父母之旁尊故曰世其大宗不世其小宗自天子至於大夫士皆然故曰凡周之世不顯亦世此之謂世奠

繫若夫姞爲姬耦子孫蕃阜嬀育于姜後世其昌嬴能敗姬秦竟滅周古音周讀若朱㠯此定世百世可知其術已亾徒存其說而已堪輿經有五姓之說陰陽因㠯五姓協五音亦未見其合也世無神瞽誰知其說乎

詩曰肆于時夏夏大也肆陳也陳其功夏而歌之樂歌之大者稱夏夏有三王夏之三㠯享宗廟肆夏之三㠯享元侯分爲三合爲九九德之歌九磬之舞九夏之奏一也杜子春曰王出入奏王夏尸出入奏肆夏牲出入奏昭夏四方賓來奏納夏臣有功奏章夏夫人祭奏齊夏族人侍奏族夏客醉而出奏祴夏公出入奏驁夏愚謂行㠯肆夏尒疋堂上謂之行王出至堂而肆夏作則王出入奏肆夏矣非獨尸出入也朝

聘之賓入大門而奏肆夏則四方賓來亦奏之矣肆夏猶納夏歟燕禮賓及庭奏肆夏鄉飲酒賓出奏陔則是入奏肆夏出奏祴夏陔與祴通所㠯示戒也故其文從示從戒而鄭司農謂人君行步㠯肆夏爲節若今行禮於太學罷出㠯鼓陔爲節則肆夏又與祴夏同禮器大饗之賓其出也肆夏而送之則賓出入又皆奏肆夏如司農說不必破肆爲陔也然大夫得奏陔夏不得奏肆夏康成曰奏陔夏㠯鐘鼓天子諸侯備用之大夫士鼓而已肆夏之類有采薺薺一作齊蓋齊夏也趨㠯采齊尒疋門外謂之趨王出路門而采齊作則是門內奏肆夏門外奏齊夏升車亦如之和鸞中采齊俗讀齊爲齋齋不聽樂金奏何居失其義矣杜子春謂夫人祭奏齋夏

王齋未聞有樂夫人安得獨奏哉大射儀公入驁公出而言入者射宮在郊以將還爲入燕不驁者於路寢無出入也或曰驁大也燕不驁而大射驁大之也或曰驁敖也射儀毋憮毋敖或曰登車之樂驁駿馬也夗日壬申乘馬忌之吉日庚午差馬以之奏以出入亦猶誦訓詔辟忌歟昭夏一作韶夏韶者昭也牲出入奏之大饗不入牲則弗奏也博碩肥腯本於民力之普存君子見郊牛之口傷而知魯之民力盡矣五官奉牲封人歌舞昭夏之奏也以昭德也豈徒贊牲而已乎納夏奏而九賓設章夏奏而九功叙族夏奏而九族睦皆德音也敬以和寬而栗所以表王度之如玉如金故凡進退周旋皆視以爲節而不敢越焉周之盛也鍾師奏九夏及其衰

也祭公作祈招招者九招也招與磬同春秋時九招存其三曰祈徵角祈招徵招角招九夏存其三曰繁遏渠孔疏云王夏者天子所用其餘八夏諸侯皆得用之其祴夏卿大夫亦得用之故鄉飲酒客醉而出奏陔夏

笙師舂牘應雅吕教祴樂先鄭謂舂牘吕竹其端兩空髹畫吕兩手築地大五六寸長七尺短者一二尺應中有椎長六尺五寸雅狀如漆筩而弇口鞔吕羊韋有兩紐疏畫大二圍長五尺六寸後鄭謂牘應雅三器在庭皆舂吕築地賓出奏祴爲之行節明不失禮案舊唐書舂牘虛中如筩無底舉吕頓地如舂杵亦謂之頓相相助也吕節樂也或云梁孝王築睢陽城擊鼓爲下杵之節名睢陽操用此後世代吕拍板長濶如手厚寸餘吕韋連之擊吕代杵愚謂舂牘如杵信矣然

云起於雎陽則非樂記治亂㠯相注云相卽拊相者㠯韋爲表裝之㠯穅今齊人或謂穅爲相故一名相而舂牘亦有頓相之名似牘與相爲一物白虎通所謂拊革著㠯穅者或非頓相也且拊㠯會守相㠯治亂樂記已分爲兩物矣又拊名撫拍㠯手拍之牘名頓相㠯手築之拊中實相中虛康成合爲一可乎賓出奏祴築之於地㠯明醉而不失禮所謂治亂㠯相也則相爲舂牘亦明矣古曰舂相曲禮鄰有喪舂不相漢曰雅舂楚元王傳雅舂於市相與雅皆送杵聲作樂象焉牘應雅三器皆曰舂㠯此

鎛師掌金奏之鼓許叔重曰鑮淳于之屬所㠯應鐘磬也愚謂鎛卽金錞錞錞于也錞之言敦鎛之言薄㠯薄爲敦古人

好作反語猶㠯祖爲存㠯亂爲治㠯甘爲苦甘草一名大苦㠯故爲今也鼓人職㠯晉鼓鼓金奏又云㠯金錞和鼓謂擊晉鼓時㠯金錞和之鎛師掌金奏之鼓者晉鼓也然則鎛卽和鼓之錞明矣不然鎛師何不明言擊鎛而云掌金奏之鼓乎金奏謂金錞金奏之鼓謂金錞所和之晉鼓鎛師主擊之也許氏云堵㠯二金樂則擊鑮應之謂奏金而鑮應則鑮非卽和鼓之錞歟周語細鈞有鐘無鎛昭其大也晉語鄭納歌鐘二肆及寶鎛則鎛非大鐘戚施不能仰而使直鎛則鎛不高縣金錞圓如筩甚薄故一名鑮㠯芒筒將之其聲極震隋開皇定樂有金錞二四人輿二人作宋宣和樂府就擊於地然則鎛不高縣也鎛當作鑮省作鎛尒疋大鐘謂之鏞注云鏞亦名

鑮失之康成謂鑮如鐘而大亦非或曰鑮亦縣但不高耳舊唐志曰錞于圓如碓頭大上小下縣㠯籠牀芒筵拊之㠯和鼓

鼓人凡軍旅夜鼓鼜鎛師凡軍之夜三鼜皆鼓之守鼜亦如之司馬法曰昏鼓四通爲大鼜杜子春云守鼜一夜三擊春秋傳所謂賓將趣者聲相似愚謂趣一作掫皆從聚省得義亦得聲說文掫者夜戒守故行夜爲干掫掫一作諏服虔曰干扞也諏謀也從言爲聚謀從手爲聚守皆取聚義俗誤爲趨得其聲失其義矣沈約宋志云長丈二尺者曰鼜鼓凡守備及役事則鼓之今世謂之下鼜古音戚今音切豉反然則讀若刺也語有輕重故讀有異同鼜㠯蚤爲聲故又讀爲造

次之造七報反亦與趣音相近左傳扞掫齊世家作爭趣趣或
讀爲促又與戚音相近矣田竇列傳局趣若轅下駒應劭曰
局趣蹙小之貌也史傳皆作趣或作趨假借字
昔者長琴處搖山始作樂風樂之有風尚矣然孔子正樂雅
頌得所關雎之亂而不言風季札觀樂使工爲之歌周南召
南歌邶鄘衛歌王歌鄭歌齊歌豳歌秦歌魏歌唐歌陳亦不
言風晉語姜氏引鄭詩將仲子之卒章楚成王引曹詩蜉蝣
之三章皆曰詩不曰風猶籥章中春逆暑龡豳詩不曰豳風
然則豳詩與鄭詩曹詩等耳康成謂此風也而言詩詩總名
也豈其然乎說者謂南與豳非風故不言風誤矣十三國皆
然豈獨南豳也南爲周公左豳爲周公東舊豳次齊孔子刪

詩移之於末則十三國實㠯周公爲始終焉齊曰泱泱魏曰渢渢風之美者歟唐有陶唐氏之遺民則亦有陶唐氏之遺風矣吉甫作頌穆如清風則雅頌亦可謂之風也風雅頌猶賦比興分爲六合爲一故一詩而賦比興兼焉風雅頌備焉或曰豳非國也地理志栒邑有豳鄉詩豳國公劉所都是豳亦國矣如謂周無豳國亦未聞有邶鄘也說文邶舊商邑豳卽美陽民俗㠯夜市有豳山先鄭謂豳籥豳國之地竹後鄭謂豳人吹籥之聲章匡衡亦云太王躬仁邠國貴恕曷爲而非國乎尒疋四極西至汃國說文汃西極之水也南都賦砏汃輣軋波相擊之聲埤蒼曰汃大聲也讀爲八說文亦云從水八聲徐鉉音府巾切失之汃誤爲邠形聲兩失其地不同

皆名爲國謂豳非國鑿矣古邦國皆仍舊名夏后相十五年商侯相土遷于商邱少康十一年使商侯冥治河帝杼十三年商侯冥死於河帝芒三十三年商侯遷于殷孔甲九年殷侯復歸商邱至商侯履遷於亳而有天下爲殷商凡二十九王而周武王滅之封其後於宋及春秋而吳夫差伐齊闕溝深水出於商魯之間此宋也而仍曰商則商爲宋之舊也左傳孝惠娶於商陸德明曰定公名宋是哀公之父故舉夏殷祖爲諱而稱商非也如其然則夫差曷爲而亦爲之諱乎乙十五年命邠侯高圉盤庚十九年命邠侯亞圉祖甲十三年命邠侯組紺武乙元年邠遷於岐周三年命周公亶父文丁四年一作太丁命周公季歷爲牧師至西伯發伐殷而有天下爲周及周公旦居東陳詩而仍繫之豳則豳爲周之舊也商

豳皆夏殷之舊邦宋有商頌周亦有豳雅豳頌者㠯此春秋
昭七年衞侯惡卒王追命之曰余敢忘高圉亞圉言不敢忘
豳也二國居豳國爲豳侯祖澤存焉耳古者謀事必就祖發
政占古語故稱祖㠯命諸侯周自公劉發迹於豳至二圉而
殷策命爲侯伯此王命衞侯所㠯獨稱之也二圉蓋其字非
其名孫稱祖字禮也稱名可乎世本高圉侯侔亞圉雲都二圉之名也或云雲都亞圉字
或云亞圉弟皆非季札㠯邶鄘爲衞風明邶鄘亦衞之舊矣分爲三
失之漢書詩國十五揥徧九州師古謂十五者周南名南衞
王鄭齊魏唐秦陳鄶曹豳魯商得之周書曰昔南氏有二臣
力鈞勢敵競進爭權君弗禁南氏㠯分然則二南古之國也
韓嬰叙詩云其地在南郡南陽之閒呂氏春秋亦云禹自塗

山𨗈省南土作爲南音周公召公取風焉孰謂南𡖖非國哉說苑成王翦桐葉爲圭而封唐叔虞於晉晉語唐叔射兕于徒林殪爲大甲㠯封於晉易林曰唐邑之廬晉人是居晉曰唐宋曰商皆仍其舊也書終費秦詩終魯商商之爲宋也又何疑左傳昭八年大蒐于紅自根牟至於商衛注云商宋地魯西竟接宋衛是春秋皆名朱爲商也

太卜三兆一曰玉兆者龜號玉靈龜策傳所謂玉靈夫子是也祝曰假爾玉靈炤見物情祓之㠯卵灼之㠯荆問焉如響克紹天明乾爲玉故曰玉兆天龜靈故玉亦稱靈然則玉兆者天龜也二曰瓦兆者旊人爲簋合土爲之其形象龜簋一名敦敦首亦象龜古器質故用瓦簋者龜也瓦象其體火氣初交厥陰壘啓其德爲坤黃中通理坤爲土故曰瓦兆地龜

仰敦首向南仰之象也然則瓦兆者地龜也三曰原兆者易有原筮禮有原兆一也揲蓍必原筮而後吉卜龜必原兆而後從朕志先定鬼神其依帝之原兆也我有大事休朕卜并吉王之原兆也阪泉之兆晉文吕霸大横之兆漢文吕興此之謂原兆言鬼謀必先人謀也故原兆者吕人而參天地焉少牢之敦卽禮器之簋皆象龜南首孔疏云簋與龜聲相近也祭器有宗彝有瓦簋先王吕宗彝之象繪爲章吕瓦簋之象開爲兆或曰兆者寳龜之名衞有昭兆龜策傳三瓦而陳吕應之天陳謂陳龜瓦謂瓦兆其兆有三與天相應古之灋也舊注失之又云卜之不中吕土卯指之者三蓋吕土爲卯三度祓除則三瓦之爲兆也審矣司常龜蛇爲旐釋名云龜知氣兆之吉凶也周天統玉兆

周殷地統瓦兆殷夏人統原兆夏先周次殷次夏由今王而上及前王故觀樂者先觀周樂占兆者先占周兆三才兼三兆全龜經有壽房兆棲鶴兆房者下房象后宮也鶴者介鳥象高人也一說壽房象坤卜兆得壽房筮得坤之比卽古之瓦兆而王莽起明堂卜波水北金水南惟玉食謂龜爲玉兆之文而墨食也豈其然乎易林萃之繇曰陰弗能完瓦碎不全蓋兌爲毀折故瓦兆不成也萃爲兌之二世卦

卜師四兆一曰方二曰功三曰義四曰弓方者其德也弓者其體也其德方其體正則義由之立功由之成未有德不方體不正而能立義成功者也故四兆㠯方兆始㠯弓兆終焉蓍之德圓言其用也卦之德方言其體也用陽而體陰龜陰

也其德方故其兆亦方灼龜㠯荆謂之楚焞所㠯必用荆者凡木心皆圜而荆心獨方故用㠯爲灼龜之契此方兆之所由名也卜人定龜史定墨君定體定在占先體在兆先先定而後占體正則兆正而體之正者莫如弓析幹不迤析角無邪寒而奠體唐太宗嘗㠯良弓示弓工工曰非良弓也問其故曰角幹不正脉理皆邪弓雖剛勁而遣箭不直非良弓也太宗㠯爲然此弓兆之所由名也不曰正而曰弓者取其形曲而體正也凡問卜筮曰義歟志歟義則可問志則否王何卜攻讐臧會卜僭皆非義也而皆獲吉者問正爲貞問者不正鬼神亦不能見其情焉兆如山陵征者喪雄禦寇之利兆遇沈陽伐齊則可不利子商此戰功也邾文公卜遷梁元帝

亦卜遷此國功也民功也一不利一不吉當時㠯爲不吉者此兆爲鬼賊所留卒之元帝喪邦而文公保國苟利於民其功大矣如㠯爲不利於君而不遷安知文公不爲元帝乎其國不保焉能保身然則功兆義兆相因也義則有功不義則無功文公不利而遷所謂義兆也而有利民之功元帝㠯爲不吉而不遷失其義矣喪其功也宜哉吾故曰其德方其體正則義立而功成

龜人掌六龜龜俯者靈故天龜靈謂行頭低甲亦前低仰者謝故地龜繹繹猶謝也謂行頭仰甲亦前仰前弇果故東龜果謂甲前長後弇獵故南龜獵謂甲後長尒疋曰諸果諸獵龜人曰果屬獵屬諸猶屬也言其類衆多也左倪類故西龜

靁類猶靁也謂左食者行頭左庳甲亦左長右倪若故北龜若倪猶庳也謂右食者行頭右庳甲亦右長郭景純曰甲形皆爾㠯卜則審其說得之然則靈而俯者象天氣下降繹而仰者象地氣上騰前後弇而長者東南象陽爲經左右庳而長者西北象陰爲緯卜師所謂辨龜之上下左右陰陽者㠯此賈公彥㠯睨爲睥睨失之龜人所辨者甲之體耳安問龜之左右顧哉墨子曰昔者夏后開鑄鼎於昆吾而卜於白若之龜其兆之由曰逢逢白雲東西南北九鼎既成遷於三國所謂白若者卽右倪若也北龜墨而白若屬非一色千歲者青純豈盡東龜也其方之色惟龜人能辨之其書亾學者莫能言矣辨其體者龜無定體恒隨四時春在後左夏在前左

秋在前右冬在後右龜人各㠯其時辨之太史及占人亦㠯其時眡而作之而占之故曰動乎四體象膽亦然隨四時在四足皆神物也龜無定體亦無定色故靈龜其五色者㠯此說苑曰靈龜五色似玉似金背陰向陽上隆象天下平法地槃衍象山四趾轉運象四時文著象二十八宿蛇頭龍翅左精象日右精象月管子曰龜龍伏闇能存能亡龜生於水發之於火於是爲萬物先爲禍福正正之言貞也故國大遷大師則貞龜貞猶問也問者先正志故曰令日良日行一良貞龜人各㠯其物入於龜室室在廟中王者發軍行將必釁龜廟堂之上㠯決吉凶漢高廟中有龜室古在禰廟郊特牲作龜於禰宮上春釁龜日用甲乙龜策傳曰擇日齋戒甲乙最良乃刑白雉及與驪羊㠯血灌龜於壇中央

大祝八命占人八頌皆兆也兆有體有色有墨有坼兆象曰體兆氣曰色兆廣曰墨兆釁曰坼占人之四占卽洪範之卜五宋世家載古文尙書曰雨曰濟曰涕曰霧曰克是爲卜五孔安國今文尙書濟作霽涕作驛霧作蒙齊詩魯道有蕩齊子豈弟尒疋釋言曰愷悌發也舍人李巡孫炎皆曰闓明發行鄭箋亦曰豈弟猶發夕也又引古文尙書㠯弟爲圛而訓圛爲明蓋本尒疋而爲之說孔穎達誤㠯鄭注尙書爲古文且云古文尙書無㠯弟爲圛之字是不考宋世家故爾古文假借悌一作涕索隱偶忘鄭箋專據孔傳乃云驛者駱驛連續涕者涕泣相連令人嗢噱而孔疏謂古文作悌今文作圛賈逵㠯今文校之定爲圛然則孔安國尙書乃今文非古文

也康成之說非徒本尒疋又見相如封禪書其書曰闇昧昭晣反之世昆蟲闓懌闓懌猶愷悌愷悌猶開明蟄蟲㠯發出爲曉故康成㠯昆蟲爲明蟲陸佃不知其說乃引說文㠯駮之誤矣尒疋釋詁愷懌樂也言開發則樂服虔曰哀生於晦樂生於明此其義也龜兆有明有昧霧闇圛昭謂之占坼動乎四體見乎墨色八命曰象乃占人之體卜五曰克乃八命之征八命曰瘳乃卜五之濟古濟霽同釋天云濟謂之霽鄜載馳傳曰濟止也病瘳雨止其理本通占人占之㠯眂吉凶一說圛雲也逸書曰圛圛升雲半有半無雨雲霧皆兆之氣象也說文圛讀若驛故遂誤爲驛得其聲失其義矣發動爲明故圛兼明義即古悌字則悌有圛聲故愷悌通爲闓懌可補

說文之闕班固謂司馬遷從安國問故遷書載堯典禹貢洪範微子金縢諸篇多古文說信矣今安國尚書往往與遷書所載不同學者疑焉鄭注洪範曰雨曰濟曰圛曰蟊曰剋蓋今文也蟊與霧古音同或讀爲蒙故一作蒙尒疋覭髳猶冥霧也天氣下地不應曰雺地氣發天不應曰霧霧謂之晦故曰覭髳髳雺蟊音義同釋文霧音亡弄反故一讀爲蒙尒疋疏引洪範曰雺鄭注云雺聲近蒙釋文雺或作霧音亡公亡侯二反是霧有蟊蒙二音故今文尚書一作蟊一作蒙

筮人九筮一曰筮更更者造事之端其象爲蠱更者行事之權其象爲巽蠱彖先甲後甲巽五先庚後庚甲木爲仁庚金爲義門內之治恩揜義故蠱象父子門外之治義斷恩故巽利武人太元所謂庚斷甲者已此更之言庚也甲爲始庚爲續先甲後甲者開其始先庚後庚者續其終此筮更之義歟

二曰筮咸咸感也蓋嫁娶之占咸男下女漸女待男則吉姤柔遇剛則凶蒙九二納婦泰六五歸妹屯六二女貞而常小畜上九婦貞而厲蒙三見金夫睽四遇元夫豐初遇配主畜三夫不正漸三婦不育恒五婦吉夫凶家人女正男正皆同氣相感而吉凶生焉咸之義也歸妹互象坎離坎月離日陰陽之義配日月故其卦爲嫁娶之吉占是爲筮咸三曰筮式式之言法也八卦建五氣立五常法象天地順於陰陽古者占卜皆用式太史抱天時注云抱式以處吉凶此占用式也宋蔡興宗爲郢州參軍彭城顏敬以式卜曰亥年當作公此卜用式也筮亦如之是爲筮式四曰筮目目之言數也天數五地數五五位相得而各有合甲乾乙坤相得合木天地定

位也丙艮丁兌相得合火山澤通氣也戊坎巳離相得合土水火相逮也庚震辛巽相得合金雷風相薄也天壬地癸相得合水陰陽相薄而戰乎乾此合之之數天一地二水甲火乙天三地四木丙金丁天五地六土戊水巳天七地八火庚木辛天九地十金壬土癸此分之之數一分一合體立用行二篇之策大衍之數皆出於此是爲筮目五曰筮易運機布度其氣轉易則天而行與時消息若不變易不能通氣五行迭終四時更廢孔子曰易有四易一世二世爲地易三世四世爲人易五世六世爲天易游魂歸魂爲鬼易八卦鬼爲繫爻財爲制爻天地爲義爻父母福德爲寶爻子孫同氣爲專爻兄弟水配金位爲福德木入金鄉居寶貝土臨內象爲父母火來

四上嫌相敵金入金鄉木漸微六親九族五星四氣福德形
殺王相休廢君子吉小人否是爲筮易六曰筮比比輔也下
順從也一陽居尊羣陰從之其卦辭曰原筮元永貞无咎故
卜有原兆筮有原筮謀之鬼又謀之人故卜筮皆目比名先
王廵守必先卜征卜必兼筮歲習其祥祥習則行不習則增
修德而改卜焉改卜則亦改筮是爲筮比七曰筮祠隨王享
西山升王享岐山豫王薦上帝觀有盥賓困有赤紱鼎有雉
膏坎有樽簋皆祠也渙有立廟晉二受福損初祀事益二用
享萃二用禴震主匕鬯巽用史巫既濟殺牛不如禴祭禴之
言薄也春祭曰祠祠者詞也品物少文詞多也是爲筮祠八
曰筮參參猶三也三代異法三法並筮法立一人故筮有三

人筮則參而占則旅也無中曰兩有中曰參兩則爭參則和故三占從二是為筮參九曰筮環環之言還也蓋筮征人之歸期詩曰卜筮偕止會言近止征夫邇止此筮環之辭霍光素與李陵善遣陵故人任立政等至匈奴招陵單于置酒陵亦侍坐立政等未得私語乃目視陵而數數自循其刀環言可還歸漢此環之義也一說環者八卦歸魂也更為變環為還乾變於巽還於離坤變於震還於坎故九筮㠯更始㠯環終庚從貝為賡古文續字

占夢掌其歲時觀天地之會辨陰陽之氣㠯日月星辰占六夢之吉凶康成謂天地之會者建厭所處之日辰今八會其遺象也賈公彥謂陽建左還陰建右還陰建謂之厭厭在辰

前一次假令陽建寅辰在亥陰建辰前一次在戌然則建者斗建也建有陰陽者天文訓所謂北斗之辰有雌雄者是也雄左行雌右行始建於子月從一辰五月合午謀刑十一月合子謀德五月斗建午日在未厭日前一次故合於午十一月斗建子日在丑厭日前一次故合於子太陰所居辰爲厭日厭日不可㠯舉百事數從甲子始十日十二辰周六十日子母相求凡八合康成所謂八會其遺象者卽此合於歲前則死亡合於歲後則無殃堪輿大會八小會亦八越絕書曰太歲八會壬子數九此大會歟十日爲母十二辰爲子是爲子母相求五月合而一陰伏故謀刑十一月合而一陽萌故謀德陽爲德陰爲刑陰陽刑德有七舍七舍者室堂庭門巷術野冬至陰氣極德在室夏至陽氣極德在

野三十日而徙德在室則刑在野德在堂則刑在術德在庭則刑在巷陰陽合德則刑德會門八月二月陰陽氣均日夜平分故二月會而萬物生八月會而萬寶成此占夢所謂觀天地之會辨陰陽之氣歟日明於晝晝動爲陽月與星辰明於夜夜靜爲陰動有爲靜有夢夢必有所遇故太元遇之初取象於夢曰幽遇神言不㠯刑遇而㠯神遇陽神日魂陰神月魄故其象見於日月星辰占夢之官㠯經運之别九十占六夢之吉凶經運者在人爲精神心術之運在天爲日月星辰之氣也後世失官而其書亡矣其詳未有聞焉列子曰覺有八徵夢有六候八徵者曰故曰爲曰得曰喪曰哀曰樂曰生曰死此八者形所接六候者曰正夢曰蘁夢曰思夢曰寤

夢曰喜夢曰懼夢此六者神所交形接爲事神交爲夢一體之盈虛消息皆通於天地應於物類能識感變之所起與其所由然則無所怛是㠯占夢者推明十運九變之術與夫八徵六候之端雖譎怪無窮而其理昭然不惑故其時之民皆得甘瞑於太宵之宅而其神不驚舍萌四方獻吉贈惡亦猶方相氏時儺毆疫之意云爾吾聞醜夢不勝正行妖祥不勝善政詩曰名彼故老訊之占夢言不尙道德而信徵祥也左氏之說吾無取焉漢儀大儺侲子辭有伯奇食夢伯奇者神名食夢者食於夢猶食於火食於土也蓋古舍萌之禮歟舍萌者釋菜於神贈之在堂送之四方男巫之職也招蒐帝告巫陽巫陽對曰掌夢蓋㠯此噩夢列子作蘁夢莊子曰使人乃㠯心服而不敢蘁立定天下

之定釋文蘁音悟又五各反逆也逆猶迎說文關東曰逆關西曰迎兩相遇也相遇而驚謂之遻則蘁讀爲遻矣杜子春讀爲驚愕之愕釋其義非改其文法言周書噩噩義非驚也古文假借音同者通脉要精微論曰陰盛則夢涉大水恐懼陽盛則夢大火燔灼陰陽俱盛則夢相殺毀傷上盛則夢飛下盛則夢墮甚飽則夢予甚飢則夢取云云亦見列子此古占夢書

逸周書言太姒得吉夢以告文王文王不敢占名太子發命祝以幣告於宗廟羣神然後占之于明堂遂作程寤言文王在程而得吉夢蓋六夢之寤夢也然則堂贈者贈之於明堂歟精誠發於宵寐昒昕寤而仰思是爲寤夢楚辭九章言天不純命百姓震愆離散相失仲春東遷說者謂仲春二月刑德合會嫁娶之時遷徙東行室家離散則在上者失其道也占夢觀天地之會媒氏以仲春令會男女則淮南刑德會門之說信矣藝文志有黃帝長柳占夢十一卷甘德長柳

占夢二十卷其占出於天文本於歷象易曰占事知來象占非一而夢爲大故占夢之官曰大人言惟大人可㠯占之小人妄言禍福雖言而偶中奚足信哉朱穆曰丁亥之歲刑德合於乾位注云太歲在丁壬歲德在北宮太歲在亥卯未歲刑亦在北宮故曰合於乾位堪輿天老所謂四月癸亥十月丁巳爲陰陽交會者也

眂祲十運一曰祲二曰象三曰鑴四曰監五曰闇六曰瞢七曰彌八曰叙九曰隮十曰想鄭司農云鑴謂日旁氣四面反鄉如煇狀然則鑴者鐈也說文王部瓊璚瓗通故鐈或從矞或從巂長言爲夐短言爲矞形聲皆同鐈省作矞一曰錐有所穿一曰滿有所出象日旁雲氣揚雄太元所謂紫蜺矞雲朋圍日也雲氣刺日形如鈌環謂之鐈與鑴通讀爲觹輈之觹觹一作鐈亦見說文康成讀爲佩觿之觿失之淮南子曰

君臣乖心則背譎見於天注云日旁五色氣在兩邊外出爲背外向爲譎則矞非瑞也說者㠯爲內黃外赤謂之矞雲瑞應氤氳之氣誤矣矞或作穴音相近也漢延平元年六月丁未日暈中外有僪背兩耳譎鐍僪矞實一字後魏皇始二年十月壬辰日暈有佩璚佩卽背璚卽僪則佩璚爲鐍信矣康成曰監冠珥也凡氣在日上爲冠爲戴在旁直對爲珥雜占書曰日冠者如半暈也法當在日上有冠又有兩珥尤吉荆州占曰月珥且戴不出百日主有大喜然則冠珥爲吉祥兼占月矣隮虹也隮之言齊與日齊升也升氣爲虹虹之言攻其攻也不在日側而當日衝詩曰蝃蝀在東言日在西而見於東啜飲東方之水氣也朝隮於西見於西方曰隮日東出而虹西見也春

秋元命包曰陰陽之氣聚爲雲氣立爲虹蜺離爲倍僪一作鐍分爲抱珥一名監刺日曰僪其象鐍向日曰抱其象監星占曰虹蜺主內淫土精塡星之變司農謂彌者白虹彌天康成謂貫日也郎顗云凡日傍色氣白而純者名爲虹貫日中者侵太陽也邪氣乘陽則虹蜺在日而蘇伯況云天有白虹自子至午廣可十丈長可萬丈正臨倚彌倚彌卽黎丘秦豐之都也是時秦豐都黎丘正値其都豐當其咎此所謂彌天也然則貫日與彌天異矣犯日者謂之貫竟天者謂之彌永建六年正月丁卯日暈兩珥白虹貫珥中永和六年正月巳卯日暈兩耳中赤外青白虹貫暈中此所謂貫日也兩說相兼乃備淮南子曰欃槍衡杓之氣莫不彌靡而不能爲害如其說則十

暈之彌蓋彗孛之屬歟司農㠯闇爲日月食非也京房占曰國有佞讒朝有殘臣則日不光闇冥不明孟康曰日月無光曰薄京房傳曰日月雖非同宿陰道盛猶上薄日光元帝永初元年四月日色青白無影正中時有影無光是夏寒至九月日乃有光靈帝時日出東方赤如血無光高二丈餘乃有景是爲瞢中平四年三月丙申黑氣大如瓜在日中五年正月日色赤黃中有黑氣如飛鵲是爲闇易曰豐其沛日中見昧此之謂也說者㠯爲昧者日月之災且云折其右肱无咎言遇此災當退去右肱之臣乃免咎後漢用其說遂㠯水旱日食策罷三公失之矣通俗文曰鈌環曰鐍鐍環之有舌者與觼通說文日旁之氣爲十運其色爲五雲保章觀色眡祲觀氣是爲祲象象之言

想也楊賜曰善不妄來災不空發王者心有所惟意有所想雖未形顏色而五星㠯之推移陰陽爲其變度故十運㠯祲始㠯想終其經十其别九十盛哉日乎丙明離章五色淳光夜則測陰晝則測陽晝夜之測或否或臧積善至於明五福㠯類升積不善至於幽六極㠯類降蓋天人之際精祲相盪善惡相推升降之氣各㠯類應眂祲於是叙其降而告之王救其失安其宅故曰安宅叙降寶典四位一曰定定得安宅定乃靜靜乃正厥惟敬哉敬所㠯宅天命也成開五示四曰安宅示咎言安宅自妻子始蓋由妻子㠯及兄弟由兄弟㠯及家邦云爾康成讀運爲煇淮南子晝隨灰而月運闕高誘讀運爲圍方言曰運爲蹶月運爲逡說文運逡徙也然則運

爲行而非氣故運讀爲煇煇讀爲圍煇一作煒春日青煒夏日赤煒秋日白煒冬日元煒從火韋聲高誘讀爲圍㠯此葢自漢始運一作暈呂氏春秋曰日有暈珥高誘注曰暈讀爲君氣圍繞日周匝有似軍營相圍守故日暈釋名曰暈捲也氣在外捲結之也日月俱然尒疋弇日爲蔽雲注云卽暈氣五彩覆日也愚謂暉讀爲員音云古員運音同故周官暉作運墨子非命篇運鈞一作員鈞京相璠曰琅琊姑幕南員亭故魯鄆邑鄆公羊作運是古員運音同矣詩曰夜如何其夜鄉晨庭燎有煇是煇讀爲云也或音熏失之春秋說題辭曰雲之言運也含陽而起㠯精運也煇爲雲氣明煇卽雲釋名曰雲猶云云衆盛意也又言運也運行也呂覽圜道篇曰雲氣西行云云然故其文運其音云覽冥訓曰光暉熏萬物釋名讀爲捲渠云切薛綜讀爲渾見西京賦史記

功臣表渾渠鄉名渾作煇漢表亦然莊子雜篇曰不暉於數度暉一作渾薛讀本此春秋魯地下讙俗名夏暉是暉聲近讙故釋名讀爲捲

大祝衍祭男巫望衍康成皆讀衍爲延得之而云聲之誤也似失之延衍羨三字音同古文通漢書西域贊有漫衍之戲卽西京賦所謂巨獸百尋是爲曼延此衍與延通也東京賦乃羨公卿登自東除注云羨延也謂延之上殿是羨與延通也玉人璧羨注云羨猶延東京賦本此古文假借音同者通何誤之有秦始皇本紀葬㠯下閉中羨下外羨門羨皆讀爲延匈奴呼衍王貴種也其後遂爲呼延氏㠯其號爲其姓衍亦轉爲延

大祝辨九㩉㠯享右祭祀康成謂右爲侑引特牲祝侑主人拜然則右與祐通義與侑同易大有上九自天祐之子曰祐

者助也虞翻云大有兌爲口口助稱祐口助者祝之職也禮器周立尸詔侑無方所謂詔侑者非口助而何則祐與侑其義同矣古文儀禮侑皆作宥古有宥坐之器亦謂置器於坐㠯詔侑人也詩云旣右烈考亦右文母箋謂右助於光明之考與文德之母此祝傳嘏辭故曰綏予孝子又曰綏我眉壽介㠯繁祉蓋當綏祭而祝嘏主人之辭則仲翔口助之說信矣尒疋右導也助也亮也介也尙也注云介紹勸尙皆相佑助或訓右爲尊則我未之前聞家語宥坐說苑作右坐則宥與右通文子曰三皇五帝有勸戒之器名侑卮侑與宥古今文易天命不祐祐一作佑又作右馬注云天不右行則祐佑右皆通繫辭可與祐神荀本祐作侑古祐與侑通謚信祭之有侑猶賓之有擯孝經說曰㠯身擯侑有司徹右几注云古文右作侑祭統敵右獻公注云右助也說文右助也手口相助也徐鍇曰言不足復㠯手助之

仲翔之說本此。

古者巫彭初作醫故有祝由之術移精變氣已治病春官大祝小祝男巫女巫皆傳其術焉大祝言甸讀禱代受眚裁小祝將事候禳求遠辠疾男巫祀衍旁招弭寧疾病女巫歲時釁浴祓除不祥故曰病者寢席醫之用針石巫之用糈藉所救鈞也豈非已巫祝能治病歟祝祈福祥則曰求永貞貞正也巫有大裁則曰造巫恒恒常也言正而有常精爽不貳敬恭明神然後神降之嘉生祈福則福來卻病則病去故孔子思見有恒者無恒之病巫醫弗爲信矣黃帝問於岐伯曰古之治病可祝由而已今世治病毒藥治內鍼石治外或愈或否何也岐伯曰往古人居禽獸之閒動作避寒陰居避暑內

無眷慕之累外無伸屈之形此恬憺之世邪不能深入也故可移精祝由而已今之世不然憂患緣其內苦形傷其外虛邪賊風入空竅肌膚達五藏骨髓小病必甚大病必死故祝由不能已也祝由卽祝禰說者吕爲南方神失之古聖人傳精神服天氣有疾勿藥自已亦無待於祝由後世德薄史巫紛若齊景公欲誅祝史者蓋吕此岐伯曰拘於鬼神者不可與言至德然則惟修德可吕禳之豈祝由之所能已乎管子曰上恃龜筮好用巫醫則鬼神驟祟是故事神之道惟貞與恒大戴禮曰貽天之福迎之吕祥作地之福制之吕昌與民之德守之吕長此之謂也王會篇爲諸侯之有疾病者阼階之南祝淮氏榮氏次之皆西南彌宗旁之諸侯有疾病者之

醫藥所居注云淮榮二祝之氏世居是官實掌醫藥葢古之祝由歟史記篇昔者元都賢鬼道廢人事天謀臣不用龜策是從神巫用國哲士在外元都㠯亡然則神巫亦足㠯亡國歟此巫祝之所㠯利於貞恒也易曰貞疾恒不死後世舍貞恒而別求不死之藥妄矣

九攣五日吉攣六日凶攣皆喪拜也喪有吉凶攣亦如之有兩說一小功㠯下爲吉大功㠯上爲凶其拜也㠯吉凶分左右吉尚左凶尚右逸奔喪禮曰凡拜吉喪皆尚左手注云尚左手吉攣也吉喪故吉攣孔子有姊之喪拱而尚右則大功㠯上皆凶攣矣奔喪禮云聞遠兄弟之喪既除喪而後聞喪免袒成踊拜賓則尚左手注云小功緦麻不稅者雖不服猶

免袒則小功㠯下皆吉㩧也一齊衰不杖㠯下爲吉杖齊衰㠯上爲凶其拜也皆稽顙㠯吉凶分先後吉先拜凶後拜雜記曰三年之喪㠯其喪拜非三年之喪㠯吉拜注云稽顙而後拜曰喪拜拜而後稽顙曰吉拜拜爲賓顙爲已先拜者先賓後已後拜者先已後賓孔子曰拜而後稽顙頹乎其順也稽顙而後拜頎乎其至也順者先拜賓順乎事至者先觸地哀之至禮惟主喪者拜賓秦穆公弔公子重耳重耳不主喪故稽顙而不拜示不爲後也言爲後乃主喪耳晉語反之云再拜不稽顙誤矣杖齊衰父在爲母夫爲妻雜記爲妻父母在不杖不稽顙母在不稽顙稽顙者其贈也拜謂母在爲妻稽顙者他人㠯物來贈已也輕已哀情而重人贈物可謂

禮乎愚謂贈者君之賵也士喪禮公使宰夫贈元纁束主人去杖不哭由左聽命賓由右致命主人哭拜稽顙此將葬而柩至邦門贈拜之禮如是夫主妻喪敬君之贈故雖母在得稽顙舅主適婦之喪喪無二主則父在贈拜不稽顙矣天子諸侯絕期而后夫人之喪亦曰三年者蓋父在爲母期父必達子之志三年然後娶故杖齊衰之喪亦謂之三年也賵賻唅襚總謂之贈士喪禮既祖還車公賵元纁束馬兩賵有馬贈無馬賵則奠幣於車箱贈則實幣於棺蓋主人皆拜稽顙其禮不同同名爲贈則君贈皆稽顙矣

大祝九㨃一曰䭫首二曰頓首三曰空首說文䭫與頓皆云下首而不言至地荀子大略篇平衡曰拜下衡曰稽首至地

曰稽顙葢平衡謂頭與腰平下衡謂頭下於腰說文所謂下首則䭫首頓首皆頭至手而不至地也稽顙觸地無容然後頭直至地耳公羊傳齊侯唁昭公公再拜顙及致糗於從者公再拜稽首何休曰顙者猶今叩頭矣齊桓使使者式璧而聘稱貸之家皆齊首而稽顙葢叩頭也則稽首非叩頭明矣凡拜皆㠯手爲容也賈誼容經曰跪㠯微磬之容揄右而下進左而起手有抑揚各尊其紀拜㠯磬折之容吉事上左凶事上右隨前㠯舉項衡㠯下寧速無遲背項之狀如屋之霤所謂項衡㠯下者葢稽首也商書拜首稽首孔傳云拜手首至手然則手先據地首乃至手是手與首俱至地其實手在地首在手故拜手與稽首連言是一事非兩事孔傳合爲一

得之矣孔疏分爲兩云初拜頭至手乃復申頭以至地至手爲拜手至地爲稽首豈其然乎康成謂空首者頭至手是爲拜手孔賈疏皆謂臣於君則稽首平敵則頓首君於臣則空首臆說也穆天子傳天子賜七萃之士高奔戎佩玉一隻奔戎再拜𩒨首賜許男駿馬十六許男降再拜空首然則空首猶𩒨首降拜謂之空未升成拜也豈君於臣之禮哉左傳秦哀公賦無衣申包胥九頓首而坐則頓首亦非獨行之平敵也三者將毋同玉藻君賜稽首據掌致諸地此言稽首之禮甚明據掌謂兩手據地非拜首而何故拜手與稽首連言者以此注云據掌以左手覆按右手疏謂卻右手而覆左手於其上此何禮也愚所未達通禮義纂曰自後魏以來臣受君恩皆手舞足蹈以鳴喜歡蓋本古者拜首稽首之禮愚謂拜有容惟凶拜無容振動者

舞蹈之容也振動或作振董鄭大夫謂振董者兩手相擊兩手相擊曰抃呂氏春秋曰古者帝嚳乃令人抃或鼓鞞擊鐘吹篪展管因令鳳鳥天翟舞之帝嚳大喜乃以康帝德是爲抃舞後世舞蹈實出於此今倭人拜猶然古之禮也

鄭司農曰肅拜但俯下手今時撎是也釋文云撎即今之揖容經曰端服整足曰經立微磬曰共立磬折曰肅立垂佩曰卑立平衡曰經坐微俯曰共坐俯首曰肅坐廢首低肘曰卑坐觀肅立肅坐則肅拜可知肅者磬折之象下於拱上於卑但俯首不廢首左傳曰敢肅使者公羊傳曰揖師而行揖猶肅也何休曰揖於師中介胄不拜爲其拜如蹲曲禮爲其拜而蓌古而如通蓌猶杜預曰肅手至地誤矣士昏禮婦拜扱地扱地者手蹲也

地也婦人扱地猶男子稽首禮之重者尋常肅拜焉得手至地乎鄉飲酒賓厭介介厭衆賓注云推手曰揖引手曰厭今文皆作揖葢舉手向外爲拱引手向身爲厭古之揖也則肅不至地益明少儀婦人有肅拜手拜注云肅拜拜低頭手拜手至地疏云手拜之法手先至地頭來至手猶男子之稽首矣然則扱地者古之手拜也褒讀爲報樂記禮有報而樂有反注云報讀爲褒褒拜者答拜也天子賜諸侯衣曰褒衣天子答諸侯拜曰褒拜

禮說卷九

春官四　　　　東吳　半農　惠士奇

小祝及葬設道齋之奠杜子春曰道中祭也漢儀每街路輒祭賈公彥云禮道中無祭法非也荀子曰郊止乎天子社至於諸侯道及士大夫道行神士大夫亦得祭焉說文道上祭謂之禓一曰道神禓或作場國語壇場之所孔注云場祭道神是古道中有祭矣天漢二年止禁巫祠道中者文穎曰漢家於道中祠排禍咎移之於行人百姓師古曰非也祕祝移過文帝久已除之愚謂小祝有道齋之奠則其禮非起於漢也喪事甸師代王受眚災小祝設奠大祝讀禱豈非排禍於

人移過於下乎乃知古者相沿之禮俗雖先王亦不能盡除文帝除之武帝禁之其識卓矣康成㠯道祭爲遣奠豈其然乎哀帝時董賢母病長安厨給祠具道中過者皆飲食如淳日禱於道中故行人皆得飲食然則武帝雖禁之而其後仍不絶也一說諸侯適天子道而出注云祖道禮有出祖天子之出也亦如之其葬也亦如之喪禮蹤行行神之位在廟門外西方行者七祀之一祭行兼及霤門戸竈故曰分禱五祀王七祀而五者康成謂司命大厲平生出入不以告說者云祈請道神謂之祖有事於道者君子行役則列之於中路喪者將遷則設之於階庭見後魏志

甸祝禂牲禂馬爲牲祭求充爲馬祭求健康成讀禂爲侏音朱

大也莫知其說賈公彥謂俗讀則然而漢時人傍侏爲侏大義取肥意學者惑焉案揚雄國三老箴曰負乘覆餗姦宼侏張侏張猶張大也（左傳張我三軍史記陳涉自立爲王號爲張楚張而大之故曰侏張）文選李善注云侏張卽輈張輈與侏古字通得之而㠯侏張爲驚懼之貌失之周書譸張爲幻猶詩所謂哆侈成箕哆大貌侈者因物而益大之名禮有侈袂半而益一侏者侈也故訓爲大侜侏譸輈皆通無爲有虛爲盈約爲泰謂之譸張譸張者其情難知故爲幻哆侈者其形不測故成箕其情其形皆張而大之之義初無有驚懼之說在其間也則又何說而訓爲驚懼哉晉書符堅報慕容垂曰侏張幽顯布毒存亡宋書荅吳表曰玁狁侏張侵暴中國魏書趙修傳曰擅威弄勢侏張不

已島夷傳曰桓元佅張則佅張非驚懼也太元曰修佅佅比于朱儒佅佅長大貌言雖長大與朱儒等又曰陽去其陰陰去其陽物咸倜倡倜與佅同從周從朱等耳周與朱古音同倜倡言大而盛也則佅訓爲大明矣

祭祀則司巫共匰主及道布杜子春云道布新布三尺或曰布者已爲席康成謂道布者爲神所設巾中霤禮曰以功布爲道布屬于几案封禪書有諸布索隱引尒疋祭星曰布非也大祝六號一曰神號二曰鬼號三曰示號布者鬼號也秦漢之布即周官之酺淮南子曰禹勞天下而死爲社后稷作稼穡而死爲稷羿除天下之害而死爲宗布此鬼神之所已立立者爲之立號或立爲社或立爲稷或立爲布布猶酺也

步也族師祭酺校人祭步所謂布也巫掌其禮酺步布音相近而通然則道布卽宗布歟祭必有主故因匰主而連及之蝝螟之酺人鬼之步皆除天下之害者也蓋起於周而秦漢因焉冪人布巾疏畫皆黼莊子所謂盛以篋衍巾以文繡篋衍笥也卽盛主之匰覆之以巾亦曰道布冪人共之非司巫之職也士喪禮商祝執功布注云執之以接神爲有所拂仿拂仿者去凶邪之氣說林訓曹氏之裂布注云楚人名命爲曹俗祭司命以始織布繫著其旁謂之曹布風俗通云俗取新斷織夏至以繫戶亦此類蓋布者鬼號故或執之以接神或繫之以迎神功布道布宗布曹布名異而實同也

祭祀蒩館司巫共之康成引士虞禮苴實于篚刌之而饌於

坫上洗之而設於几東說者㠯爲籍祭之物而祭之用蒩非徒籍祭而已志六穀之名謂之幟卽肆師之表齍盛也護羣神之位謂之旌卽左傳之羣屏攝也皆㠯蒩爲之一共之鄉師一共之甸師而師巫共館所謂包匭菁茅故館一作包然則茅之爲物薄而其用也重矣春秋楚子入鄭鄭伯肉袒左執茅旌右執鸞刀皆宗廟之器蓋㠯宗廟將不血食歸首於楚㠯爲不如是不足㠯感動仁人孝子之心也何休曰茅旌宗廟所用迎道神指護祭者斷曰籍不斷曰旌用茅者取其心理順一自本而暢於末所㠯通精誠副至意其說近是鄭衆亦云屏攝攝束茅㠯爲屏蔽獨韋昭㠯屏爲屏風攝爲要扇說本康成翣㠯木衣布其形如褠漢之扇也葬則置於牆

遂謂宗廟亦然或未聞于古一說蒩館蓋糈籍也糈與蒩同籍之㠯館是爲蒩館淮南子曰巫用糈籍中山經曰糈用五種之精離騷注糈精米是也云㠯享神似非古者卜或用茅或用糈故靈氛占㠯茅巫咸要㠯糈詩曰握粟出卜管子曰守龜不兆握粟而筮者屢中然則精米古用㠯卜矣莊子所謂鼓筴播精也播精一作播糈音所見文選注鼓筴揲蓍播糈卜卦鼓之播之皆卜之之法其法用六六觚爲一握故曰握粟日者列傳云卜有不審不見奪糈此卜㠯糈之明文合觀衆說非徒享神也祭祀必卜故巫共之算經曰粟從六甲出故六粟爲一圭卜用六者㠯此楚辭啓匱探筴注云發匣引籌今之匣古之館也一說糈與䝪通說文齎財卜問爲䝪古㠯米爲財故其文或從貝或從米皆㠯疋得聲讀若所握粟猶齎

財也

凡祭祀司巫守瘞注謂祭地祇埋牲玉守之者祭未畢畢則去之鄭志張逸問五嶽血祭山川埋沉不審五嶽當埋否答曰五嶽始於血何嫌不埋則血祭皆埋矣尒疋祭山曰庪縣不言埋張逸亦引吕問答曰尒疋之文雜不可據吕難周官也校人玉人注皆云祈沈吕馬孔穎達引之作庪沈釋文亦讀祈為庪九委反集韻作枝云祭山名蓋祈誤為枝耳邢昺云瘞謂埋藏即大宗伯貍沈之禮孔穎達謂庪非埋郭景純亦云或庪或縣迄無定論康成所謂雜者吕此詩鳧鷖箋云潀水外之高有瘞埋之象疏因謂祭川既沈而復埋之誤矣昭公二十四年冬十月癸酉王子朝用成周之寶珪於河甲戌

津人得之河上沉而自出言神不歆其祭也安得有沉而復埋之說乎瘞者禮云瘞繒李巡謂埋玉則玉帛及牲皆瘞可知孫炎曰既祭埋之康成謂守瘞者祭未畢故孔賈皆謂瘞在祭初不在祭末也南山經瘞用一璋西山經瘞用百瑜北山經瘞用一珪東山經瘞用一璧則瘞卽庪審矣中山經曰縣以吉玉又曰嬰以吉玉則嬰縣皆祭名祭曰縣埋曰庪庪與瘞古文通說文有瘞無庪徐鉉增之贅矣古有瘞玉有祭玉祭玉三璋天子巡守宗祀執以先焉既祭藏之不埋廣韻庪又作庪庋集韻通作祈

凡喪事司巫掌巫降之禮康成謂巫下神之禮今世或死既歛就巫下禓其遺禮蓋人無賢愚皆有魂魄魂魄分去則病盡去則死故分去則術家有錄人之法盡去則典禮有招魂

之義元命苞曰心者火之精上爲張星腎者水之精上爲虛危脾者土之精上爲北斗故軫星逐鬼張星拘魂東井還魂六徵旨大論曰天符爲執法歲位爲行令太一天符爲貴人中執法者其病速而危中行令者其病徐而持中貴人者其病暴而死此之謂禓禓之言殭也殭死能爲神也司巫與神通故掌下神之禮楚人名巫爲靈子言靈降其身也離騷九歌皆歌其事九歌湘君云隱思君兮陫側陫側者喪大記甸人取所徹廟之西北厞薪士虞禮設于西北隅厞用席厞與陫同謂西北隅厞隱之處故曰陫側不知神之所在故改設於此庶幾歆饗所謂隱思君兮陫側也西北隅謂之筊筊者側也說者㠯側爲不安失之甚矣禓讀爲傷俶真訓曰傷死者其鬼嬈音遶注云善行病祟人楚語曰余左執鬼中右執殤宮注云執謂把其錄籍制服其身知其居處若今世云能使殤也使殤猶下殤

所謂巫降之禮蓋如此或曰巫降者巫咸國在女丑北右手操青蛇左手操赤蛇在登葆山羣巫所從上下也其說誕矣漢司直師丹薦邑子丞相史能使巫下神爲國求福則知當時禮俗皆然而杜業㠯爲背經術惑左道蓋借此㠯毀師丹非公論也

司巫共匰主說文匚府良切受物之器從匚單聲宗廟㠯盛主廣雅匴匰笥也蓋廟有石室室中有祏有匰祏爲石函則匰爲木笥矣春秋僖十四年傳典司宗祏昭十八年傳徙祏於周廟哀十六年傳反祏於貳車曰徙曰反可舉而移則祏非石室也蓋祏謂之函㠯其函主故亦謂之主孔疏有兩說㠯爲石室者慮有火災於廟之北壁內爲之㠯藏主有事出之

旣祭納焉而又㠯石室不可舉而移也故變文爲石函蓋依杜注而曲爲之說則所謂北壁內者其說不攻而自破矣說文云祏宗廟主也周禮有郊宗石室一曰大夫㠯石爲主案郊宗石室周禮無文後魏清河王懌議云饋食設主著于逸禮唐人正義據一家之說不旁及異聞康成見少牢饋食不言主遂謂大夫不禘祫故無主孔悝反祏者孔氏所出公之主耳孔頴達謂孔氏姞姓惟南燕孔悝仕衛已久未詳其所出蓋僭爲之各㠯意說如此何休注公羊引士虞記曰桑主不文吉主皆刻而謚之蓋爲禘祫時别昭穆也案士虞記亦無桑主吉主之文皆出於逸禮（宋元豐二年祕閣校禮何洵直言虞禮桑主不文請罷題虞主太常言嘉祐治平虞主亦不題謚）焚書之後學者不見全經先儒人人異

說又如此坊記子云祭祀之有尸也宗廟之有主也大夫士皆有廟特牲少牢皆有尸有廟有尸而獨無主愚所未達尸竈門行祭皆有主出祖釋軷猶㠯菩芻棘柏爲神主焉而士大夫之廟反無主束帛依神結茅爲菆是何禮也宋元豐三年禮文所言古者宗廟爲石室㠯藏主謂之宗祏夫婦一體同几共牢一室之中有左主右主正廟之主各藏四壁遷廟之主藏於太祖廟之北壁其埳去地六尺一寸案漢儀皇后配食於左坐應劭曰坐於左而並食者若禮㠯其妃配右父左母內主西壁麋信注穀梁亦云然衞宏漢舊儀曰已葬收主爲木函藏廟太室西壁坎中去地六尺一寸祭則立主於坎下然則主函漢㠯木不㠯石也唐諸臣廟室各爲石室一

於西墉距地四尺容二主三品㠯上有神主五品㠯上有几筵愚謂盛主之函與藏主之坎同名爲祏本於孔疏無主之廟祔㠯几筵依鄭說耳決疑要注曰毀廟主藏廟外戶之外西牖之中有石函名曰宗祏函中有筒㠯盛主蓋坎中有祏祏中有匰祏石而匰木其說得之矣公羊曰虞主用桑中山經曰桑封者桑主也方下銳上中穿而加金

男巫望祀旁招㠯茅古者禳皆用茅也齊景公爲路寢之臺而鵠鳴其上公惡之臺成而不踊（踊上也登也齊人語公羊踊於棓而闚客）柏常騫齊之巫也請禳而去之且曰築新室置白茅公如其說築室置茅焉柏常騫夜用事明日使人視之鵠當陛布翌伏地而死矣哲蔟氏掌覆夭鳥之巢㠯方書歲月日辰及二十有

八星之號縣其巢上則去之未聞築室置茅且去之而已亦未聞殺之也古有巫醫醫屬天官㠯治疾病巫屬春官㠯事鬼神後世醫存而巫廢其術猶傳於人閒方士竊之㠯役使百鬼栢常鶩蓋得其術者也旣禳鴞而殺之遂欺景公云能益壽而又恐其無徵也是時鉤星在四心之閒地當動柏常鶩占而知之遂㠯得壽地且動爲徵苟非晏子知其術洞其情㠯折之則必爲漢之文成五利矣古巫知天道故曰史巫亦曰神士觀天文而知地動得其術者惟東漢張衡其術不傳而遂絕後之方士學不如張平子術不及柏常鶩敢爲大言㠯欺人主皆庸愚誕妄之尤者歟漢志維星散句星信則地動極後有四星曰句星斗杓後有三星曰維星散者不相從也晉志西河中九星如鉤狀曰鉤星直則地動高誘曰勾星客星也勾星守房心

則地動天官書辰星亦然

女巫掌歲時祓除釁浴夏小正五月蓄蘭爲沐浴也康成謂三月上巳如水上賈疏謂三月三日水上戒浴曾點暮春浴沂以此歷法三月建辰巳卯退除可以除災韓詩溱與洧方洹洹兮薛君注云鄭之俗三月上巳溱洧之上招魂續魄祓除不祥月令季春始乘舟蔡邕章句謂陽氣和暖禊於名川也漢書八月祓灞上劉楨魯都賦素秋二七人胥祓除又以七月十四日矣九歌禮魂會鼓傳芭春蘭秋菊姱女容與者即女巫祓除之禮不獨春三月也素問謂蘭除陳氣菊亦宜然蓋除舊迎新祓除疾病云爾所以必之水上者去宿垢疢爲大絜古者顓頊浴沉淵舜浴從淵澡身而已燕人或易浴

已蘭湯浴之陋也北朝竇泰母娠及期而不產巫曰渡河湔裙產子必易如其言果生泰此古女巫之術歟

廟祧黝堊守祧掌之其廟修除職在有司穀梁子曰禮天子諸侯黝堊大夫倉士黈徐邈曰黝黑柱也堊白壁也尒疋地黝而牆堊青邱之山其陰多護黝屬也東萊用蛤謂之叉灰堊屬也不獨飾牆與地兼已飾楹魯莊丹楹春秋書而非之則廟飾不已丹也朱門洞啓當陽之色鬼神尚幽故宜黝堊或曰修除謂埽糞非也士喪禮記所謂朔月執帚垂末內鬣舉席埽室童子爲之其事近褻故埽除糞洒隸僕之事似非修除修除者除陳而新之詩曰新廟奕奕奚斯所作箋云修舊曰新奚斯作者教護屬功課章程也是爲修除公子奚斯

大夫也爲修除之有司則守祧奄人不得主其事可知矣文
十三年世室屋壞久不修也極稱之志不敬也然則修除大
禮宗伯主之奄人陰類也故爲主黝堊而已或言祧或言廟
猶或言宮或言室壞廟之道易檐改塗塗者黝堊易者修除
也何休曰易其西北角示昭穆相繼代有所改更何休所謂西北角者
即喪大記所謂廟之西北扉薪禮取其廟室笮㠯爲死者炊沐案山海經堊非一色黃白青
黑故范氏注穀梁黝堊皆黑也韓非子曰殷人四壁堊墀
太史正歲年㠯序事康成云中數曰歲朔數曰年朔謂合朔
中謂中氣氣盈朔虛而閏生焉內經曰五日謂之候三候謂
之氣六氣謂之時四時謂之歲五運相襲周而復始時立氣
布如環無端所謂中數曰歲也又曰應天之氣動而不息故

五歲而右遷應地之氣靜而守位故六期而環會天㠯六爲節地㠯五爲制周天氣者六期爲一備終地紀者五歲爲一周五六相合七百二十氣爲一紀凡三十歲千四百四十氣凡六十歲而爲一周不及太過斯皆見矣氣盈爲太過朔虛爲不及天行六氣地播五行㠯作民事㠯厚民生事由之序功由之成此太史之職也朔數曰年者或曰四時具爲年或曰五穀熟爲年春秋編年五穀大熟則書大有年而四時或不具蓋闕文歟白虎通曰三年一閏五年再閏陰不足陽有餘也故讖曰閏者陽之餘二帝曰載三王曰年三載遏密謂二帝也諒陰三年謂三王也歲者㠯紀氣物帝王共之太元曰歲寧恙而年病十九年七閏滿爲寧虛爲恙置閏㠯償焉

春秋文公六年閏月不告朔公羊子曰天無是月也閏月矣何以謂之天無是月非常月也穀梁子曰閏月者附月之餘日積分而成月天子不以告朔而喪事不數也左氏獨以爲非禮且云不告閏朔弃時政也春官太史頒告朔於邦國謂頒十二朔之政於諸侯閏月謂之後月附於前月則後月奉前月之政而行之故閏月之政天子不頒諸侯不告如左氏説則似別有閏月之政天子頒之諸侯不告而後可謂之棄時政也明堂月令以爲止有十二月而無閏月乎且十二月王居堂閏月獨居門非常月也故居門門非堂則閏非正餘分閏位獨紫色鼃聲則謂天無是月也其誰曰不可喪不數閏千古遵行閏不告月諸儒異議愚竊惑焉劉歆以爲文公

元年閏當在十一月後則六年無閏無閏而置閏故曰天無是月左傳元年閏三月故六年有閏失於前遂誤於後是附會左氏而曲爲之說也然則春秋何㠯書曰爲朝廟書正月謂之朝正餘月謂之朝廟周語謂之月祀周官謂之朝享是禮也告朔乃行何休曰朝者因視朔政爾無政而朝故加猶㠯譏之不言朔者閏月無告朔禮也穀梁子曰天子頒朔於諸侯諸侯受乎禰廟或曰祖廟春秋兩書閏月一爲朝廟書一爲葬齊景公書曾閏朝廟猶可也齊喪數閏喪禮亡矣故穀梁子曰不正其閏也宣十年夏四月丙辰日食在晦故不言朔則己巳齊侯元卒閏月自明故不書閏此說非是凡日食必在朔不書朔者皆官失之春秋固有在閏月而不書閏

者襄二十八年十二月甲寅天王崩乙未楚子昭卒乙未與甲寅相去四十二日蓋閏月也東晉寧康二年博士謝攸孔粲等議㠯爲乙未閏月之日不書閏而書十二月明閏非正宜附正之文杜預獨謂乙未日誤者㠯爲前年十一月乙亥朔辰在申再失閏頓置兩閏㠯補之前年有兩閏則後年不應復閏故云日誤蓋預之妄如此一年兩閏可乎張齊賢謂閏月王居門是天子雖閏亦告朔康成亦謂閏月聽朔於明堂門還居路寢門終月凡聽朔必㠯特牲告其帝及神配㠯文武非也居門不視朔告帝不於門一說天子須朔諸侯告朔告朔諸侯之禮也穀梁子曰天子朝日諸侯朝朔玉藻亦云朝日於東聽朔於南此天子每月視朔必先朝日古之禮

也後世朝日𠂢春分而視朔之禮廢矣時則訓孟春朝於青陽左个仲春朝於青陽太廟季春朝於青陽右个十二月皆然各就其時之堂而朝日焉蓋先朝日後朝廟也五經異義曰閏月不𠂢朝者諸侯歲遣大臣之京師受十二月之正還藏於太廟月旦朝焉有司告曰今月當行某正至閏月藂殘餘分之月故不朝經書猶朝是也

王大出師太史抱天時與太師同車鄭司農謂太史主抱式𠂢知天時處吉凶式即栻也漢書天文郎桉式抱猶桉也顏師古曰式所𠂢占時日天文郎今之用栻者也龜策傳運式定日月分衡度視吉凶徐廣曰式音勑太元曰戴神墨履靈式小司馬云栻之形上圓象天下方法地用之則轉天綱加地之辰故曰旋栻猶運式也蓺文志有羨門式法二十卷其法出於律歷之數而小數家因此𠂢爲吉

凶而行於世焉劉勰曰星筮有占式占者覘也星辰飛伏伺候乃見故曰占式者則也陰陽盈虛五行消息變雖不常稽之有則故曰式筮人九筮三曰筮式筮亦用之不獨占天文也星用占筮用式故曰星筮有占式

太祝六辭二命與誄誄乃凶禮命兼吉凶春秋莊元年王使榮叔來錫桓公命杜氏云追命桓公褒稱其德然則上錫之曰命下讀之曰誄其誄辭則昭七年衛襄公卒王使成簡公弔且追命之曰叔父陟恪在我先王之左右吕佐事上帝余敢忘高圉亞圉此追命之文杜氏吕爲如今之哀策孔疏謂褒德叙哀載之於策將葬賜其家吕告柩卽小史所謂讀誄是也然賜謚讀誄其事相因累其行而爲辭因之吕定謚若

不賜謚焉用讀誄乎春秋時但有追命之文未聞賜謚之禮蓋諸侯之無王久矣曲禮曰言謚曰類類猶象也請謚于王象聘問之禮一曰請謚必吕其實類者類於平生之行言猶告也天子之謚成於天故天子將葬則作謚太師帥瞽而厭諸侯之謚成於天子故諸侯將葬則言謚嗣子遣官而告下不告喪故上不賜謚桓公之錫命也莊公告之可知然旣葬而謚已成然後王追錫命非禮也薨而不告則失在魯葬而追命則失在王交譏之許愼云追錫死者非禮也白虎通云臨葬而謚之何因衆會欲顯揚之也何休謂生有善行死加善謚桓行惡復追錫之尤悖天道故不言天王然春秋生而錫命曰加之服死而錫命不曰予之謚則諸侯之無王久矣

太史賜謚曰小喪小史賜謚曰卿大夫之喪則小喪指諸侯可知也一說大夫將葬而請謚諸侯既葬而言謚曲禮類見與言謚皆既葬乃行存㠯備考魯昭公薨季孫意如欲爲惡謚㠯示子孫則君之謚其臣定之矣與楚何㠯異乎說文讄禱也累功德㠯求福論語云讄曰禱爾于上下神祇又誄謚也謚行之迹也謚㠯誄成故誄訓爲謚則似誄必有謚矣然魯莊公誄縣賁父哀公誄尼父未聞有謚康成謂哀公謚仲尼爲尼父蓋㠯字爲謚賁父尼父皆是也春秋有命而無謚或史氏失其傳歟王充曰謚臣子所誄列也蓋起於春秋則太史不賜謚久矣白虎通云諸侯薨天子遣大夫會其葬而謚之然春秋文元年天王使叔服來會葬三傳皆無賜謚之文穀梁子曰謚所㠯成德也

於卒事乎加之言事卒於葬故葬乃舉謚亦不言命於天子何休以爲諸侯薨天子謚之又以爲祖祭乃謚王者當遣使者與諸侯共會之皆疑辭也則天王不賜謚可知矣隱八年無駭卒羽父請謚與族無駭者公子展之孫故公命爲展氏請者謚與族而命者惟族而已未聞更賜之謚也蓋其祖旣以展爲謚其孫因以展爲族雖賜族不賜謚然一命而二者實兼焉康成之說信矣桓二年宋督弒其君與夷及其大夫孔父穀梁子曰孔氏父字謚也康成之說本此范氏因爲之說曰孔父有死難之動故其君以字爲謚愚聞君之所不名臣者四諸父諸兄不名先王之臣不名盛德之士不名孔父先君之臣也孔子盛德之士也故皆字之而不名古有字謚

蓋以此春秋惠公仲子僖公成風二君之母也其尊同其禮同一曰仲稱字一曰成稱謚則又不同何也曰皆謚也仲子以字謚或云以字爲謚字當作氏非也羽父請謚與族曷爲而改謚爲氏乎是失請之之義也少牢饋食皇祖伯某注云伯某且字也大夫或因字爲謚春秋傳展氏是也疏云公子展以展爲謚在春秋前其孫無駭取以爲族故公命爲展氏檀公魯哀誄孔丘注云誄其行以爲謚疏云尼則謚也父且字

保章氏以十有二歲之相觀天下之妖祥康成以爲歲者太歲也案大歲有兩說一曰咸池一曰歲陰斗杓爲小歲左行十二辰咸池爲大歲右行四仲終而復始大歲迎者辱背者強左者衰右者昌小歲亦如之東南則生西北則殺大時者咸池小時者月建天元建寅始起右徙一歲而移十二歲而大周天歲星爲陽右行大歲爲陰左行歲陰所居不可背而

可鄉前三後五歲陰前後百事可舉蟄蟲首穴而處鵲巢向而爲戶歲陰在四仲則歲星行三宿歲陰在四鉤則歲星行二宿四仲謂卯酉子午四面之中四鉤謂丑鉤辰申鉤巳寅鉤亥未鉤戌在四角二八十六三四十二徧於二十八宿十二歲而小周天咸池主五穀平秩西成故曰大歲或云咸池卽陰陽家所推㠯忌乘航者誤矣咸池日也日出暘谷浴於咸池日右斗左揚子太元曰巡乘六甲與斗相逢歷㠯紀歲百穀時雍是爲大歲天道十二歲而一終右行四仲者堯典命羲和獨舉四仲各統一時故曰大時仲讀爲中書傳曰春張昏中種穀夏火昏中種黍秋虛昏中種麥冬昴昏中収斂天子南面而視四方星之中知人緩急㠯授民時則歲功成矣天神之貴者青龍其雌在地太元曰倉

靈之雌不同宿而失離則歲之功乖此之謂也大歲或言日或言星日爲大歲星爲大陰一左一右一陰一陽右與左應陰爲陽妃吕成歲功故曰十有二歲之相相之爲言合也合至和也蟄蟲鵲巢皆嚮天一者至和在焉爾六合之間四海之内經之吕星辰要之吕大歲六歲一穰六歲一康十二歲吕爲常順之有德逆之有殃可吕觀天下之妖祥矣日星同宿謂之合辰歲超一次龍度天門四仲四鉤皆天門也說者謂天門在戌豈其然乎五運行大論曰奎壁角軫天地之門戶也西北爲天門東南爲地戶其說本於此郎顗亦云涉歷天門災成戊巳注云戌亥之間爲天門也詩汜歷樞曰卯酉爲革政午亥爲革命神在天門出入候聽言神在戌亥爲乾

方而卯爲春門酉爲秋門歲星超辰不獨在戌也保章氏觀十有二歲之相察十有二風之和康成謂十二辰皆有風吹律呂知和否其道亡矣生氣通天論曰夫自古通天者生之本本於陰陽其氣九州九竅五藏十二節皆通乎天氣然則天有十二節之氣故生十二辰之風其理本諸身建諸天地而不悖焉由是先王造爲十二律呂應十二風天地之風氣正則十二律定後世言律者不知風焉知律哉天地之和者尸子所謂太平祥風也其風春爲發生夏爲長羸秋爲収成冬爲安寧四時和爲通正此之謂景風亦曰永風反是爲乖別管子曰東方曰星其氣曰風風生木與骨其德喜羸發出節時柔風乃至百姓壽百蟲蕃此謂星德星者掌發發爲風

保章氏掌天星故兼風星主土在地爲土在天爲星星好雨在地爲雨在天爲雲分九州之封域辨五雲之祲象其職皆在保章氏育隧出凱風中谷出條風東方曰折來風曰俊北方曰鳧來風曰狻西北方曰石夷來風曰韋正月有俊風俊者舜也舜風者南風舜作五弦之琴㠯歌之故曰俊風惟號之山其風若劦（惟一作鷄 劦一作䬗）三力爲同先耕五日瞽奏協風劦猶協也天地之和於是乎協保章氏之所察也或讀劦爲戾戾者乖別是爲韋風戾相韋背保章氏之所命也非劦之謂失其義矣管如篪六孔十二月之音㠯候十二月之氣氣至則風動風動則吹灰古之制管㠯候氣者所㠯候風也然氣應有早晚灰飛有多少說者謂吹灰不出爲衰全出爲猛半

出爲和豈其然風出乎土故候風必於土古有候風地動儀蓋保章之術也虞幕能聽協風㠯成樂物生非所謂察天地之和者乎音官省風省㠯此五行傳曰思心之不容是謂不聖厥咎霿厥罰恒風貌言視聽㠯心爲主金木水火㠯土爲中雨暘寒燠㠯風爲本凡思心傷者病土氣土氣病故其罰常風候風而知地動者亦㠯此漢官靈臺待詔有候風十二人又星官有風隅占四隅之風四隅者四鉤并四中爲十二風隅角也故一名風角六氣之位土位之下風氣承之故風勝則地動陰陽大論言之詳矣知其說者豈獨張平子乎賈服虔皆謂風屬東方說本管子康成據五行傳風爲土氣土乃木妃故箕好風東方之木合於中央之土大言之爲陰陽小言之爲夫婦兩說未嘗相背也孔穎達駮之誤矣且內經亦㠯風屬東方也陰陽大論又云風承土兩說豈相背乎巽

爲風爲木管子之說本乎易也

內史職凡命諸侯及孤卿大夫則策命之王制祿則贊爲之㠯方出之是命爵㠯策出祿㠯方策曰簡方曰版案聘記百名㠯上書於策不及百名書於方古之名今之字鄭注尚書云一簡之文三十字似不盡然劉向㠯中古文校三家書酒誥脫簡一召誥脫簡二率簡二十五字者脫亦二十五字簡二十二字者脫亦二十二字則一簡不滿三十字矣服虔曰古文篆書一簡八字蓋簡有長短故字有多少歟鄭序論語則云易詩書禮樂春秋策皆尺二寸孝經半之論語八寸是策有長短也竹牒曰簡編之曰策不編曰方齊桓定令削方墨筆薦之於廟而云不及百名則一方不止三十字矣漢制

度策長二尺短者半之以命諸侯王即周内史命諸侯之策也三公以皋免亦賜策而用尺一木兩行選舉亦如之皆版長尺一而手書賜方國一札十行細書成文則似百名以上矣士喪禮書賵於方若九行若七行若五行其數奇未聞其義也古之方猶漢之牘牘者吏所持亦曰簿魏晉謂之手版漢遺單于書以尺一牘則與策同似非手持之版槧版長三尺笏二尺六寸牘形如笏然笏有正方圓殺貴賤等差而牘無等差不殺其角可執可書則一也周勃下廷尉恐不知置辭獄吏乃書牘背示之昌邑王賀廢居故宫宣帝使山陽大守張敞察其狀賀簪筆持牘趨謁是牘可書兼可執矣漢稱三尺法孟康曰以三尺竹簡書法律也鹽鐵論則云二尺四

寸之律後漢曹褒制禮寫吕二尺四寸簡周磬亦云編二尺四寸簡寫堯典一篇則是漢時竹簡皆長二尺四寸言三尺者舉成數也內史讀四方之事書注云若今尚書入省事疏云漢法奏事讀之案張蒼爲秦御史主柱下方書蓋柱下有藏書之室御史居其下主四方文書故張儀說趙王曰敝邑秦王敢獻書於大王御史然則四方之事書御史贊焉內史讀焉或曰事書卽書名書吕象事故曰事書古書必同文故外史達之瞽史諭之內史讀之達者同其文諭者會其意讀者正其音保氏敎國子者亦吕此流傳旣久人用其私莫能辨正古今異文是非異意南北異音由是六書亂小學亡而俗師失其讀矣班斿與劉向校祕書每奏事斿吕選受詔進

讀羣書內史讀書亦如之蓋古之讀書有師承也左史倚相能讀三墳五典八索九邱不有師承其書雖存焉能讀乎孔穎達曰鄭注論語序曰鉤命決云春秋二尺四寸書之孝經一尺二寸書之故知六經之策皆長二尺四寸蔡邕言二尺者漢之所用策書與六經異也

太宰㠯八柄詔王馭羣臣內史掌八柄之灋㠯詔王治曰爵曰祿曰予曰置曰生曰奪曰廢曰殺是爲內史所掌之八柄而大宰詔王之馭羣臣也則曰爵㠯馭其貴祿㠯馭其富予㠯馭其幸置㠯馭其行生㠯馭其福奪㠯馭其貧廢㠯馭其辠誅㠯馭其過不曰殺而曰誅誅猶讓也謂有過則譴責之不言殺者馭之有道焉用殺哉其曰馭何也若柄索之馭六馬也危之之也張衡曰周姬之末不能厥政政用多僻始於宮

鄰卒於金虎蓋言不制之臣比周相進與君爲隣貪求之德堅若金惡若虎也象在易之頤頤之上九一陽統四陰四陰並進故六四爻辭曰虎視眈眈其欲逐逐有宮隣金虎之戒焉而其占无咎者蓋上九有㠯養之又有㠯馭之其下雖眈眈逐逐而仍无咎也故上九爻辭曰由頤厲吉厲者危之也言危則吉否則凶小宰㠯六叙正羣吏曰㠯叙制其食眈眈逐逐得其叙矣上九有㠯制其食馭其幸是㠯上施光大有慶音羌下皆順㠯從上焉不然逐逐變爲宮隣眈眈成爲金虎衰周之象也何慶之有或曰聖人養賢未聞馭賢馭羣臣豈養賢之謂哉人不皆賢有直有枉子曰舉直錯諸枉能使枉者直錯之言置也所謂置㠯馭其行也言舉一直而置之羣

枉之上則羣枉皆直蓋由上制而馭之得其宜故在位之臣莫不興行而所養皆得其人也不明周禮焉知周易王弼謂頤爻之貴六四爲盛非也陰賤陽貴而頤之爻義靜吉動凶故曰頤征凶居貞吉初九靈龜貴也動而朶頤亦不足貴矣六四陰爻何足貴乎頤爻之貴上九爲盛矣六三處震之極故曰道大悖上九居艮之終故曰大有慶也丘古音區與頤協六二顚頤拂經于丘顚吕從貴謂上非謂初四陰爲類二最在下越而從貴故象曰失類廣雅顚末也本在初末在上說者吕顚爲初失之甚矣管子六秉有殺生貴賤貧富而無予置非也予謂賜予置謂錯置予失其道如漏卮無當雖江河不能滿也置失其方如曲木無繩非斧斤所能直也六秉雖存又何吕馭羣臣

王之喪車五乘曰木車漢儀謂之羸蘭車始遭喪所乘曰素車卒哭所乘曰藻車一作轢車轢即蒲蔽倉色既練所乘曰

駹車髤桼色大祥所乘曰漆車雀頭色禫所乘而木車有櫜
有服櫜弢戈戟服衣刀劒素車有服無櫜餘皆無服康成謂
始遭喪君道尚微備姦臣也卒哭則君道益著在車可去戈
戟如其説則既練已後君道乃全并去短兵矣而士喪乘堊
車曷爲亦有犬服建之荅問曰兵器自衞乎且有貳車攝服
又何所備而防衞之謹嚴若是也蓋兵者不祥之器古之用
兵曰喪禮處之喪車設兵非備不虞持險奉凶曰表哀戚貴
賤無等上下皆同及其葬也乘車載干笮設依撻猴矢志矢
皆具焉亦豈有所備而然歟王之出入虎賁旅賁執戈盾夾
車先後而趨凡祭祀會同亦如之不獨遭喪爲然矣書所謂
曰虎賁百人逆子釗者蓋曰天子之禮迎入翼室居憂而爲

天下宗主故曰一有元良萬國㠯貞推心置腹光武中興乃云恐有姦臣設兵㠯備何示天下㠯不廣也且爲君之道自世子時而已著矣既登大寶猶謂君道尙微不亦悖乎士之喪車亦有五乘斬衰堊車與王始喪同齊衰素車與王卒哭同大功藻車與王既練同小功駹車與王大祥同緦麻漆車與王既禫同士乘棧車其制如漆車魏氏故事國有大喪羣臣凶服㠯布爲劒衣及晉定新禮㠯在喪無佩欲去之摯虞謂周禮虎賁氏㠯兵守王宮國有喪故則衰葛執戈楯守門葬則從車而哭又成王崩太保命諸大夫㠯干戈內外警設明喪故之際重宿衞之防患謂宿衞不因喪而設亦不因喪而弛故旅賁氏夾王車或服而趨或介而趨喪則衰葛不介也則戈楯豈因喪而設乎駹車然䄙髤飾說文云幦髤布也駹車犬幦幦卽䄙覆軾曰䄙一作幭髤卽髤木汁可㠯髤物然誤爲犬磨滅之餘孤乘

夏篆故書篆作緣緣讀爲彖古緣篆同音夏小正元校者黑若緣色則緣色黑也故鄭司農曰夏赤色緣緣色謂㠯赤黑色飾轂蓋雀頭色歟或曰夏篆篆謂轂約說文作夏䡅謂車約䡅也一曰下棺車曰䡅䡅讀爲輴則篆緣䡅輴音義同矣詩曰約軝錯衡毛詩云軝長轂之軝朱而約之故司農㠯夏爲赤色孔疏云㠯皮纏轂上加朱漆考工記所謂陳篆也康成謂㠯五采畫轂約者夏染五色故云然及箋詩而不破毛傳義得兩通棧車一曰卧車棧與轏通左傳逢丑父寢於轏中是也一曰役車詩曰有棧之車毛傳㠯棧爲役車鄭箋亦云役車輦者㠯載任器謂之輜重故曰輜輦而卧車亦名輜輧蓋衣車也前後有蔽陽貨載蔥靈卽此中立二木兩傍開

蔥內容人卧亦可載物則棧與役二車形制畧同矣而士乘之爲棧車庶人乘之爲役車則又何㠯別士庶也尚書大傳曰未命爲士車不得有飛軨不得朱軒注云軒輿也士㠯朱飾之飛軨如今蔥車也然則役車無飛軨不得開蔥矣棧車無革輓而有漆飾故其輿飾㠯朱是爲雀飾亦曰朱軒黑多赤少非純朱也庶人木車單馬其輿無飾士庶別者㠯此其形制仍同也蔥靈卽窗櫺古今字說文櫺窗閒也徐幹齊都賦曰蔥櫺參差古之卧車取名焉詩曰我任我輦任者任車卽牛人職所謂牽徬轅外輓牛㠯載公任器者也載任器故曰任車甯戚欲干齊桓公窮無㠯自達於是爲商旅將任車㠯至齊暮宿郭門外飯牛車下桓公郊迎客夜開門辟任車詩

所云我任者謂此車一名牛車卽庶人之役車康成謂負任者高誘云任猶將也皆失之服虔曰車有藩曰軒然則役車有藩不曰朱飾說文云軒曲旃也謂軒車有藩蔽也車僕職苹車之萃輕車之萃杜子春云苹當爲軿蒼頡篇曰軿車衣車也續漢書曰輕車古之戰車同朱輪輿不巾不蓋菑矛戟幢麾菑謂建之有蔽者爲苹無蔽者爲輕九旗之物物當作勿一作㫃謂之旗勿說文云勿州里所建旗象其柄有三游雜帛幅半異所㠯趣民故遽稱勿勿猶匆匆也說文云多遽悤悤周之司常卽秦之職志志者徽識九旗之屬康成謂物名者所畫異物則異名然孤卿不畫大夫士雜帛則許氏悤悤之說抑或非無據也古文物作勿猶域作或

都宗人掌都宗祀之禮凡都祭祀致福於國家宗人掌家祭祀之禮亦然而祭僕職凡祭祀王之所不與則賜之禽都家亦如之康成謂都家王子弟立其祖王之廟孔穎達則云周制王子有功德出封者得廟祀所出之王故魯與鄭皆有周廟襄十二年傳曰魯爲諸姬之喪臨於周廟昭十八年傳鄭人救火使祝史徙主祏於周廟魯祖文王鄭祖厲王是爲所出之王各立廟於其國故爲之周廟呂氏春秋謂魯惠公使宰讓請郊廟之禮於天子則似魯有周廟始於惠公惠公者孝公之子隱公之父惠公立四十六年而隱公即位當平王之四十九年似周之郊廟平王命之司馬遷謂成王命魯得郊祭文王魯有天子禮樂者豈其然也夫禮諸侯不敢祖天

子大夫不敢祖諸侯公廟之設於私家由三桓始曾已周公之故立文王廟三家見而僭焉故於其家亦立桓公廟然則周廟之設於列國猶公廟之設於私家其爲非禮顯然矣孔穎達謂天子之子已上德爲諸侯者得祀所自出之祖王子母弟無大功德不得出封食采畿內則又何說而亦得於采地立祖王之廟哉蓋其禮起於東遷之後濫觴於春秋通行於戰國齊靖郭君封於薛其子孟嘗君代立願請先王之祭器立宗廟於薛薛者齊之都家也薛有齊廟孟嘗君請之猶魯有周廟惠公請之平王命之都家立祖王之廟誰請之而誰命之歟我未之前聞宗人所掌之祭祀曰宗祀非先王之廟也康成謂都有山川及因國無主九皇六十四民之祀其

說近之王制天子諸侯祭因國之在其地而無主後者謂伏羲㠯前九皇六十四民（民一作氏）皆上古無名號之君絕世無後周有都宗人家宗人主其祀焉祭法所謂泰厲公厲族厲卽此謂之厲者前代有功之人而無主後立祀㠯報其功且使無歸之鬼不爲厲也管子曰昔堯之五吏五官無所食請立五厲之祭祭堯之五吏五吏者五官之神重食於木犂食於火土該食於金修與熙食於水皆有所食無所食而有功者謂之厲泰厲者有功於天下天子立之公厲者有功於一國諸侯立之族厲者有功於一家大夫立之先王報功之祀典至詳且悉若此俗儒疑焉㠯爲古無厲祀其不然乎鯀障鴻水而殛死禹能修鯀之功故夏后氏郊鯀至杞爲夏後而更

郊禹由是鯀無所食而爲厲晉侯夢黃能入寢而祀夏郊焉鯀於天下有治水之大功而食泰厲之祀其誰曰非宜也若夫漢祀泰中泰中者泰二世近乎古之泰厲秦祀杜主杜主者周右將軍近乎古之公厲皆無功烈于民而祀典亦及焉失之矣春秋鄭公孫黑肱有疾召室老宗人立叚而使黜官薄祭祭㠯特羊殷㠯少牢足㠯共祀所謂宗人者家宗人也少牢饋食大夫之禮未聞祀所自出之公則都家安得有祖王之廟乎且宗廟享烝則獻禽尊之也都家祭祀則賜禽卑之也司農謂都家自祭其祖得之齊遣祝佗父祭于高唐高唐齊都有齊別廟楚有宗祧之事於武城明武城亦有楚之別廟也猶漢立廟於郡國吾故曰濫觴於春秋漢制癘殃祀天地日月星

辰四時陰陽之神㠯師曠配之王肅曰厲殃漢之淫祀耳師曠自是樂祖無事於厲殃學者遂疑祭法之厲起於漢非也西王母居玉山虎齒善嘯蓬髮戴勝是司天之厲及五殘蓋自古有之矣韋昭云人皇九人所謂九皇雒書云九男相像其身九章或云即九頭紀孔廟碑所謂前開九頭㠯叶言敎者也九皇氏沒六十四氏興六十四氏沒而三皇興漢舊儀曰凡聖王之法祭天地日月星辰山川萬神皆古之人能紀天地五行之氣奉其功㠯成人者故其祭祀皆㠯人事之禮食之又祭三皇五帝九皇六十四氏凡八十有一姓皆古帝皇在漢皆饗則厲非淫祀即祭法之泰厲也鄭司農㠯爲即小宗伯之四類抑或然乎又舊儀曰臘者報諸鬼神古聖賢有功于民者皆享之甘氏星經曰太白上公妻曰女媊居南斗食厲天下祭之曰明星食厲者食於厲也故配享明星

禮說卷九

禮說卷十

東吳　半農　惠士奇

夏官一

大司馬以九伐之法正邦國曰眚曰伐曰壇曰削曰侵曰正曰殘曰杜曰滅康成謂眚猶眚瘦王覇記曰四面削其地如其說則眚與削何以別乎春秋莊公二十有二年肆大眚穀梁子曰肆失也眚災也災紀也范氏注云災謂辠惡紀治理也有辠當治之然則眚之者治其辠也無虐煢獨不侮鰥寡馮虐犯寡者謂虐而侮之道術篇曰兄愛弟謂之友反友爲虐兄曰寡兄弟稱弱弟春秋衞侯殺其弟叔武可謂之馮虐犯寡不可謂之賊殺其親賊殺其親者其辠焚易離九四倒

子爲突有焚如之象春秋子弑父臣弑君名之不正久矣故曰名其爲賊敵乃可服賊殺其親者正之正其賊之名也而康成以衛侯殺叔武當之則人君有絕宗之道公子不得戚君衛侯君也叔武臣也君殺其臣名非不正也而其臣無辠天子使其吏治之可矣又焉用正之經書晉人執衛侯歸之于京師眚之也非正之也眚公羊作省省與眚通宣王命程伯休父爲大司馬而作常武之詩曰率彼淮浦省此徐土眚之言省也省其土非削其地也則眚之非削之亦明矣暴內陵外則壇之康成讀壇爲墠王霸記曰置之空墠之地然則壇之者幽之也荀子曰官人失要則死公侯失禮則幽幽謂四之左傳哀公八年邾子無道吳子使大宰子餘討之四諸

樓臺桍之以棘使諸大夫奉大子韋以爲政此古幽之之法蓋置之空墠之地制其出入不得自由亦不離其國內康成以爲出其君出非幽也失之易履九二稱幽人虞翻謂履變訟初爲兌訟二在坎獄故稱幽人周書囚蔡叔于郭鄰幽之也叔卒乃立其子仲於蔡則郭鄰乃空墠之地名明在蔡之境內矣賊殺其親放弑其君一曰正一曰殘互文正之者鳴鐘鼓以聲其辠殘之者或焚或轘春秋邾人戕繒子于繒穀梁子曰戕猶殘也捝殺也注云捝謂捶打方言謂之掫音麌又洛感反關西人呼打爲掫晉魏河內之北謂掫曰殘蓋殘賊而殺之爲捝殺詮言訓羿死於桃棓注云棓大杖桃木爲之以擊殺羿則似古有是刑而邾人行之故春秋書之曰戕小尒疋

亦曰戕殘也蓋邾人假其名以行其虐也殘乃九伐之正法豈捝殺之謂哉董仲舒劉向以爲戕者支解之謂解四支斷骨節蓋近乎殘矣殘之言轘也弒君者轘古之法也說者謂起於秦誤矣犯令陵政則杜之注云杜者杜塞使不得與鄰國交通古杜之之法諸侯不出境大夫不出門管子曰城陽大夫嬖寵被絺綌鵝鶩含餘秫伯叔父母遠近兄弟皆寒而不得衣饑而不得食欲盡忠於國能乎以令召城陽大夫滅其位杜其門而不出此古者有辠杜門之法也商鞅相秦大子犯灋以爲君嗣不可施刑刑其傅公子虔故趙良曰公子虔杜門不出已八年矣大夫如是則諸侯可知戰國中山稱王齊閉關不通其使以隘之隘之者猶杜之也春秋宋人遷

宿公羊子讀遷爲還（還與環通音胡慣切）一曰遷者何不通也以地還之也何氏曰還繞也繞取其地使不得通四方蓋杜之也然則宿孰滅之曰宋滅之假杜之之法行取之之計而掩滅之之名焉爾楚欲吞宋要宋田夾塞兩川使水不得東流晉伐齊敗之亦欲使齊之境內盡東其畝此楚土宋而晉土齊（古土杜通毛詩自土沮漆齊詩自杜沮漆土齊猶杜齊也註云以齊爲土地失之）公羊土之言杜也卽九伐杜之之法也晉文公反鄭之埤東衞之畝者亦以此魏鋼諸侯吉凶之問塞慶弔之禮廢王公徒有國土之名禁防壅隔同於囹圄此非古杜之之法歟無辠而杜之因以彫翦本支委權異族其亡也不亦宜乎外內亂鳥獸行則滅之滅之者滅其君不滅其國春秋滅國利其土地而已非誅其君也

公羊子曰滅者上下同力亡國之善辭滅者善則滅之者之惡益顯矣滅者誅君之辭誅君之子不立更擇其先世子孫賢者立之然則不曰誅而曰滅何也君死曰滅春秋吳敗頓胡沈蔡陳許之師于雞父胡子髡沈子逞滅杜預曰國雖存君死曰滅是也公羊謂邾婁之君顏淫九公子于宮中近乎外內亂鳥獸行矣天子爲之誅顏而立其弟叔術則滅之之事也誅顏之天子死叔術乃致國于顏之子夏父當此之時邾婁人常被兵于周曰何故死吾天子則誅君之子不立信矣鄭語彭姓豕韋則商滅之其後仍爲商伯蓋湯滅豕韋不滅其國故子孫得更與爲伯也左傳襄公四年曰滅斟灌哀公元年又曰殺斟灌王肅云古者滅殺同名然則滅之者殺

之而已

仲春振旅師帥執提注云提馬上鼓有曲木提持立馬髦上者故謂之提案髦一作旄集韻云車翣也以禦風塵古有旄車然則提鼓立于車上矣一曰馬髦馬長毛大周正樂曰馬上鼓曰提有木可提執施於朝則登聞鼓敢諫之鼓是也施於府寺曰朝鼓在郵壂曰枹鼓枹一作桴擊鼓物也在邊徼曰警鼓然則達窮之路鼓卽後世之登聞亦有木可提持者歟旅帥執鼙司馬法千人之師執鼙鼙或作鞞騎鼓也其形似鞀而庳薄則又以鼙爲馬上鼓矣古無單騎凡軍中之鼓皆曰騎鼓可也周宅酆鎬近戎人與諸侯約爲高葆禱於王路置鼓其上遠近相聞卽戎寇至傳鼓相告此古之警鼓歟

中夏教茇舍辨號名之用號名者徽幟也縣鄙以名家以號百官以事在國以表朝位在軍又象其制而爲之被之以備死事焉蓋象喪禮之銘旌也其說見墨子旗幟篇守城之法有旗有幟以形名爲旗形名者木爲蒼旗火爲赤旗石爲白旗水爲黑旗食爲菌旗死士爲倉英之旗竟士爲雩旗多卒爲雙兎之旗五尺男子爲童旗女子爲梯末之旗弩爲狗旗戟爲萑旗劍盾爲羽旗車爲壟旗騎爲鳥旗是爲形名之旗號名之用茇舍羣吏撰車徒讀書契而辨之者也凡所求索旗名不在書者皆以形名名之故曰號名之用亭尉各爲幟竿長二丈五帛長丈五廣半幅有大寇鼓三舉一幟鼓四舉二幟鼓五舉三幟鼓六舉四幟鼓七舉五幟鼓八舉六幟大

司馬中冬大閱三鼓作旗以此吏卒男女皆荇異衣章衣章者小徽幟也城上吏卒置之背卒於頭上城下吏卒置之肩左軍於左肩中軍置胸前蓋被之以備死事者也大旗署戶邑及財物建旗其署令皆明白知之曰某子旗若高子之鼓國子之鼓所以題別衆臣在朝表位在軍象事某某之名某某之號其用蓋如此故曰人執旌旗以號相命此之謂也後世詭道行軍伏旗鼓謬號令自以爲出入若神然非所謂明白知之之義矣尉繚子曰卒有五章前一五行置章於首次二五行置章於項次三五行置章於胸次四五行置章於腹次五五行置章於腰自腰至首五色爲章九旗之屬職在司常帥之旗書曰某門某子卒之章書曰某甲某士秦刻石之

衆其東觀辭曰作立大義昭設備器咸有章旗職臣遵分各知所行事無嫌疑然則章旗所以定職守決嫌疑也徽幟之長短無文孔穎達以事喪禮證之蓋長三尺

帥以門名註云軍將皆命卿古者軍將蓋爲營治於國門曾有東門襄仲宋有桐門右師皆上卿爲軍將者舜典曰闢四門鄭注云卿士之職使爲已出政教於天下言四門者卿士之私朝在國門後世東門襄仲桐門右師取法於古也宋有澤門晳吳有胥門巢晉有下門聰秦有横門君趙有廣門官春秋戰國皆然遂謂唐虞亦然豈其然乎宋襄戰於泓而門官殲焉門官者軍之帥也宋向戌稱盧門合左師而華氏亦居盧門二族皆卿而爲軍帥謂之門官者以此其後遂爲將

軍晉六卿號六將軍古者軍營在門故死事之老孤養以門闕之委積蓋就其地而養之所以厲士而勸功也鄋瞞伐宋司徒皇父禦之耏班爲御以敗狄於長邱皇父之二子死焉宋以門賞耏班使食其征征者門闕之委積耏班食之因謂之耏門死者未見恤而生者獨旌焉豈先王之法乎韓非謂死士之孤饑餓乞於道而優笑酒徒之屬乘車衣絲則知遺人之職廢於戰國矣鄉以州名注云南鄉甄東鄉爲人是也案世本有宋大夫東鄉爲似東鄉氏而爲名人衍文晉國高士全隱於南鄉因以爲氏則南鄉甄者亦氏南鄉而名甄也賈疏謂甄與爲人皆當時鄉名失之居門者以門氏居鄉者以鄉氏則南鄉東鄉皆氏何疑

左傳孔疏云大司馬職中秋教治兵辨旗物之用司常職國之大閱贊司馬頒旗物大閱治兵皆教戰而旌旗之物所建不同者康成謂凡頒旗物以出軍之旗則如秋以尊卑之常則如冬大閱備軍禮而旌旗不如出軍之時空避實然則大閱所建尊卑之常治兵所建出軍之禮三年治兵與秋教治兵其名既同建當不異故服虔引司馬職文明此旌旗所建用秋辨旗物之法也案治兵王載大常巾車職大麾以田大白以即戎先儒以爲王田春夏則大麾秋冬則大常旌旗所用雖如治兵之時然王若親軍則建大白王制疏云旌旗無旒者謂之大麾一名綏王制天子殺則下大綏諸侯殺則下小綏注云綏當作緌有虞氏之旌旗也巾車注云大麾色黑

夏后氏所建蓋夏后氏之旂去其旒旐爲有虞氏之綏卽巾車之大麾王制三田皆用之合於巾車大麾以田之說不在九旗中惟田抗之以表獲故詩傳云天子發抗大綏諸侯發抗小綏抗則舉之下則弊之皆以田言明非田不建大麾也中冬大閱中秋治兵固建太常矣及其田也仍建大麾以表獲焉先儒謂春夏用之秋冬則否誤矣司常之屬旌旗之細也名爲徽織亦謂之章詩曰織文鳥章有九旗又有九章九章著明五敘不亂九旗曰常曰旂曰旜曰物曰旗曰旟曰旐曰旞曰旌九章曰日章曰月章合之爲日月之常曰龍章曰虎章卽交龍之旂熊虎之旗曰鳥章曰蛇章卽鳥隼之旟龜蛇之旐晝行舉日夜行舉月行水舉龍行林舉虎行陂舉鳥

行澤舉蛇曰鵲章曰狼章曰韓章行陸舉鵲行山舉狼載食而焉舉韓韓者建臯也虎皮一名臯比武王克紂包干戈以虎皮故曰韓櫜皋韓古文通康成作櫜服虔作皋管子作韓曲禮前有士師則載虎皮即此章是爲九章九旗之屬也五教曰耳目曰身曰足曰手曰心坐作進退疾徐疏數所以教其身車馳徒走車驟徒趨所以教其足鼓三闋車三發徒三刺所以教其手誓於陳前斬牲以徇所以教其心春辨鼓鐸夏辨號名秋辨旗物所以教其耳目司常所謂象其事象其名象其號者蓋謂形色之旗也徽幟既然旌旗獨不然乎曰軍吏曰百官所謂官府各象其事曰師都曰州里曰縣鄙曰鄉遂曰郊野所謂州里各象其名曰孤卿曰大夫士所謂家各象其號一旜也或曰

孤卿或曰師都一物也或曰大夫士或曰鄉遂謂師都之孤卿鄉遂之大夫士一舉其名一舉其號也一旗也或曰軍吏或曰師都一旟也或曰百官或曰州里謂師都之軍吏州里之百官一舉其名一舉其事也一旐也或曰郊野或曰縣鄙縣鄙在六遂遂人掌邦之野故曰郊野舉其名則知其事與號也分之爲事爲名爲號而合之以形色之同秋冬所以教其耳目者又如此康成謂冬大閱爲空秋治兵爲實而變易其旌旗旌旗所以號令也數變易焉五教亂矣又安能一氣專定進無所疑退無所匿乎幟象銘旌被之於背是爲徽說文謂以絳徽帛箸於背春秋傳揚徽者公徒孔穎達謂爲公者揚徽猶爲劉氏者左袒是也徽一作揮東京賦戎士介而

揚揮薛綜云揮爲肩上絳幟如燕尾然則幟垂於肩被於背吳語所謂肥胡吳都賦所謂祀姑肥胡祀姑形聲相似韋昭讀爲肥胡左思讀爲祀姑注云幡名麾旗之屬康成謂九旗之屬亦然今城門僕射所被及亭長著絳衣皆其舊象方言亭父謂之亭公其卒謂之弩父或謂之褚褚當讀爲帾帶古反帾與徽皆幡名見廣雅所謂亭長絳衣徽之象也郭景純讀爲赭言其衣赤義亦通仍讀從帾爲允漢時走卒皆赤幘絳韝謂之褚者以此秦攻齊齊威王使章子將而應之與秦軍交和而舍章子乃變其徽章以雜秦軍由是秦兵大敗而淮陰擊趙亦陰遴輕騎入趙壁拔趙幟立漢幟以亂其軍或持之或立之或被之或揚之皆同物也廣雅亭父更褚卒也

中冬教大閱遂以狩田以旌爲左右和之門羣吏各帥其車徒以叙和出案戰國策韓齊魏共攻燕燕請救於楚楚使景陽將而攻魏雝丘以救燕三國之兵皆罷魏軍其西齊軍其東楚軍不得還景陽乃開西和門通使於魏晝以車騎暮以燭齊師怪之以爲楚與燕魏合謀遂引兵去楚師乃還是軍門有東西和也韓非子曰李悝警其兩和曰敵人且至如是再三而敵不至兩和懈怠不信秦襲之幾奪其軍一日悝與秦人戰謂左和曰速上右和已上矣又馳而至右和曰左和已上矣左右和皆爭上是軍壘有左右和也和者壁壘之名因於其壘立旌門是爲左右和之門師克在和故曰和唐禮仲冬講武四出爲和門建旗爲之如其方色是軍之四面皆

有和門矣東京賦叙和樹表注云軍之正門爲和失之大役與慮事屬其植受其要鄭司農謂植者春秋傳華元爲植巡功屬謂聚會之要者簿書案春秋昭三十二年諸侯城成周屬役賦丈書以授帥及會城而栽宋仲幾不受功栽者植也謂楨榦書者要也謂役要不受功者不受要也公羊謂不蓑城何休曰若今以草衣城或讀蓑爲衰初危反謂功之等衰次第非也魏揚州刺史劉馥高爲城壘多積木石編作草苫數千萬枚爲備及吳圍合肥天連雨城欲崩於是以苫蓑覆之是爲蓑城即何氏所謂以草衣城之法蓋古皆土城故覆之以防傾頹漢魏皆然春秋胡獨不然乎戰國董閼于之爲晉陽也宮垣皆以荻蒿楛楚其墻之楛高至丈餘然則古

者不獨覆城垣兼覆宮垣矣盖水昏正而栽賞羣幹聚羣材百物皆具焉所謂屬其植也司農以爲部曲將吏失之管子謂水官之吏常案行堤有大雨各葆其所可治者趣治堤防可衣者衣之則蓑城與衣堤皆古法也四時篇曰西方曰辰其時曰秋賞彼羣幹聚彼羣材百物乃收

祭以首時薦以仲月而大司馬中夏苗田獻禽以享礿中冬狩田獻禽以享烝康成謂冬夏田主于祭宗廟者陰陽始起象神之在内是祭以仲月非首時也王制天子諸侯之田一爲乾豆亦見公羊何休云一者第一之殺也自左膘射之達於右髃中心死疾鮮潔故乾而豆之薦於宗廟不知所謂薦者因田而薦歟抑因祭而田歟孔氏賈氏皆以爲周禮四仲

祭者獻禽也然則因田而薦非因祭而田直曰獻禽可矣又曰享礿享烝何也孟夏礿而中夏又礿孟冬烝而中冬又烝不亦黷乎南師解曰祭以首時者謂大夫士也天子諸侯祭天及禘祫以孟月祭宗廟以仲月而左傳則有始殺而嘗閉蟄而烝之文始殺在仲秋則閉蟄亦當在仲冬矣杜預分爲上下限十月半蟲始蟄爲上限十一月初蟄蟲閉爲下限皆可烝周官祭以四仲蓋在下限是因祭以首時而曲爲之說也昭元年左傳十二月晉既烝蓋周建子爲春故烝祭在十二月於夏爲孟冬於周爲季冬桓八年經春正月巳卯烝於周爲孟春於夏爲仲冬如杜預說在可烝之下限不爲過而書者穀梁以爲烝冬事而春興之志不時也然則不行夏時

祠礿嘗烝皆失其正故春秋書而非之周官蒐苗獮狩獨用夏時祭以四仲得其正矣桓四年春正月狩與八年春正月烝皆在仲冬之月合於周官說者以爲春狩與春烝皆非禮故書月莊四年冬狩於郜昭八年秋蒐於紅爲得時故不月公穀皆曰秋曰蒐何休亦云狩例時書月者譏不時也范甯亦云祭祀得禮者時失禮者月然則春秋亦行夏時歟不然莊四年冬狩夏之八月乃仲秋之獮昭八年秋蒐夏之五月乃仲夏之苗秋而狩夏而蒐烏在其爲得時乎春秋祭不書祠礿而書嘗烝田不書苗獮而書蒐狩則凡書於策者皆非時田時祭可知也大閱在中冬經書秋八月桓六年左氏以爲簡車馬穀梁以爲觀婦人而昭十八年七月鄭人大蒐治兵於廟則蒐閱皆非時田明

矣何休曰比年蒐三年大閱五年大蒐漢禮猶然昭二十有二年春大蒐于昌間穀梁子曰秋而曰蒐此春也其曰蒐何也以蒐事也如其說四時皆可蒐而桓八年夏五月丁丑烝則亦四時皆可烝歟吾故曰時田時祭不書於策董仲舒曰祠者以正月食韭礿者以四月食麥嘗者以七月嘗黍稷烝者以十月進初稻是薦也非祭也又曰春上豆實夏上尊實秋上杌實冬上敦實豆實韭也春始生尊實麷也夏初受杌實黍也秋先成敦實稻也冬畢熟始生曰祠初受曰礿先成曰嘗畢熟曰烝一年之中天賜四至至則上之此宗廟所以歲四祭也蓋合祭薦爲一而以首時其義如此劉向曰苗者毛取之蒐者搜索之狩者守畱之夏不田何也曰天地陰陽盛長之時猛獸不攫鷙

鳥不搏蝮蠆不螫鳥獸蟲蛇且知應天而況人乎哉其謂之田何去禽獸害稼穡者故以田言之何休謂田以共承宗廟夏不田而於苑囿中取之劉向不信周官獨主公羊夏不田之說周書曰夏數得天百王所同商湯革命建丑為正易民之視亦越我周改正異械以垂三統至於敬授民時巡狩祭享猶自夏焉此周官用夏時之明證也何休曰春薦尚韭卵夏薦尚麥魚秋薦尚黍肫冬薦尚稻鴈無牲而祭謂之薦天子四祭四薦諸侯三祭三薦大夫士再祭再薦漢叔孫生曰古者有春嘗果方今櫻桃熟可獻上許之諸果獻由此興此無牲之薦也然蓏嘗麥犬嘗麻則薦有牲矣王制注云有田者既祭又薦士薦用特豚大夫羔所謂羔豚而祭百官皆足詩曰獻羔祭韭說者謂祭特牲薦以豚祭少牢薦以羔薦貶於祭不用成牲無牲者無成牲也康成謂鬼亦在祧薦而不祭祭有尸薦無尸譏周謂月朔加薦象生時朔食謂之月祭祧廟則否

詩時邁其邦巡守也曰薄言震之莫不震疊箋云兵所征伐

甫動以威則莫不懼而服者疏云王巡守以軍從故也大司馬職曰及師大合軍以行禁令以救無辜伐有辠又曰若大師則掌其禁令涖釁主及軍器上云師下云大師二者不同大師言征伐之事則所云師者乃巡守非征伐也故注云師謂王巡守及會同司馬起師合軍以從不言大者未有敵不尚武是巡守之禮以軍從矣大合軍猶大合樂大合樂者徧作六代之樂明大合軍者亦六軍皆行也而雜問志云天子巡守禮無六軍之文以禮無正文耳天子海內之主安不忘危且云救無辠伐有辠安得無六軍也或云詩言戢干戈櫜弓矢則震疊不以兵矣且定三草隱五及偃武行文帥諸侯而朝天子齊桓之所以立伯功也況天子之巡守曷爲威之

以兵然後懼而服乎說者謂小宗伯立軍社大司馬涖釁主皆曰大師是命將出師曰師天子親征則加大焉大合軍者天子治兵之禮然康成謂巡守若會同亦非無說也大行人時會以發四方之禁殷同以施天下之政時會者諸侯有不順服王將討之乃爲壇以合諸侯而發禁焉殷同者十二歲王不巡守六服盡來朝故曰殷同亦曰殷國言其盛也王亦爲壇合諸侯而命其政政與禁謂九法九伐所以平邦國正邦國而大合軍以行其禁令者也詩曰周王于邁六師及之于邁猶時邁則巡守有六軍見於此矣昭王南征抎于漢中穆王東征渴於沙衍周德之衰也宣王東蒐軍行嚴肅大路所歷黎元不知故詩曰之子于征有聞無聲龐龐乎奕奕乎

豈非一時之盛哉東蒐者王之東巡守也選車徒大合衆則巡守有六軍又何疑春秋天王狩于河陽穀梁狩作守讀爲狩蓋王巡守會諸侯而田獵因以修戎事故一名蒐書曰其克詰爾戎兵以陟禹之迹方行天下至于海表罔有不服以覲文王之耿光以揚武王之大烈方行天下非巡狩而何覲光揚烈曷嘗不詰戎兵也兵所以昭文德信矣是故向戌弭兵而春秋益亂蕭俛消兵而河朔遂亡

大會同則大司馬帥士庶子而掌其政令大祭祀饗食羞牲魚孔穎達謂司馬掌會同薦羞之事春秋襄二十七年諸侯之大夫會盟於宋宋人享趙孟司馬置折俎禮也體解節折謂之羞羞牲魚蓋饗兼燕矣仲尼使舉是禮也以爲多文辭

古者於旅也語文辭者饗燕之辭魏侯觴於苑臺魯君舉觴而言孔子射於矍相之圃公罔之裘揚觶而語皆是也服虔以爲仲尼舉而用之後世謂之孔氏聘辭聘行享禮其說必有據矣

夏官司勳凡有功者祭于大烝謂功臣配享案唐貞觀禮祫享功臣配于廟廷禘則否是時令文祫禘竝得配享貞觀十六年集禮官議大常卿韋挺等議曰周禮六功之官惟配大烝而巳先儒皆以大烝爲祫祭高堂隆庾蔚之等皆遵鄭學未有以爲時享者又漢魏祫祀皆在十月晉朝禮官欲用孟秋殷祭左僕射孔安國啟彈坐免者不一梁初誤禘功臣左丞何佟之駮議武帝從之降洎周齊俱依此禮今禮禘無功

臣誠謂禮不可易乃詔改令從禮至開元改修禮復令禘祫並配焉案司勳大烝月令所謂大飲烝也孟夏飲酎孟冬大飲烝皆祭宗廟之禮左傳襄二十二年所謂見於嘗酎與執燔焉是也執燔助祭非宗廟而何康成謂飲酎與羣臣飲于朝大飲烝與羣臣飲于學鑿矣孟冬百物大備其禮尤盛故祫祭于太廟曰大飲烝是時大享先王功臣皆從與享而天子亦得與其助祭之羣臣飲酒于廟之寢歟盤庚孔傳曰大享烝嘗也孔疏云時祭烝嘗爲大秋冬之祭尚及功臣則禘祫可知近代惟禘祫配食時祭不及失之矣冬祭曰大烝乃時祫爾非謂三年一祫也配享列於庭魏高堂隆議曰燕禮大夫以上皆升堂士位於庭功臣配食而在庭此貶損非寵

異也周書曰勇則害上不登於明堂見周書大匡篇左傳引之曰周志今之周書古之周志也言有勇而無義不登堂配食此配食在堂之明證也北面於庭朝立之位燕則升堂脱屨位不在庭君禮大夫三獻大祝三進爵於配食者可也古有立朝有坐朝治朝則君臣皆立燕朝則君臣皆坐坐則脱屨升堂大夫以上皆然士則立於下故曰朝不坐燕不與孔叢子謂天子諸侯之臣生則有列於朝死則有位於廟其序一也左傳以王命討不庭杜預云下之事上皆成禮於庭中然則有位於廟其位在庭矣朝有著位廟亦如之詩著三章先言著次言庭末言堂則著不在堂也其配饗神座齊永明十年何諲之議曰功臣配饗題列坐位具書官爵謚名前朝遺事無主設板大小厚薄與

尚書召板相同然則板即主也晉安昌荀氏祠制謂之祭板長尺一寸博四寸五分厚五寸八分大書某之神座盛以帛囊而檢封焉唐禮祫禘功臣神座各設版於座首其版文各具題官爵姓名自漢及唐未聞配食在堂之禮楚詞云三公穆穆登降堂諸侯畢極立九卿（音羗與堂協）但言登降而已非謂位在堂也覲禮侯氏奠圭奠幣在中庭皆升堂致命降階再拜稽首亦升堂成拜則朝位亦不盡在庭蓋天子以賓客禮之故致命成拜皆在堂歟春朝與秋覲不同秋覲天子當依而立介疋牖戶之間謂之扆（與依通）扆當牖東戶西則扆位在堂矣春朝天子當宁而立介疋門屏之間謂之宁蓋門旁有塾門外有屏天子立於其間以待諸侯之至故曰宁諸公東

面諸侯西面東西對立則君臣之位皆不在堂所謂不下堂而見諸侯者惟覲禮爲然也或曰宁位在門堂宁與著通諸侯内屏著在門内天子外屏著在門外尒乏兩階間謂之闟中庭之左右謂之位位者羣臣東西之列位雜問志曰春祭蒼帝大皡食焉句芒祭之於庭則知在庭之位非始於漢矣曲禮下卿位疏云卿位路門内門東北面位論語過位色勃如也注謂入門右北面君揖之位包氏以爲君之空位誤矣入門尚未升堂則位非君位也燕朝在路寢大夫得升堂

馬質禁原蠶注云原再也天文辰爲馬蠶書蠶爲龍精月直大火則浴其種是蠶與馬同氣物莫能兩大禁原蠶者爲傷馬也宋雍熙中嘗欲禁之値史館樂史以爲國賦再熟之稻鄉貢八蠶之緜蠶之有原其來久矣編民之内貧窶者多春

蠶所成止充賦調之用晩蠶薄利方及卒歲之資今若禁之竊恐病民未見其利上覽之遂寢其禁司業孔維以爲晩蠶之繭出絲甚少再采之葉來歲不茂豈徒傷馬桑亦殘焉淮南子曰禁原蠶爲殘桑也今坰野之地官馬多死苟無明據豈敢妄陳案本草注以僵蠶塗馬齒則不能食草物類相感如此仲春祭馬祖季春享先蠶皆天駟房星也爲馬祈福謂之馬祖爲蠶祈福謂之先蠶請依周禮禁原蠶爲允上雖不用而嘉之以其言付史館而有司檢討先蠶故事以爲先蠶者始蠶之人與先農先牧先炊一也開元享禮瘞炊於壇之壬地又郊祀録載先蠶祀文有肇興蠶織之語而爲壇北郊不設燔燎則先蠶非天駟房星矣中山經宣山有桑其枝四衢葉大尺餘

名曰帝女之桑詩所謂猗彼女桑也海外北經有歐絲之野在大踵東一女子跪據樹歐絲郎荀子所謂身女好而頭馬首者是爲蠶神與馬同形故與馬同氣實爲龍精而晉志祭先蠶以少牢其神曰菀窳婦人寓氏公主隋志祭先蠶以太牢其神曰西陵氏則肇興蠶織者也校人秋祭馬社注云始乘馬者世本作曰相土作乘馬似非易服牛乘馬蓋取之隨神化宜民始於黃帝然則作乘馬者軒轅氏矣路史謂軒轅氏古帝皇非黃帝也其言不雅馴禡之言馬也禡禮祀軒轅以此北齊以馬蠶同祖故先蠶亦祀軒轅失之校人夏祭先牧注云始養馬者其人未聞呂氏春秋曰乘雅作駕寒哀作御寒哀者韓哀侯也古寒韓通世本云韓哀侯作御說者謂古雖有御至是加精巧

焉詩曰自古在昔先民有作菀窊寓氏乘雅寒哀似皆起於近世非古昔先民安可謂之作乎軒轅娶於西陵氏之子謂之嫘祖氏淳化鳥獸蟲蛾故後周以先蠶爲西陵氏然則先蠶猶先牧始養蠶者而馬蠶之祖則龍精也

量人掌建國及造都邑之法營軍之壘舍量其市朝州涂軍社之所里司農謂州涂者還市朝而爲道（還與環通）康成謂一州之衆二千五百人爲師先鄭以州爲道失之後鄭以州爲師亦未爲得也涂謂之術術謂之遂月令審端徑術學記術有序皆是蓋田首曰遂而五縣爲遂亦以遂名邑中道曰術而十里爲術亦以術名度地篇曰州者謂之術不滿術者謂之里故百家爲里里十爲術術十爲州州十爲都然則州涂者

州術也州之內有涂涂之內有里面朝後市左祖右社而壘
舍成焉營軍之壘象建國之都皆以其法别而制斷之量人
所以造都邑者如此則其所以營軍壘者亦如此掌固掌修
城郭溝池樹渠之固其法亦見度地篇其言曰聖人之處國
者必於不傾之地而擇地形之肥饒者鄉山左右經水若澤
內爲落渠之寫因大川而注焉天下有萬諸侯天子中而處
因天之固得地之利內爲之城外爲之郭郭之外爲之土閬
閬壍謂地高則溝之下則堤之命曰金城樹以荆棘上相穡著
者所以爲固也掌固職所謂城郭溝池樹渠之固者蓋如此
康成亦云樹謂枳棘之屬有刺者則知先秦兩漢皆然矣一
說量人所量者里數也司馬法曰中壘六千尺積尺得四里

以中壘四面乘之一面得地三百步壘內有地三頃餘百八十步正門大將居之其數則量人之所量也蓋營壘以里計所謂軍社之所里者即此孫臏曰燒其積聚虛其市里然則軍市軍社之所在皆曰里也壘謂軍壁崔瑗中壘校尉箴曰堂堂黃帝設爲壘壁春秋秦伯使術來聘公羊術作遂古術遂通故學記術有序注云術當作遂或改術爲州妄之甚矣王制鄭注云屬連卒州猶聚也疏云屬者繫屬連者連接卒者卒伍州者聚居齊語亦云羣萃州處然則里術州都市朝州涂皆聚也

司爟故書爟爲燋燋與爝通音哉約反杜子春讀爲爟爟爲私火康成謂爟讀如予若觀火之觀今燕俗名湯熱爲觀則爟火爲熱火歟然則司爟夏主熱司烜秋主明熱以爨取其新明以照取其潔而明者不皆熱也故司爟專取火司烜兼取水乃知

火之寒者非獨蕭芷之燄矣呂氏春秋湯得伊尹祓之於廟爝以爟火齊桓得管仲亦然高誘謂火所以祓除不祥周禮司爟掌行火之政令爟讀如權置火於桔皋燭以照之如其說則爟火者權火也張晏曰權火烽火也狀若井挈皐矣欲令光明遠照如淳曰權舉也說文亦云舉火曰爟而以爟火爲燧火則似不然祭祀舉爟與寇至舉烽不應同類漢祀五畤於雍五十里一燧火與寇至舉烽何以別乎且伊尹管仲所以皆爝以爟火者亦謂得賢臣良弼以告上帝鬼神即所謂祭祀通權火也然則通權火者祭爟之禮凡祭祀則舉焉名曰祭爟秦漢因之是爲通權火甘泉賦所謂樵蒸焜上配藜四施東燭西燿北爌南煬蓋即實柴槱燎所以報陽歟一

說祭爟者祭火星也古之火正掌祭火星行火政季春昏心星出東方而咮七星鳥首正在南方則用火季秋星入則止以順天時救民疾帝嚳有祝融堯時有閼伯民賴其德死則以爲火祖配食火星周之司爟實掌其祭以報其功康成謂禮如祭爨是燔柴於爨也必不然矣所謂四時變國火者管子曰春爨以羽獸之火夏爨以毛獸之火秋爨以介蟲之火冬爨以鱗獸之火中央爨以倮蟲之火羽獸南方朱鳥火煙赤毛獸西方白虎火煙白介蟲北方元武火煙黑鱗獸東方蒼龍火煙青倮蟲中央黃龍火煙黃然則春取榆柳之火於南方夏取棗杏之火於西方秋取柞楢之火於北方冬取槐檀之火於東方中央取桑柘之火於坤方舊說以爲春青冬

黑又以爲榆柳不青槐檀不黑皆非也南宮朱鳥軒轅爲權主火權火之名蓋出於此柳爲鳥喙衡散爲榆燕荑在地赤心者善則榆柳爲南方之火信矣燕荑榆也春秋說曰槐木者靈星之精也非東方之木乎賈誼曰柳者南方之木桑者中央之木棘者西方之木棘者棗也秦漢有別火之官主改火之事春青冬黑乃其常也又焉用別荀爽曰火生于木木盛於火其德爲孝至夏乃王其精在天温煖之氣養生百木是其孝也至冬則廢其形在地酷烈之氣焚燒山林是其不孝也故夏官掌火冬禁焚萊後世因之而莫知其由盛冬去火目爲龍忌蓋龍星木位火生於寅壯於午死於戌夫文戌火爲威故爲之禁焚萊者罰并州舊俗遂莫敢煙爨每冬中輒一

月寒食好事者因附會介子推焉時則訓曰仲春始出仲秋始內季春大出季秋大內萬物皆然而司爟亦以此施火令春秋桓七年春二月焚咸丘火田也周之二月夏之季冬禁火之時而以火田此春秋所以書而非之也蒐火弊苗車弊獮羅弊狩徒弊王制昆蟲未蟄不以火田介疋火田爲狩皆失周官之義矣羅氏職蜡則作羅襦康成謂今俗放火張羅其遺教說者遂云冬以火田非周官之義也

司險設國之五溝五涂而樹之林以爲阻固康成謂五溝者遂溝洫澮川五涂者徑畛涂道路此井田之法匠人掌之遂溝洫澮專達於川而山閒有川川上有涂造溝因地勢梢溝因水勢曲爲磬以行之深爲淵以積之大爲防以障之此博舉天下之水詳其利害而國必依山川因之設險以守其國

則知司險所設之五溝不獨井田爲然也而匠人溝洫之法亦從此出焉度地篇曰水之出於山流於海曰經水水別爲他水曰枝水山之溝一有水一無水者曰谷水水之出於溝流入大水及海者曰川水出地而不流者曰淵水此五水者因其利而往之因而阨之乃迂其道而遠之以勢行之是爲司險所設之五溝其設之之法先具備水之器籠臿板築土車兩葦藏於里中常以朔日出具閱之取完堅補弊久去若惡而以冬少事之時令其徒以次積薪水旁其積之也以事之已其作之也以事未起大爲堤小爲防地不生草者必爲之囊爽水四道禾稼不傷歲埤增之樹以荆棘以固其地雜之以柏楊以備決水民得其饒是謂流膏令其地之民守之

往往而爲界司險職所謂樹之林以爲阻固皆有守禁者其大略如此後世井田既廢而講水利者或引以溉田或疏以通漕然五水不分五溝不設戎馬橫行如入無人之境而司險藩塞阻路之意蕩然無復存焉矣司險掌九州之圖以周知其山林川澤之阻而達其道路其說亦見地圖篇曰凡兵主者必先審知地圖轘轅之險濫車之水名山通谷經川陵陸丘阜之所在苴草林木蒲葦之所茂道里之遠近城郭之大小名邑廢邑困殖之地（困謂不耕之地殖謂墾田）必盡知之地形之出入相錯者盡藏之然後可以行軍襲邑舉錯知先後不失利此地圖之常也苟非地圖焉知阨塞不知守國何以行軍蕭何入關先收秦圖書者以此荀子謂古者城郭不辨溝池不

丱古掘字史記作掘固塞不樹如其說則司險之職廢矣豈其然乎難經以經水比人身十二經枝水比人身十五絡聖人圖設溝渠通利水道以備不然其說得之矣楚莊王欲伐陳使人視之使者曰陳不可伐也其城郭高溝壑深王曰陳可伐也陳小國而城郭高溝壑深則民力罷矣興兵伐之遂取陳然則設險以守國而守國不徒以險也

夏秋二官皆有環人夏官環人掌致師而環四方之故秋官環人掌送逆賓客行則達之舍則環之故皆以環名官環與還通春秋莊十年宋人遷宿公羊曰遷之者何不通也以地還之也何休曰還繞也繞取其地使不得通四方此夏官環人所謂環四方之故者也量人量市朝之州涂司農謂還市

朝而爲道則還讀爲環矣齊語環山于有牢韋昭曰環繞也
馬融讀環爲繯字郎絹謂繯山之牢牧稾野之飛征古本齊語
亦作繯賈逵曰繯還也劉昌宗讀爲患戶串反亦必有說矣
王射三容諸侯二容卿大夫士一容案尒疋容謂之防注云
如今牀頭小曲屏風唱射者所以自防隱也荀子曰居則設
張容負依而坐戶牖之間謂之依言張設于戶牖間則斧扆
亦名容與唱獲者之容皆象屏風故事異而名同也古者貴
賤不嫌同名信矣容一名乏車僕大射共三乏
大射燕射司弓矢共并夾射鳥氏主取矢矢在侯高則以并
夾取之注云并夾鍼箭具矢籋也說文籋箝也箝與鉗同一作鍼皆從金
以甘咸　并夾反爲籋猶不來反爲貍後世反切之學出之此
得聲

周靈王時諸侯莫朝萇弘乃設射不來不來者貍首也貍首之詩與祭侯之辭皆言諸侯來朝之禮其詩曰曾孫侯氏四正具舉大夫君子凡以庶士小大莫處御于君所以燕以射則燕則譽其辭曰惟若寧侯毋或若女不寧侯不屬于王所故抗而射女强飲强食詒女曾孫諸侯百福古者來朝諸侯稱侯氏見覲禮不來者不寧侯故抗而射之然則萇弘行古禮說者謂依物怪已致諸侯妄之甚矣

司士詔王治以德詔爵以功詔祿以能詔事管子曰君之所審者三一曰德不當其位二曰功不當其祿三曰能不當其官此三本者治亂之原也故德義未明于朝者不可加以尊位功力未見于國者不可授與重祿臨事不信于民者不可

使任大官故德厚而位卑者謂之過德薄而位尊者謂之失寧過于君子毋失于小人過于君子其爲怨淺失于小人其爲禍深是故國有德義未明于朝而處尊位者則良臣不進有功力未見于國而享重祿者則勞臣不勸有臨事不信于民而任大官者則材臣不用如此則明塞于上而治壅于下若夫君子之怨小人之禍詩之小雅備矣君子之怨也所以救小人之禍也及小人之禍既成則君子鴻飛冥冥又何怨焉通典謂前漢尚書四曹後漢六曹隋爲六部唐以六部爲天地四時之官法周之六官然參詳古今徵考職任則唐之吏部周之司士也王制司馬辨論官材實司士之職似司士一名司馬猶秋官縣士掌野左傳謂之野司寇歟詩正義曰

士察也謂之士者言其能察理衆事
王日視朝特揖孤卿旅揖大夫旁三揖羣士還揖左右門宿
衞之士鄭司農曰卿大夫士皆君之所揖春秋傳所謂三揖
在下也王制七十不俟朝王揖之則退不待朝畢其餘揖之
乃就位羣士不待王揖發在其位王揖之皆逡遁而復位云
案燕禮言爾大射儀言揖遠則爾近則揖爾猶近也謂揖而
近之說文竦手爲拜音拱從兩手下之爲拜故揖與拜通特揖
者奇拜奇猶特也特揖爲奇拜則旅揖爲再拜歟三孤六卿
則奇拜二十七大夫則再拜八十一元士則三拜所謂禮以
少爲貴者蓋如此晉靈公不君趙盾將入諫靈公望見之怨
而再拜盾乃孤卿禮當特揖靈公見之而驚失其常度故爲

之再拜說者謂敬以拒之是不然無道之君彈人爲樂焉能敬大臣乎何休曰禮天子爲三公下階卿前席大夫興席士式几此坐朝之禮燕饗行之王饗諸侯乘車送逆燕禮賓入及庭公降一等而揖焉則有下階之禮凡大朝覲大饗射及封國命諸侯皆設席大朝覲者諸侯因會同而行朝覲之禮也若夫路門視朝君臣皆立未聞設席亦不下階孔子見哀公公問儒行蓋燕朝也路門内之朝大僕掌之故曰更僕更僕者久立將倦大僕二人相代而更於是爲孔子布席於堂而與之坐焉此古禮也及秦而亡漢禮皇帝見三公御坐爲起在輿爲下雖有是禮亦不常行呂氏春秋桓公朝揖管仲而進之所謂特揖也入及庭而未就位之時魏文侯燕飲任

痤入文侯下階而迎之以爲上客蓋燕必有君所謂君爲臣下階者惟此時爲然冠義見於母母拜之謂舉手禮之卽君揖臣之禮自古未聞婦人揖凡婦人皆肅拜也婦人肅拜猶男子揖說者以爲母不應拜子誤矣古者不獨君揖臣亦有臣揖君楚令尹子佩請飮莊王北面疏揖疏者徒跣也子事父臣事君皆跣而升堂禮於堂上無揖疏揖者堂下正立拱手斂朝儀士旁三揖喪禮士旁三升三揖者三舉手三拜者三屈膝旁猶面也一云旁猶不正也面者每面揖之三不正者邪嚮揖之三旁拜爲汜拜則旁揖爲汜揖矣古旁與方通士上下中三等故三揖也士微矣喪則拜而朝則揖先王所以勸士者至矣哉其有致仕在家者入朝君必先揖之而后

及卿大夫士古君臣相接以禮其禮之隆又若此
內宰掌北宮宮正掌西宮諸子掌東宮皆典禁兵豫機密親
近之臣也何以知之以燕禮知之宮正即司宮諸子即庶子
燕禮西階之燭司宮執之則知宮正掌西宮也阼階之燭庶
子執之則知諸子掌東宮也內宰職正歲憲禁令于王之北
宮而糾其守則內宰掌北宮明矣西宮者王宮北宮者后宮
東宮者大子宮或曰庶子賤者燕禮士旅酧畢乃獻庶子射
禮士旅酧畢而復射則不獻庶子復射畢而後獻之如獻士
之禮獻在士後則庶子賤者歟非也庶子內臣也燕禮獻羣
臣畢然後獻內臣故士旅於西階既辯乃獻庶子於阼階既
獻庶子遂獻左右正與內小臣亦在阼階皆內臣也則庶子

爲內臣之長矣古者訓民之官謂之外庶子故康誥曰外庶子訓人掌其戒令與其教治春合學秋合射攷藝進退皆訓人之事有外則有中諸子者中庶子也荆軻入秦因寵臣中庶子蒙嘉而得見秦王則庶子非親近之臣乎國有大事諸子帥國子而致之太子惟所用之若有兵甲之事則授車甲而合卒伍古者太子宮亦如王宮有禁兵歟曰然漢制太子食湯沐十縣設周衞交戟古法也然則太子將兵歟曰否所謂兵甲之事者謂太子有監國撫軍之事在軍則國子守遷主在國則國子守王宮也以爲是宿衞之親軍故司馬之征弗及授車甲合卒伍治以軍法則有司存或守太廟或守貴宮貴室或守下宮下室皆諸子致之內宰宮正宮伯分掌之

而太子弗與焉西晉裴頠以太子非賈后所生宜防其變表請增東宮宿衛萬人然而四率精兵終不能免愍懷之禍也楚有東宮之甲商臣遂與宮甲圍成王適足以濟其蠭目豺聲之忍而已故古者太子之宮不藏兵革秦因周制有中庶子官漢王商史丹傅喜等皆嘗爲之主諸吏之適子及支庶版籍魏因之在吳及晉尤重其選顧譚溫嶠皆居是官甚見補益然皆不典兵也夏官諸子存游倅修德學道天官宮正聯什伍糾德行敎道藝晉之霸也亦如之故郤縠爲元帥惇悅詩書士會將中軍講求典禮及秦以力征并吞諸侯而其風息矣古者庶子掌公族非徒國也家亦有焉衞公孫鞅事魏相公叔痤爲痤之中庶子（中一作御）是家臣也雖家國不同同

掌公族晉有公族大夫卽夏官之諸子歟甲衞士謂之介夫故有正夫有游夫游謂之倅車有游闕夫有游倅春秋傳孟孫卒將辟臧孫使正夫助之正夫者小司徒起徒役毋過家一人是爲正夫以其餘爲羡羡猶游也管子曰一器成往夫具二器成驚夫具三器成游夫具游夫卽國之貴游後漢大將軍竇武援立靈帝盧子幹獻書于武曰比世祚不競仍外求嗣四方未寧盜賊伺隙將有楚人脇比尹氏立朝之變宜依古禮置諸子之官徵王侯愛子宗室賢才外崇訓道之義內息貪利之心簡其良能隨用爵之彊幹弱枝之道也愚謂貴游不徒宗室公卿之子王之庶子亦與焉如是則孽不奪嫡庶不亂宗伯父伯兄仲叔季弟幼子童孫皆爲宿衞奔奏

禦侮之臣。安得有楚人脅比尹氏立朝之變乎。其後冀州刺史王芬、南陽許攸、沛國周旌等，連結豪傑，謀廢靈帝，立合肥侯，則子幹之言中矣。

禮說卷十

禮說卷十一

東吳　半農　惠士奇

夏官二

官以節服爲名則王之車服旂常皆其職掌朝祭則六人從王郊祀則二人從尸持旌執戈乃其事也若云從王服衮從尸服裘則周書顧命執惠執戈者雀弁綦弁而已未聞服冕況以下士而服衮與裘乎諸侯四人其服亦如之者所謂公之服自衮冕而下如王之服也郭景純注尒疋引周禮曰六人維王之大常服虔注左傳引周禮亦然則是節服氏掌朝祭之衮冕郊祀之裘冕可知矣學者讀從之可也

方相氏敺疫蒙熊皮黃金四目注云如今魌頭也荀子曰仲

尼之狀面如蒙倛倛與魌通愼子曰毛嬙先施衣之以皮倛則見者皆走韓退之曰四目爲方相兩目爲倛猶今假面也大喪及墓方相氏以戈入壙毆方良注以方良爲罔兩然則罔兩當讀作方良東京賦曰捎魑魅斮獝狂斬蝼蛇腦方良則罔兩讀作方良矣薛綜注云方良草澤之神也段成式謂罔兩好食亡者肝而畏虎與柏墓上樹栢立石虎以此說文在虫部云蛧蜽山川之精物也狀如三歲小兒赤黑色赤目長耳美髮淮南王說云魯語賈逵注則謂罔兩罔象有夔龍之形而無實體非神名也韋昭以爲蝄蜽山精好斆人聲而迷惑人杜預以爲水神衆說不知孰是獨段氏附會周官一說方良史記作罔閬蓋彷徨也莊子曰野有彷徨司馬彪以爲狀如蛇故說文

在虫部魑一作顛淮南子曰視毛嬙西施猶顛醜也說文云今逐疫有顛頭廣雅水神罔象蔡邕說顓頊三子其一居若水爲魍魎建路鼓於大寢之門外大僕掌其政以待達窮者與遽令先鄭謂窮者窮寃失職來擊此鼓若今時上變事擊鼓矣遽傳也若今時驛馬軍書當急聞者後鄭足成其義謂肺石達窮民朝士掌之驛馬軍書者郵驛上下程品也案漢律有變事有驚事凡上言變事謂之變事令驚事告急謂之驚事律達窮者變事上言也遽令者驚事告急也令者施行制度以此設敎違令則入律驚猶遽也故曰遽令變者非常故擊路鼓否則坐肺石而已建路鼓者若後世闕左懸登聞鼓人有窮寃則撾鼓公事上奏其事焉肺石在外朝之闕路鼓在內朝

之門坐肺石者士師聽之擊路鼓者大僕達之則天下無窮民矣書曰不虐無告不廢困窮帝王之政必先窮者軍書雖急不以先窮路鼓本以達窮民也窮遽皆有律令言令則律在其中非律令亦不得擊此鼓先鄭讀以令屬下句失之禹立建鼓於朝而備訊唉訊之言問驚問曰唉謂窮遽也周書穆王命伯冏爲太僕正作冏命孔傳以太僕正爲大馭孔疏謂大僕下大夫而大馭中大夫其官高於大僕且戎僕齊僕道僕田僕而大馭最爲長春秋隨侯寵戎右少師漢文愛趙談而參乘又最爲密昵故安國以太僕爲大馭也然戎僕與大馭皆中大夫大馭雖尊不得爲長春秋有御戎戎右二官君之車爲戎車則御戎者卽周官之戎僕大馭掌玉路

不掌戎車而戎右贊王鼓傳王命掌戎車之兵革使者卽隨少師之職而孔疏以大馭當之誤矣左傳成六年韓獻子將新中軍且爲僕大夫僕大夫者大僕也晉謀遷都諸大夫皆在公揖而入獻子從公立于寢庭寢庭者燕朝路寢之庭在路門內司士掌治朝在路門外朝士掌外朝在庫門外皐門內是爲三朝而路寢庭朝則大僕之所掌也春秋時周禮未改列國猶重大僕一官獻子以卿兼之其任不可謂不重位雖下大夫而正王服位出入王命卽周書所謂出入起居罔有不欽發號施令罔有不臧王眂朝則前王燕飲則相王射則贊王眂燕朝則擯又周書所謂旦夕承弼厥辟也而上士小臣中士祭僕下士御僕皆其僚屬爲羣僕侍御之臣非周

書所謂愼簡乃僚其惟吉士者乎詩曰出納王命王之喉舌謂大僕也毛傳謂冢宰冢宰於治朝聽朝則贊王聽治歲終則詔王廢置而已未嘗出納王命也王之大命大僕出入之小命則其屬掌之詩所謂王之喉舌者非大僕而誰一說冢宰兼太僕荀子曰便嬖左右者人主之所以窺遠收衆之門戸牖嚮也不可不早具也故人主必將有便嬖左右足信者然後可其知惠足使規物其端誠足使定物然後可然則侍御僕從左右前後有位之士不擇知惠端誠足信者充其官以爲人主窺遠收衆之門戸牖嚮而以巧言令色側媚者充之是自閉其門塞其嚮乃更旁開邪竇以環主圖私其害有不可勝言者可不愼哉秦武王令甘茂擇僕與行事僕謂大

僕行事謂大行孟卯謂茂曰公不如爲僕公佩僕璽而爲行事是兼官也韓獻晉卿甘茂秦相皆兼大僕則親近之臣自古重之矣賈誼官人篇曰修身正行道語談說服一介之使能合兩君之驩執戟居前能舉君之失過不難以死持之者左右也事君不敢有二心居君旁不敢泄君之謀君有失過憔悴有憂色不勸聽從者侍御也左右在側聲樂不並奏侍御在側子女不雜處蓋古親近之臣若此録之以補周官之闕焉

天子七廟廟有五寢埽除糞灑隷僕掌之王宮六寢廟闕其一何也清廟之制如明堂明堂五室故清廟五寢中央曰太室亦曰太寢春秋文十三年太室屋壞謂中央之室室上重

屋所謂復廟重檐天子之廟飾洛誥王入太室祼孔疏謂廟有五室中央曰太室者是也太室公羊作世室謂魯公之廟世世不毀象周之文武康成既以文武爲二祧又謂二祧無寢失之甚矣路寢之制亦如明堂而王宮六寢廟闕其一非無說也春秋僖二十年西宮災公羊子曰有西宮則有東宮矣魯子曰諸侯有三宮儀禮喪服傳有東宮有西宮有南宮有北宮則有中宮可知小宰憲禁於王宮內宰憲禁於北宮北宮后宮也后有六宮王有六寢寢必有室有正有側側謂之夾夾於燕寢以居九嬪故曰內有九室九嬪居之蓋側室也在燕寢之旁媵妾不祔廟廟無九嬪室故六寢闕其一也春秋有路寢小寢高寢何休曰天子諸侯皆三寢父居高寢

子居路寢夫人居小寢小寢內各有一宮夫人居中宮少在前右媵居西宮左媵居東宮少在後說苑曰高寢位中路寢左右是謂三承明承明者承乎明堂之後者也漢有承明廬張晏曰廬在石渠閣外直宿所止曰廬其名蓋取諸此承明有三倍之爲六矣周禮作雒曰乃位五宮太廟宗宮考宮路寢明堂四阿反坫重亢重廊注云重亢累棟重廊累屋然則殷人重屋七廟皆然也尚書帝命驗曰帝者承天立五府蒼赤黃白黑則五寢象五行與明堂同矣每廟太寢一小寢四三禮義宗言天子諸侯宮寢之制春居東北之寢夏居東南之寢秋居西南之寢冬居西北之寢春三月之中居正寢三月之末土王之日則居中寢餘三時亦如之以從時候孔疏王有六寢正寢一燕寢五其一在東北春居之一在西北冬居之一在西南秋居之一在東南夏居之一在中央六月居之月令執爵于太寢高誘注云

太寢祖廟也康成以爲路寢豈其然古者天子六寢諸侯三寢秦有高寢太寢受寢受寢者小寢歟宋康定元年直祕閣趙希言奏太廟自來有廟無寢因堂爲室同判太常寺宋祁言周制有廟有寢以象人君前有朝後有寢也廟藏木主寢藏衣冠至秦乃出寢於墓側故陵上更稱寢殿後世因之今宗廟無寢蓋本於玆康成謂二祧無寢未聞其說

乘石升車之石詩云有扁斯石傳曰扁扁乘石貌王乘車履石淮南齊俗訓曰周公踐東宮履乘石注云人君升車有乘石是也一名踐石謂踐之以升車戰國策趙武靈王立周紹爲傅曰寡人始行縣過番吾當子爲子之時踐石以上者皆道子之孝然則踐石以上謂國之有司不獨人君爲然矣士昏禮婦乘以几賈疏云乘几者乘以登車尸乘以几重其初昏與尸同也王后則履石諸侯大夫亦應有物履之今人猶

用臺易林云登几上輿駕駟南遊是上輿皆登几也後世以石一名騙石扁騙古今字孔疏謂几即髀豈其然椉乘古文必以几故古文兖從几

弁師五冕之紐注云紐小鼻在武上笄所貫也今時冠卷當簪者廣袤似冠縱其遺象歟案武者冠卷一名委晉語范文子退朝武子擊之以杖折委笄蓋笄貫於委故曰委笄古之笄猶漢之簪所謂冠卷當簪者冕之紐也秦人名武曰委晉語亦云韋注云委委貌失之詩有頍者弁康成謂今未冠笄者著卷幘蓋頍之象士冠禮緇纚廣終幅長六尺康成云纚今之幘梁也韜髮而結之蓋全幅疊用所以裹髻承冠徐爰曰古者有冠無幘冠下有纚以繒爲之後世施幘于冠因裁

纚爲帽然則古曰纚漢曰幘晉宋曰帽案幘之制旁有耳上有屋下有裙帽亦如之垂裙覆冒蓋韜髮之遺象也故曰廣袤似冠縰其遺象歟言漢之幘梁似古之冠縰縰廣充幅袤六尺其遺象存焉俗本似誤爲以賈疏不明故正之急就篇曰冠幘簪簧結髮紐注云結髮謂作結也紐謂結之鬠也凡結之可解者曰紐愚謂結髮以帶帶謂之鬠鬠謂之髳髳謂之結結謂之紐其形似鼻故亦曰鼻簧疑漢之簪名顏師古以爲步搖誤矣王伯厚改簧爲簂亦非釋名云簂恢也恢廓覆髮上也魯人曰頍齊人曰帨康成亦云滕薛名簂爲頍然則簂即幘也不應重出帨與帽古今文王之皮弁會五采玉璂注云璂讀如薄借綦之綦綦結也注所引馬絆綦與綦車轂之綦皆取結義獨所謂薄借綦者莫

知其說案說文云不借綦喪服傳注云繩菲今之不借孟子趙岐注云蹝草履也敝喻不惜齊民要術云草履之賤者曰不惜然則不借一作不惜言不相假借亦不足憐惜也借古音借故唐詩外借一作外惜猶不借通爲不惜也後人不知紛釋紛好辨多所不通漢人多識字唐人略識字今人不識字名齊人云搏腊於文借惜腊皆以昔爲聲古音通薄搏音相近故薄借轉爲搏腊然則薄借綦齊人語即說文所謂不借綦也案廣雅不借薄平皆履名其紟謂之綦內則注云綦屨繫士喪禮綦結於跗連絇音渠絇在屨頭有孔穿繫於中而結於足康成引之亦取結義也璂一作瑧或省作琪會一作䯤說文云骨擿可會髮者詩曰䯤弁如星儀禮作鬠云鬠笄義取會聚之意晉志云縫中名曰會以采玉爲瑧瑧結也謂縫

而結之穀梁傳曰齊謂之綦楚謂之郰女輒反衛謂之輒輒一作縶然則綦亦齊語謂連併而絆縶也御覽引釋名搏腊作搏借其音同也方言云複舃中有木者隋志云複下曰舃近代或以重皮而不加木失乾腊之義則似舃之言腊義取其乾而釋名云搏腊者把作麄貌則草履之賤與複舃之乾異矣

中庸仁者人也注云人也讀如相人偶之人莫知所出案表記注引公羊傳曰執未有言舍之者此其言舍之何人也今本何注公羊曰仁之也注云若曰可悲又案方言凡相憐哀九嶷湘潭之間謂之人兮然則公羊人之誤爲仁之非何鄭有異同傳寫之誤人之猶方言人兮也詩曰彼美人兮西方之人兮賢者仕於伶官不得志誰憐哀之者惟西方美人憐哀之耳若得遇之驩喜又當何如也如此說詩倍

覺有味且使學者知詩之文辭皆本古訓其略猶存尒疋方言非若後世詩人苟焉而已人也人之人今皆古訓古訓既亡諸儒異說故因薄借綦而并及之表記正義曰成十六年公羊傳文證人是人偶相存愛之義也公羊謂之悕方言謂之噴又謂之思或謂之無寫皆憐也所謂相人偶者其義如此然其文莫知所出

呂氏春秋愛類篇曰仁於他物不仁於人不得爲仁不仁於他物獨仁於人猶若爲仁仁也者仁乎其類者也齊宣易牛梁武麪牲皆不知仁呂氏之說甚明可補中庸正義法言曰道以導之德以得之仁以人之義以宜之禮以體之

弁師王之皮弁會五采玉璂案隋志弁之制高五寸前後玉飾詩云會弁如星董巴曰以鹿皮爲之尚書顧命四人綦弁執戈自天子至于執戈通貴賤矣魏臺訪議曰天子以五采

禮說卷十一

玉珠十二飾之通用烏漆紗天子十二琪皇太子及一品九琪二品八琪三品七琪四品六琪五品五琪六品以下無琪惟文官服之不通武職禮圖有結纓而無笄導少府少監何稠請施象牙簪導從之弁加簪導自茲始弁師王之皮弁象邸玉笄謂弁無笄道者非也何稠請施象牙簪導蓋本弁師之制而加焉耳其琪飾之數經傳無文録以備攷釋名云簪建也所以建冠于髮也一作簪兟也以兟連冠于髮也揥摘也所以摘髮也導所以導擽鬢髮使入巾幘之裏也天子以玉笄而導亦如之降此通用玳瑁及犀隋則惟弁用象牙笄導焉弁師象邸者象牙導也邸與揥音同古文通衞風象揥毛傳云揥所以摘髮孔疏訓摘爲搔而不能名爲何物學者疑之蓋揥者漢

之擿也長一尺爲簪後世或名篦或名導導以櫟鬢簪以固冠簪卽古之笄導卽古之揥魏風佩其象揥毛傳云象揥所以爲飾蓋刻鏤擿頭以爲飾也王之皮弁玉簪而象導也明矣導亦名簪通俗文云幘導曰簪揥一作楴廣韻云整髮釵篦一作鎞玉篇云釵篦又曰鎞釵卽整髮之楴揥楴同字篦楴同物是爲導亦曰擿許叔重曰骨擿之可會髮曰䯤詩云䯤弁如星則似擿一名䯤以骨爲之故從骨然弁師注云故書會作䯤司農讀爲會引士喪禮檜用組乃笄檜讀與䯤同以組束髮謂之檜一作鬠沛國人謂反紒爲䯤愚案士喪禮鬠笄用桑會髮曰鬠笄與擿皆所以會髮故亦得䯤名詩云象服是宜毛傳解象服與象揥同皆云以爲飾孔頴達謂以象

骨飾服失之遠矣范甯注穀梁以象服爲吉笄近之愚謂象服即象揥佩猶服也謂著於首案文選李善注引說文曰揥取也佗狄切協韻佗帝切愚謂揥右摘字說文揥作擿故讁亦作謫皆以啻爲聲讀若摘則揥與摘通故毛傳訓爲摘後漢志摘長一尺有等級皇太后則以玳瑁爲之端有華勝上有鳳凰下垂白珠其飾彌盛矣故毛傳云象揥所以爲飾也凡男子有二笄一固髻一固冠固髻者韜髮作髻訖插笄於其中以固髻內則櫛縰笄總是也固冠者束髮加冠訖縰韜髮總束髮插笄於其中以固冠士冠禮皮弁笄爵弁笄是也然則象揥以固髻玉簪以固冠歟或曰幕人設皇邸鄭司農云邸後版也則象邸蓋冕之版矣冕版前俛而弁前後平故以弁名周曰邸漢曰版古今異語皇邸以羽飾則象邸以象飾可知其說近是然舊說皮弁無版有版者爵弁耳案尒疋邸謂之柢柢楴皆從

木以氐帝爲聲賁一字𥲭者笄之屬則邸非簪而何賈疏以爲弁頂則版也似非一說弁皆有版並存以備攷

司戈盾掌建乘車而設藩盾舍則設之行則斂之康成謂藩盾如今扶蘇蘇與胥古文通故扶蘇一作扶胥蓋秦漢間語周之藩盾也建之乘車以蔽左右軍旅會同前後拒守大者八尺輪三十六乘輓者每乘二十四人以大扶胥爲武衛焉中者五尺輪大櫓扶胥七十二具小者鹿車輪小櫓扶胥一百四十六具皆以矛戟爲翼扶胥爲衛在車兩轓故曰藩盾藩與轓通止則設焉嚴其守也行則斂焉利其行也王之乘車則然若凡兵車雖行亦設之所以陷堅陣敗强敵說者遂以扶胥爲車名失之甚矣大扶胥者左傳偪陽之役狄虒彌建大

車之輪而蒙之以甲以爲櫓者是也古者材士持强弩矛戟夾車而趨左八人右八人車止則持輪以爲羽翼狄虒彌以一人當之非所謂有力如虎者乎扶胥之大小眂其輪之高卑高則建大卑則建小建櫓於輪非以輪爲櫓也即古之輦軍行載器止則爲營一名車耳車耳曰藩因以建盾一名龍盾詩曰龍盾之合畫龍於盾爲龍盾合者合而載之以蔽車漢書以牛車爲櫓爲櫓者設盾以爲車蔽也康成謂阻險之處王行止宿次車爲藩以備非常然則設車宮建藩盾掌舍設之司戈盾建焉太元積之次四曰君子積善至于車耳測曰君子積善至于藩也注云藩車耳藩一作蕃古今文應劭曰車耳反出所以屏蔽塵泥或用革里語曰仕宦不止車生耳輒說文作輒省作反讀爲藩車耳反出者車之兩反旁出如耳也顏師古不知而駁之誤矣

司弓矢職曰王弓弧弓以授射甲革椹質者又曰澤共射椹質之弓矢椹或作鞎先鄭定爲椹後鄭云質正也樹椹以爲射正先鄭謂二尺曰正四寸曰質小尒疋亦云正方二尺正中者謂之槷槷古文臬或作㙞所謂質也質者射之的先儒皆分正質爲二後鄭一之故曰質正也樹椹以爲正若臬然矣圉師職曰射則充椹質杜子春讀椹爲齊人鈇椹之椹圉人所習故使充之言圉人養馬以鈇斬芻乃其職也漢掌畜官斫莝卽此葢斫莝以椹爲藉耳尒疋椹謂之榩孫炎曰椹斫木質也質一作櫍詩云方斲是虔榩省爲虔猶櫍省爲質箋云取松柏斲之正斲於椹上則是用以爲藉也詩曰取厲取鍜箋云鍜石所以爲鍜質疏云質椹也言鍜金之時須山

石爲椹質故取之則椹質又爲鍜厲斧斤之石矣史記范雎曰臣之胷不足以當椹質而要不足以待斧鉞注云椹莝椹也質剉刀也失之穀梁傳云葛覆質以爲臬則質非刀明甚且質爲刀則射者何可以爲的也顔師古謂鈇非斧得之鈇爲剉刀質則莝椹明矣椹質故書作鞎質車革前曰鞎車用革質用皮其類也以皮爲䩨或者非誤乎郭璞謂鞎以韋靶車軾靶猶鞔也卽詩之朱鞹毛傳云路車朱革然則鞹一名鞎車之前後皆用革鞔前曰鞎後曰笰又皆以簟衣之或飾以羽卽詩之簟茀前曰禦後曰蔽椹一作砧文字集略曰砧杵之質也猪金切所謂擣衣砧淮南子曰夫射儀度不得則格的不中注云格射之椹質的射準也枉矢利火射康成謂取名變星飛行有光今之飛矛矛與梟

古音同莊子務光荀子作牟光左傳豎頭須韓詩外傳作里鳧須是務與牟鳧與頭古音同鳧與矛亦然漢之飛矛古之飛鳧也以其飛行有光一名電影凡車戰以强弩矛戟爲翼飛鳧電影副之飛鳧赤莖白羽銅爲首電影青莖赤羽鐵爲首晝以絳縞長六尺廣六寸爲光耀夜以白縞長六尺廣六寸爲流星星有毛羽狀如蛇行古之枉矢號曰飛兵大黃參連弩用之然則枉矢配弩明矣絜矢象焉四弩之矢也康成以枉矢屬弓絜矢屬弩失之說見大公六韜有注俗本合註爲本文疑後人所改當攷兩見太平御覽一見三百三十六卷一見三百四十九卷大黃黃肩弩也肩一作閒參連弩者三十絭共一臂也絭去權反又音眷

大馭犯軷說文作範軷云出將有事于道必先告其神立壇

四通樹茅以依神爲軷既祭軷轢於牲而行爲範軷又云範者範軷也讀與犯同然則馳驅之範因犯軷而得名範者象其形犯者言其義與車前之軓同音學者得其義而失其形久矣則犯軷當依說文作範軷詩及聘禮云出祖曾子問云道而出則軷一祭而三名其牲犬也犬人伏犬王車轢之詩云取羝以軷而羊人無文說者謂天子以犬諸侯以羊又月令冬祀行亦名軷中霤禮云爲軷壤厚二寸廣五尺輪四尺北面設主於軷上既祭徹之更陳鼎俎而迎尸蓋祖道本祭行神當亦有迎尸之禮祖在城門外行在廟門外之西禮雖不同其神一也王出大僕前驅大馭戎僕爲馭及犯軷馭下祝是大馭爲祝及祭酌僕是大僕爲尸祭軹祭軓乃飲此非

尸祭而尸飲歟聘記釋軷祭酒脯乃飲酒於其側注云處者於是餞之然則犯軷遂驅之而亦不遂行也旣犯軷而後祭則迎尸在犯軷後可知矣其位則隨所往之鄕而爲之或曰在城門外之西毛傳云軷道祭也鄭箋云行神之位取羝以祭神又焚烈爲尸羞焉孔疏云天子諸侯軷祭有尸聘禮卿大夫軷祭酒脯無尸崔氏云宫內之軷祭古之行神城外之軷祭山川無道路之神道路之神非行神而何若山川之神則有宗祝以黃金勺前馬之禮焉以故知釋軷不祭山川也崔氏之說失之矣一說玉路以祀天祀天有尸尸之出也亦如之少儀曰酌尸之僕如君之僕僕謂大馭非也尸不乘玉路注云軓與軹謂轊頭軓與范聲同謂軾前也疏云兩軹郎

左右軌車轂小頭轂末之軓車旁著九式前之軏車旁著凡愚謂軌車轍軹小穿本非一物康成一之亦必有說矣孔疏以轂末之軹爲車轍之軌似依注而爲之說及邶風正義則又云軌當爲軹少儀誤耳蓋亦疑而未定歟尸不乘玉路何也曰尸未入廟其尊未伸故曰尸在廟門外則疑於臣安得乘玉路也轉頭曰軹軾前曰軓毛詩音義以軓爲轉頭失之田僕設驅逆之車注云驅驅使禽前趨獲逆衙還之使不出圍禦借作衙古音同也後漢北海相景君銘曰强衙毀節徹弱蒙恩則知漢隸禦皆作衙矣禦與圉通列子禦寇戰國策作圉寇圉卽圄通作衙召南毛傳云虞人翼五豝以待公之發孔疏云書多士曰敢翼殷命注云翼驅也所引多士乃馬融尚書亦見書正義吉日傳云驅禽而至天

子之所易曰王用三驅則田獵有驅禽之法知虞人驅之者山虞萊山田之野澤虞萊澤野駟鐵箋云奉是時牡者謂虞人然則驅逆之車田僕設之校人帥之虞人乘之以驅禽也驅逆之車名曰佐車佐猶左也逐禽由左從左射之車僕職所謂輕車之萃卽此一名輶車詩曰輶車鸞鑣輶猶輕也箋云驅逆之車也乘車鸞在衡輕車鸞在鑣車驅而犬獲則知驅逆之車并有田犬以從禽矣少儀注云朝祀之副曰貳戎獵之副曰佐疏云戎車之副曰倅田車之副曰佐故戎僕掌倅田僕掌佐對異散通魯莊公乘丘之戰佐車授綏是戎車之副亦曰佐也少儀乘貳車則式佐車則否熊氏謂據諸侯誤矣佐車者武車也武車不式豈獨諸侯

凡田王提馬而走諸侯晉大夫馳注云提猶舉也晉猶抑也使人扣之以止奔馳放不扣愚謂止馬曰控騁馬曰磬勒馬曰提放馬曰晉提猶控也晉猶磬也提之言遲晉之言進馳則奔矣控一作鞚通俗文曰所以制馬口曰鞚張揖埤倉曰鞚馬勒也勒馬曰提亦謂之控

校人廄有十二馬有六種一廄二百一十六匹倍之爲四百三十二匹乃二廄良馬一種之數也以其數三之得一千二百九十六匹乃二廄駑馬三良馬之數也以其數五之得二千一百六十匹乃十廄良馬五種之數也與二廄駑馬三良馬之數相并得三千四百五十六匹乃五良一駑十二閑之全數也五良十廄一駑二廄共十有二閑郊國六閑四種良馬三種爲三閑六百四十八匹駑馬三之分爲三閑亦如之

共一千二百九十六匹乃邦國六閑三良一駑之數也家四閑二種良馬一種爲一閑二百一十六匹駑馬三之分爲三閑六百四十八匹相并爲八百六十四匹乃家四閑一良一駑之數也此依鄭注而計之如此王馬失之少家馬失之多唐馬六閑閑有左右爲十二閑猶周馬六廄廄有左右爲十二廐唐合十二閑爲二廄猶周合十二廄爲二校唐有祥驎鳳苑之名自貞觀至麟德馬七十萬六千而後魏河西牧馬至二百餘萬匹恒置戎馬十萬以擬京師軍警之備兩漢牧師諸苑三十六所分在河西六郡養馬三十萬頭而周之王馬僅三千餘匹何足以給軍國之用乎騋牝三千邦國則然耳而謂王馬大數亦然陋矣周馬之數無聞然宣王師干之

試其車三千魯大蒐於紅革車千乘晉治兵於邾南甲車四千則王馬與國馬一時之盛可知也漢有御馬謂之秣馬食粟苦肥氣盛怒至日步作之孝文節儉惟百餘匹而王馬三千以給軍國則太少以奉乘輿則又太多矣古者卿有軍事循車馬比卒乘以備戎而家無私廄晉國之法上大夫二輿二乘中大夫二輿一乘下大夫專乘王度記卿駕四大夫駕三士駕二以爲等差無取乎多馬也足以給朝事而已是以楚相孫叔敖棧車牝馬中行穆子（一作密子）爲晉卿有車十乘不憂其薄也魏亦有五乘將軍秦鍼以車多懼選非失之侈乎觀起多馬楚車裂之其法嚴矣子產之家兵車不過十七乘也漢袁盎用事於景帝之朝秣馬一駟公孫弘爲三公有馬

十乘而周之家馬八百有餘似失之大夫守百乘之地以故家有四閑乃國之軍馬非家之私廄也家不藏兵革而春秋之世私家授甲相攻則其馬之多曷足怪焉馬毛物之種九十有二吡撥之別十青之別二烏之別五白之別一赤之別五紫之別六駿之別十一赭白之別六騮之別八騧之別六駱之別五騅之別五騟之別八駮胯之別六駮之別三驃之別七其略在魯頌駉篇所謂物馬毛馬者蓋如此毛齊其色物齊其力馬飽爲駜馬肥爲駫馬盛爲騯馬和爲⿰馬皆馬遲爲篤馬疾爲颿馬驟爲騣馬馳爲騁馬突爲駻馬奔爲⿰馬㐬馬驚爲駭馬立爲駐馬順爲馴馬牾爲騬馬衆爲驫馬多爲駪馬駿爲騖馬逸爲騛馬力爲駥馬駿爲隲馬駒爲褭則所謂戎

事齊力者觀其文可以知其義矣

廋人職馬八尺以上爲龍鄭司農引月令曰駕蒼龍案尒疋馬屬絕有力駥又曰馬八尺爲駥郭注引廋人職龍作駥而高誘注月令引廋人職作龍然則龍與駥古音同也龍亦作驡潛夫論曰求驡問驡或云驡野馬非也學者好怪乃謂龍者仁馬河水之精高八尺五寸長頭有翼鳴聲九音遇明主則見於是有龍馬負圖之瑞應皆妄言也大戴禮曰春夏乘龍秋冬乘馬月令春驡夏駵秋駱冬驪而駥驡並不見說文則知古通作龍矣驡一作驡良馬也音采朗切蓋土音也以形聲求之實不可解易震爲龍虞翻本作駹注云駹蒼色震東方舊讀作龍非也案說文駹馬面顙皆白亦非純蒼蓋蒼龍而兼的顙與龍轉爲駹猶龍

轉爲驡采朗切古音皆通或以爲誤豈其然說者謂漢得大宛名馬象龍象龍天馬名也龍爲天駟故馬以龍名何休曰天子馬曰龍諸侯曰馬卿大夫士曰駒詩云駕我乘馬乘我乘駒毛傳云大夫乘駒鄭箋云馬六尺以下爲駒

春秋元命包曰五星流爲兗州鉤鈐星別爲豫州昴畢散爲冀州箕星散爲幽州營室流爲并州參伐流爲益州虛危流爲青州天氐流爲徐州軫星散爲荊州牽牛流爲揚州益州者禹貢梁州周以梁并雍則爲雍州之地秦之蜀郡漢以其地爲益州蜀之分野與秦同分徐州者禹貢海岱及淮之地周省徐入青秦兼天下置泗水薛瑯邪三郡漢或分或改以其地爲徐州說者謂兖瑞也信也又云州以沇水得名豫者

舒也言中州稟中和之氣其性安舒冀乃帝王之都其地有險有易分野爲趙故屬昴畢舜以冀州闊大分衛以西爲并州燕以北爲幽州周人因焉幽之分野爲燕故屬尾箕言北方太陰故以幽爲號并之分野爲衛故屬室壁不以衛水恒山爲名而云并者蓋以其地在兩谷之間也合梁爲雍四塞之地故以雍名亦謂西北之位陰陽氣雍閼也正東青州土居少陽其色青故名正南荆州荆强也言其氣躁强亦曰警也言有道後服無道先叛常警備也東南揚州分爲吳粵故屬斗牛以爲江南躁動厥性輕揚亦曰澤國水波揚也漢都雍州爲三輔屬司隸不統於州而以雍之西爲涼州西南爲益州又開地斥境南置交阯北置朔方之州兼徐梁幽并夏

周之制是爲十三州因置十三部刺史元命包漢人僞造故言益州而不言雍州則讖緯雖起於春秋之時實亂於哀平之際信矣孔潁達曰舜分青州爲營州營州卽遼東漢末公孫度據之自號青州刺史越海收東萊諸郡堯時青州當越海而有遼東也在周職方爲幽州之地賈公彥曰漢光武十三年以遼東屬青州二十四年還屬幽州郭璞以爾雅釋地九州爲殷制夏無幽并營殷無青梁并周無徐梁營

江出岷山漢出嶓冢皆發源於雍州而東南流爲荆州之川潁出少室湛出昆陽皆發源於豫州而東南流爲荆州之浸蓋潁之别爲濦濦有大小小濦出汝南濦强與潁水合故潁或謂之濦潁水又東大濦水注之東南流逕召陵縣故城南

而上承汝水枝津世亦謂之大㶏水南逕慎城西而入於潁慎故楚邑白公所居以拒吳者潁水從此會於淮故左傳謂之潁尾蓋潁首陽城而尾下蔡下蔡故州來班固獨指此爲荆州寖則其地古屬荆州矣召陵及慎漢屬汝南爲豫州在春秋則皆楚地楚曰荆人則皆古荆州之域也湛水北枕山山有長阪水流其下故有湛阪之名京相璠曰昆陽縣北有蒲城蒲城北有湛水東流入汝昆陽在犨縣北而湛出犨北魚陵西北而東南流歷魚陵下其地接方城方城即葉縣漢昆陽屬潁川爲豫犨屬南陽爲荆然則湛合汝從豫入荆也汝有濆酈道元謂濆㶏聲相近故世謂濆水爲大㶏水亦或下合㶏潁之稱則似潁湛與汝濆合爲一水矣正南曰荆州

江漢汝濆皆南土國風列於周南故江漢爲川潁湛合汝濆爲浸（潯讀爲般與濆同音）古荊州北接陳汝控帶許洛齊語桓公南伐楚濟汝踰方城望汶山荊州諸侯莫不來服鄭語南有荊蠻申呂應鄧陳蔡隨唐所謂荊州諸侯也楚語靈王城陳蔡不羹案父城有應鄉故應國新蔡故蔡徙有大呂小呂亭故呂國定陵襄城有東西兩不羹在漢或屬潁川或屬汝南陳故陳國屬淮陽皆古荊州淮南子曰昔者楚地南卷沅湘北繞潁泗西包巴蜀東裹郯淮潁汝以爲洫江漢以爲池亘之以鄧林綿之以方城（汝潁以爲險江漢以爲池限之以鄧林緣之以方城見荀子議兵篇）然則潁湛即潁汝也康成以爲宜屬豫州豈其然乎春秋傳楚令尹子瑕城郟水經注潁川郟縣汝水逕其故城南即子瑕之所

城也則潁汳宜屬荆州益信

尒疋九藪秦有楊陓呂氏春秋秦之陽華淮南子秦之陽紆

高誘云陽華在鳳翔或曰在華陰又云陽紆在馮翊池陽一

名具圃皆臆說也郭景純謂在扶風汧縣則直以弦蒲當之

矣案中山經陽華之山楊水出焉西南流注於洛門水出焉

東北流注於河緒姑之水出於其陰酈道元謂其地在弘農

上雒河在東北洛在西南實古冀州之藪是爲洛閒言在河

洛之閒堯受河圖於此禹治洪水具禱陽紆郋其地也穆天

子傳天子西征鶩行至陽紆之山河伯無夷之所都居是惟

河宗氏自宗周瀍水以西至於河宗之邦陽紆之山三千有

四百里自陽紆還歸於周三千里淮南子曰龍門未闢呂梁

未鑿河出孟門之上說者謂呂梁在西河離石縣西孟門乃龍門之上口兼孟津之名古河宗之地陽紆卽陽華蓋山也衍而爲藪河伯都焉其山更在藪之西故距瀍水三千里而中山經亦云門水出陽華至於河七百九十里入雒水則其地之廣可知故半在秦半在晉然而職方屬冀不屬雍何也穀梁子曰鄭在冀州鄭在豫而云冀者蓋冀帝王之國爲天下之中州是以禹貢首冀州而鄒衍敘九州赤縣之畿亦自冀州始故自平逢之山至陽華之山凡十四山而嶽在其中以六月祭之亦月者歲之中也蓋地中山中祭以歲中陽華屬冀以此雍州之川涇汭注云汭在豳地詩曰汭泦之卽泦讀爲鞫毛傳云芮水涯箋云芮之言內也水之內曰隩水之

外曰鞫則汭非水名渭汭夏汭漢汭雒汭洛汭沙汭淮汭桐汭皆曰汭閔公二年虢公敗犬戎于渭汭服虔曰汭謂內也杜預曰水之隈曲曰汭王肅曰汭入也呂忱曰汭者水相入也渭水入河是爲渭汭其地在京兆船司空猶夏水入江爲夏汭其地在江夏雲杜縣亦曰汭水兼通夏目而會於江然則汭非水名信矣雍之川莫大於汧渭班固言芮出汧東入涇是汧水入涇謂之汭也呂忱之說不其然乎并州之川嘔夷注云祈夷祈嘔音相近水經注亦作祈夷出代之平舒縣東逕縣之故城南澤中控引衆泉以成一川魏土地記曰代城西九十里有平舒城西南五里代水所出東北流乃祈夷也在代故亦曰代水豫之浸曰波溠注云溠宜屬荆案湖有

漾漳有漾江有漾湖水别爲金浦漾漳水别爲柏梁漾江水别爲觀詳漾皆以漾名然則漾不屬荆也尒疋洛爲波則波漾明爲滎洛之别名矣應劭謂孤山波水所出區區小水安足爲一州之浸乎馬融廣成頌曰浸㠯波漾賁㠯滎雒說本職方曰浸曰賁明波漾卽滎雒也注引水經注漾水出黃山在唐隨州棗陽縣東北則漾屬荆矣波水出歇馬嶺卽應劭所謂孤山波水所出者在唐汝州魯山西北滎水在滎陽縣東尒疋潬沙出注云水中沙堆爲潬漾猶潬也故可爲梁左傳梁漾蓋以此地理志汧縣汧水出西北芮水亦出西北明芮卽汧也酈氏謂汧有二源一出縣之蒲谷鄉絃中谷決爲弦蒲藪一出縣西山世謂之小隴山卽右之隴坂東北注爲魚龍水二源分流一入渭一入涇入渭者謂之渭汭入涇者謂之涇汭說文云汭水相入也說文滱水起北地靈丘東入河卽漚夷水并州川案靈丘唐蔚州治通典云嘔夷在其界漢屬代郡未聞北地有靈丘則說文非許氏之舊矣然以滱

水爲并州川則班氏之說也祈夷水北至桑乾滱水東至文安本非一水酈氏以滱爲温夷出縣西北高氏山山海經曰高氏一作是之山滱水出焉東流注于河然則嘔夷蓋温夷歟一說陽陓大陸一地兩名禹貢大陸屬冀州康成注尚書引地說云大河東北流過絳水千里至大陸爲地腹而漢志大陸在鉅鹿絳水在信都禹貢北過降水至於大陸康成謂鉅鹿與信都相去非千里地名變易世失其處今河內共山共水出焉古音降讀爲共今之共水古之降水說文作洪亦云然而以館陶北屯氏河河之故道爲大陸則亦冀州之地也春秋傳魏獻子田於大陸焚焉還卒於甯杜氏謂鉅鹿絕遠當在汲郡脩武縣之吳澤脩武故甯也酈注引韓詩外傳武

王伐紂勒兵於甯更名脩武亦以爲吳澤卽大陸紂都在冀州大陸之野卽漢河內朝歌縣去鉅鹿雖遠而皆有大陸之名蓋以其爲地腹纏絡綿邈高者山下者藪廣且平者陸焉用指其處以實之哉竹書穆王征犬戎祭公帥師從王西征次于陽紆蓋謂陽紆山也似陽紆在西陽華在南而得合爲一者亦猶楚之雲瞢跨川亘隰兼包勢廣者歟修務訓曰禹之爲水以身解於陽盱之河陽盱者陽紆也盱或爲眄高誘曰陽眄河在秦地應休璉引之作陽盱李善注云盱音紆

形方氏乖離之地乖今作乖俗譌爲華說文𠌶爲草木華从𠂹从亏乖背呂也象脅肋形從乖康成讀乖爲佤哨之佤乖離者佤邪離絕也說文玉篇皆無佤字而於乖部加𠌶訓爲

華斜（廣韻作䔦又作䓴卽平字）華邪者猶衺邪云爾華一作䔦廣雅睽䔦也䔦哨衺也明衺與䔦同（衺䓴實一字廣韻分爲兩一音夸一音乖）形方氏掌正地形故其形華斜者正之不正者謂之衺賈疏謂兩頭寬中狹未知所出當攷說文斜讀若荼詩其虛其邪鄭箋從爾雅邪讀爲徐則邪非徐也（荼古舒字舒徐義同）邪一作斜亦作衺衺卽窊字說文云汙衺下也從穴瓜聲一作窳字林云汙也音烏說文汙窬陸德明曰汙窬猶汙邪也然則衺邪猶汙邪歟徑侹爲直衺邪爲曲（史記汙邪滿車說苑下田洿邪）一說衺卽竵說文云不正也從立𠏐聲似非地形當攷

禮說卷十一

禮說卷十二

秋官一

東吳　半農　惠士奇

大司寇禁民訟入束矢禁民獄入鈞金管子曰小辠入以金鈞薄辠入以半鈞訟獄者三禁之而不直則入一束矢以罰之亦見齊語蓋束矢以示罰鈞金以贖辠禁之而不聽乃入束矢鈞金說者謂訟獄者皆然誤矣矢取其直不直者入束矢金能見情無情者入鈞金若不入矢則是自服不直不入金則是自服無情乃所以禁民訟禁民獄也折獄不以剛舊說謂金取堅剛失之淮南子曰有輕辠者贖以金分訟而不勝者出一束箭注云金分者隨辠輕重有分兩箭十二爲束

案鄉射禮大夫之矢則兼束之以茅上握握謂中央又大射儀賓諸公卿大夫之矢皆異束之兼束者四矢異束亦然鄉射專指大夫言故云兼大射兼指諸公卿大夫言故云異束於握上謂可握而持然則束矢者四矢也舊說謂十二矢者蓋本漢書弓一張矢四發服虔曰發十二矢韋昭曰射禮三而止每射四矢故以十二爲一發然則一弓四十八矢其說又與毛鄭不同師古以一發爲一放則四發爲四矢然案魏百官名曰三公拜賜鵰尾鶡尾鷸箭十二枚則服韋之說非無據也魯頌毛傳云五十矢爲束蓋本荀子論兵一弩負矢五十个之說康成謂一弓百矢蓋本書春秋傳彤弓一彤矢百之文此二說者一用之軍旅一以賜諸侯皆不言束也而謂秋官聽訟入矢亦如之其不然乎舜典金作贖刑注

云金黃金呂刑其罰百鍰注云黃鐵孔穎達謂黃金黃鐵皆今之銅也古贖辠以銅漢始改用黃金但少其數令與銅相敵康成駁異義言贖死辠千鍰鍰六兩大半兩爲四百一十六斤一十兩大半兩銅與金贖死辠三斤爲價相依附是古贖辠皆以銅也禮器内金亦謂所貢之銅注云金炤物疏云金能照物露見其情此禁民獄者所以入鈞金歟易噬嗑外卦爲離離爲火五行之位火承金坤之六五上升乾位得中而明故曰得黃金黃言中金言明也素問云金發而清明廣雅以清明爲金神折獄以明得其情矣得情勿喜故有貞厲之戒焉禹貢金三品銅三色也魯頌大賂南金言南指荆揚王肅以三品爲金銀銅孔穎達以爲亦𤴓黃金之美者謂之

鏐白金謂之銀則貢金銀者當以鏐銀爲名也禹貢有鏐鐵錫鉛銀而無銅故知金爲銅春秋僖十八年鄭伯朝楚楚子賜之金既而悔之與之盟曰無以鑄兵故以鑄三鐘此卽荆揚所貢之金也古以銅爲兵楚金利故吳越之劒南人貴而寳之弗使出境然則三品爲銅信矣三色者青白赤也康成云今東萊稱或以大半兩爲鈞與三十斤相去縣絶則鈞金猶金分蓋亦隨辠輕重之名矣晉律贖死金二斤失贖辠四罰金四兩漢律贖死金二斤八兩皆黄金也

小司寇掌外朝之政以致萬民而詢焉詢有三其三曰詢立君春秋王子朝與敬王爭立求助於晉晉欲助之而莫知適立也乃使士景伯涖問於周士伯立於乾祭而問介衆由是

遂絶子朝之使而戴敬王君子曰禮夫禮立君必詢萬民也堯年老而子不肖舜有元德而在側微帝聞之而岳牧不舉於是帝朝萬民而詢之廷民之所舉一如帝之所聞而當乎帝心於是史臣書之曰師錫帝介衆曰師以爲舜有天下也衆錫之曷爲不曰天錫之而曰衆錫之天遠而衆邇也不孚於衆而合乎天妄矣且古者立君問諸民不問諸神楚共王有寵子五人未知誰立乃大有事於羣望而祈焉密埋璧於庭而使五人入拜且曰當璧而拜者神所立也旣而或跨之或加之或壓之皆可以爲當璧則神之所命誰知之者適足以啓其覬覦之心而前有蒲宮後有奧主臣强於君末大於本亂幾亡國故古者立君問諸民不問諸神然則太卜曷爲

而卜立君卜立君者先王先蔽志而後命龜謀及卿士謀及庶人乃祭之以卜筮未有不謀乎卿士不謀乎庶人而專信卜筮之說者也是故衆歸之者王衆去之者亡湯武革命堯舜巽命澤滅火曰革柔順剛曰巽剛爲君柔爲民言君中正而民順之矣太康尸位黎民貳也成湯代虐兆民懷也帝癸喪邦衆弗協也武王克紂衆一心也故曰衆歸之者王衆去之者亡

小司寇聽民之所刺宥以施上服下服之刑司刺求民情斷民中而施上服下服之辠注云上服劓墨也下服宫刖也凡行刑必先規識所刑之處乃後刑之疏云規識在體若衣服在身故曰服蓋漢法如此康誥曰嗚呼封有敘時乃大明服

惟民其勑懋和又曰要囚服念五六日至於旬時丕蔽要囚明堂位曰百官廢職服大刑而天下大服說文當辠人曰報从卒从𠬝𠬝服辠也荀子曰書云義刑義殺勿庸以即予惟曰未有順事言先教也故先王既陳之以道上先服之管子曰上不行則民不從彼民不服法死制則國必亂矣是以有道之君行法修制先民服也然則陳之以道先民服之及其要囚又加服念所謂上服也罰雖有倫猶曰未遜刑一人而天下服殺一人而萬民和所謂下服也書曰恫瘝乃身程典曰余體民如毛在躬拔之痛無不省蓋疾痛本諸身求諸民故曰一國之刑具在於身則下服必先上服也教之以三物糾之以五刑求之以五聽然猶必三刺三宥三赦而後加刑

則民之陷於刑者亦寡矣成康之際天下安寧刑錯四十餘年不用者以此康成以漢法解周官似失之呂刑上刑適輕下服下刑適重上服輕重以權惟明克允苟非服念焉能用權五刑故有五服傳曰皐多而刑五喪多而服五上附下附列也然則服讀爲附（攷工記牝服服讀爲負呂刑上服下服服讀爲附蓋服本有附音並非改字不識字而自謂通經妄矣）附之上下如喪之輕重矣或從重而輕或從輕而重或恩輕而義重或名重而情輕上附下附皆有等比服問所謂列猶呂刑所謂權我所謂服者大明服也後漢太尉劉愷奏議引呂刑曰上刑挾輕下刑挾重而上服下服禮記服作附蓋服與皐定而施刑附謂皐疑而議減王制曰附從輕小司寇八辟亦曰麗邦法附刑罰附者律之比例挾猶舉

也上刑挾輕下附者舉輕以明重下刑挾重上附者舉重以明輕所謂上下比辠必察小大之比以成之者也下附謂小比上附謂大比大小猶輕重已行故事曰比荀子曰有法者以法行無法者以類舉謂之附莊子曰以刑爲體謂之服

士師五禁一曰宮禁二曰官禁三曰國禁四曰野禁五曰軍禁康成謂古之禁書亡矣今宮門有符籍官府有無故擅入城門有離載下帷野有田律軍有嚻讙夜行之禁其觕可言者今漢律亦亡其觕莫能言矣離載者載奇兵也韓非子曰非傳非遽載奇兵革辠死不赦離之言奇載而下帷是爲姦非若兩人同車法所不禁也賈疏失之士師野禁卽大司寇之野刑所謂上功糾力者謂民農則重本重本則少私義少

私義則公法立力乃專一是故丈夫不織而衣婦人不耕而食男女貿功以長生敬時愛日非老不休非疾不息非死不舍故謂之糾力呂覽上農篇野禁有五古之禁書猶存其略焉庶人不冠弁娶妻嫁女不酒醴聚衆農不上聞不敢私籍於庸地未辟易不操麻不出糞齒年未長不敢爲園囿量力不足不敢渠地而耕農不敢越畔賈不敢爲異事山不敢伐材下木澤人不敢灰僇繯網罝罦不敢出於門罛罟不敢入於淵爲害於時也苟非同姓男不出御女不外嫁以安農也灰僇者月令仲夏毋燒灰燒灰者僇庸謂傭賃者而云不敢私籍則古有在官之傭故遂師得移用之以救其時事歟男女嫁娶不出鄉里則民無百里之戚不敢越鄉而交大司徒

所謂聯兄弟以安民蓋如此孔子曰入其境田疇易草萊辟溝洫治此在上者恭敬以信故其民盡力也入其邑墻屋完固樹木甚茂此在上者忠信以寬故其民不偷也是爲野禁亦曰野刑不禁以法而禁以身不刑其體而刑其心故其時野無曠土國無罷民康成以田律當之誤矣

士師五戒四曰糾用諸國中五曰憲用諸都鄙康成謂糾憲未有聞焉案小司寇正歲觀刑象乃宣布於四方憲刑禁則憲者國之刑書小宰以宮刑憲禁于王宮內宰憲禁于北宮蓋皆宮中之刑而表縣之以爲法小宰掌宮之糾禁宮正亦掌焉宮正糾德行內宰糾其守則糾亦用諸宮中州里糾過惡黨正糾戒之鄰長相戒相受鄉遂縣之士亦各糾其民則

皆用諸國中者也大司寇糾力糾守糾孝糾職糾恭徧及萬民矣戰國策安陵君成侯者奉襄王之命以守安陵也手受大府之憲憲之上篇曰子弒父臣弒君有常刑不赦國雖大赦降臣亡子不得與焉安陵說苑作鄢陵漢縣屬潁川郡戰國屬魏爲安陵小國也韓魏滅而獨存所謂大府之憲即士師之憲用諸都鄙者而稱憲之上篇則憲即古之章也管子正月之朔布憲於國百吏習憲於君前受憲於太史太史既布憲入籍於大府憲未布莫敢就舍就舍謂之留令辠死不赦憲既布有不行憲者謂之不從令辠死不赦考憲而有不合于大府之籍者侈曰專制不足曰虧令辠死不赦是爲首憲春官太史之所藏頒之官府都鄙者即此布憲執旌節以

宣布於四方達于四海蓋正月布之正歲縣之周正月•夏正歲•墨子曰先王之書出國家布百姓者憲也晏子曰君子有道懸之閭士師五禁書而縣于門閭者以此

士師八成七曰邦傰傰一作朋注云故書朋作傰鄭司農讀爲朋友之朋案漢書王尊傳有南山盜傰宗蘇林曰傰音朋蓋本鄭司農之讀而失焉者也晉灼音倍得之說文省作倗讀若陪晉音本此顏師古亦以晉音爲是則傰非朋審矣古有朋無黨同道爲朋阿黨爲傰八成者四方之亂獄王命訮士成之立氣勢結私交作威福君子犯禮小人犯法無守職奉上之義有背公死黨之名故曰邦傰謂之亂獄管子幼官篇所謂散羣傰署也强者爲圈弱者爲屬圈屬羣徒私相署

置故王命訝士以成之者散之焉鄘從邑地名漢功臣表鄘
成侯師古曰鄘音陪又普肯反從邑爲鄘從人爲傰傰古倍
字皆從人以朋音得聲司農破爲朋或作堋說文引虞書曰
堋淫于家堋與倗通廣雅否弗倗粃皆非佳語亦猶姦宄竊
盜云爾淮南中詗邦汋也勝詭陰謀邦賊也吳之宰嚭梁之
朱异身内情外國將生害邦諜也薛宣之子剴戮近臣犯邦
令也弘羊之客詐稱御史撟邦令也陽虎之四季孫爲邦盜
也朱博之附傅晏爲邦傰也杜業之毁師丹爲邦誣也是爲
士師掌士之八成士指訝士訝士諭邦國之辠刑成四方之
亂獄蓋以此荀子曰蔽公者謂之昧隱良者謂之妒奉妒昧
者謂之交譎交譎之人妒昧之臣國之薉孽也此邦誣之謂

歟妒昧爲誣交譎爲汋雖有妒昧之臣苟非交譎則妒昧不行故八成以邦汋始邦誣終

書傳曰今之聽民求所以殺之古之聽民者求所以生之不得其所以生之之道乃刑殺君與臣會焉聽謂議獄察其辭辯其訟異其要近者聽于朝遠者上於國鄉士一旬遂士二旬縣士三旬方士三月司寇聽之斷其獄弊其訟羣士司刑各麗其法以議而求所以生之之道若求其道而不得則士師受中刑殺仍登中於天府蓋司民登數司寇登中皆於祖廟使神監之若欲免其死則近者王會其期遠者王令三公及六卿會其期蓋當司寇聽之之日而往議之書傳所謂君與臣會焉者也說者曰會者就也春秋之例曾往會於他處

則書曰會某若公在外彼來就公則曰會公（文十三年衛侯會公于沓）是就之義會必有期凡我會彼彼會我各及其期曰會若不及其期則曰弗遇譏無信也（桓十年秋公會衛侯于桃丘弗遇）然則會必有期明矣故司刑議獄亦曰會其期期者一旬二旬三旬之期也君與臣會君不爲臯臣不爲伉春秋叔老會鄭伯公孫敖會晉侯禮也左氏謂卿不會公侯失之矣不明周禮焉得通春秋都家不會何也方士掌都家訝士掌四方之訟獄言四方則兼都家邦國矣有臯刑則明以諭有亂獄則往而成都家亦如之故不言會也且四方之聽朝冢宰贊之矣豈都家獨不然乎

訝士諭臯刑於邦國凡四方之有治於士者造焉注云士謂

士師也讞疑辨事先來詣評士乃得達於士師如今郡國亦時遣主者吏詣廷尉議者案孝景五年詔曰諸獄疑雖文致於法而於人心不厭者輒讞之注云讞平議也後元年詔曰獄疑者讞有司有司不能決移廷尉有令讞而後不當讞者不爲失欲令治獄者務先寬然則四方之有治于士者造焉治猶讞造猶移有疑則讞不決則移慎之至也亦欲使邦國之治獄者務先寬也漢之廷尉周之士師造士師猶移廷尉爾郡國有疑獄皆讞廷尉

春秋桓二年春王正月戊申宋督弒其君與夷及其大夫孔父三月公會齊侯陳侯鄭伯于稷以成宋亂穀梁曰以者內爲志焉爾公爲志乎成是亂也此成矣取不成事之辭而加

之焉於內之惡而君子無遺焉爾公羊謂內大惡諱而目言之者以遠也左氏亦謂成宋亂者爲賂故皆非也賂者取郜大鼎于宋固明書之而不諱矣取賂在後成亂在前左氏一之尤失經義公欲成亂故會於稷卒取賂而還自是兩事春秋屬辭以直不以罔宋亂已成取不成事之辭而加之是罔也非直也豈聖人之心哉說者求其義而不得則曰成者平也平宋亂也如其說則曷爲書成而不書平書成則非平亦明矣蓋自古訓亡而孔子之雅言亦絕學者遂莫能明春秋一字之辭由是杜預之徒妄爲之說蓋成者斷獄之名王制所謂成獄辭也凡聽五刑之訟必察小大之比以成之史以獄成告於正（史司寇吏也正於周鄉師之屬今漢有正平丞秦所置）正聽之正以獄成

告於大司寇大司寇聽之以獄成告於王王命三公叅聽之三公以獄成告於王此之謂成獄辭刑者侀也侀者成也一成而不可變故謂之成秋官訝士掌四方之訟獄四方有亂獄則往而成之成之者聽之也不可謂之平平者和解兩家訓成爲平妄之甚矣四方亂獄莫大於弑君桓往成之不成而退反取賂焉孔子直書之傷天下之無王也地官調人凡過而殺傷人者以民成之注有兩說一謂和解之一謂立證佐成其辠兩說皆未允以民成之者與民共聽之而已魯公孫敖爲襄仲聘而自娶焉仲將攻之公止之惠伯成之使仲舍之公孫敖反之此成之之事也如但和解兩家又何必使舍之且使反之乎舍之反之非所以斷成其事歟邾婁定公

之時有弑其父者有司以告公瞿然失席曰是寡人之辠也寡人嘗學斷斯獄矣臣弑君凡在官者殺無赦子弑父凡在宮者殺無赦殺其人壞其室洿其宮而瀦焉蓋君踰月而后舉爵所謂四方有亂獄則往而成之者蓋如此春秋所謂成宋亂者亦以此詩曰虞芮質厥成質者劑也兩造之辭爲兩劑故曰以兩劑禁民獄虞芮之獄文王成之明宋之亂桓公不能成也合詩禮參觀則春秋之書法見矣竹書帝啓八年帝使孟涂如巴涖訟涖者往而成之也獄訟成士師受中中者獄訟之成辭故都家刑殺士師書成在官曰官成在國曰邦成以待萬民之治謂之中歲終則天府登中故受中之官名爲典成之吏士師之八成由此出焉冢宰八灋之官成亦

曰八成八成者八聽也一曰聽政役二曰聽師田三曰聽閭里四曰聽稱責五曰聽祿位六曰聽取予七曰聽買賣八曰聽出入晉伐鄭楚子反救鄭鄭伯與許男訟焉子反不能決曰側不足以知二國之成側子反名然則聽訟謂之成也朝士之地傅卽司約之地約傅謂傅別約謂約劑皆判書也藏於天府若有訟者則開府視書以聽其訟故曰凡屬責者以其地傅而聽其辭責者訟也論語內自訟包咸注云訟猶責也屬責者地訟也戰國策云邦屬而壤挈者七百里呂氏春秋亦云吳之與越接土鄰境壤交通屬高誘注曰屬連也鄭司農謂田地町畔相比屬故争界而訟如魏清河平原争界八年更二刺史皆不能決冀州牧孫禮請以明帝初封平原圖決之便可立斷古者邦國土地人民戸口車服禮器皆

有圖丹書之以爲信謂之丹圖如民約則書于戶口圖地約則書于土地圖器約則書于禮器圖此司約所謂小約劑書于丹圖者歟又封建諸侯亦有圖至漢魏猶然故明帝所封平原王則有平原圖以圖決訟朝士職所謂以其地傳而聽其辭也案圖驗界宜屬平原而曹爽偏聽清河之辭乃云圖不可用當參異同是謂地傳不足憑丹圖不可信故孫禮爲之歎息而流涕焉小宰職曰聽閭里以版圖謂訟地者以版圖決之地傳者版圖也

朝士職凡盜賊軍鄭司農謂盜賊羣輩若軍非也軍謂持兵者春秋襄二十五年吳子謁伐楚門于巢卒何休曰吳子欲伐楚過巢不假塗卒暴入巢門門者以爲欲犯巢而射殺之

君子不責其所不知故與巢得殺之使若吳子自死文所以彊守禦也書伐者明持兵入門乃得殺之然則不持兵不得殺之明矣雖羣輩共入鄉邑及人家而格殺之則殺之者不得無辠以其不持兵也苟持兵豈必羣輩而後殺之無辠哉故不徒曰盜賊而又曰軍所以正盜賊之名也無故持兵入人之門雖傷國君猶若無辠然春秋思患豫防之意深矣渤海盜賊起太守龔遂單車之官移書屬縣諸持鉏鉤田器者皆爲良民持兵者乃爲盜賊然則漢律亦然不持兵者不爲盜也左傳凡兩軍相攻曰軍某師則軍訓爲攻與春秋書伐同義

司刺掌三刺因以名其官三刺者三訊也壹訊羣臣再訊羣

吏三訊萬民徵訊其人考訊其阜訊問也阜衆也慎之至也是爲刺其象棘棘外刺而赤心故樹棘爲位象以赤心三刺焉易曰係用徽纆寘于叢棘蓋棘者斷獄弊辠之地刺者哀鰥哲獄之情康成謂三刺辠定則殺之若三刺而情可原則宥之且赦之矣司刺掌三刺三宥三赦之灋以求民情斷民中豈無宥且赦者而惟戮是聞必不然也則刺非殺也春秋僖公二十有八年公子買戍衛不卒戍刺之成公十有六年刺公子偃公羊謂内諱殺大夫故曰刺穀梁謂先名後刺殺有辠先刺後名殺無辠則直以刺爲殺矣愚謂刺之者訊之也春秋殺大夫未聞列其辠獨公子買先列其辠而後刺之則刺之非訊之而何且又安知刺公子偃者先刺之而後殺之歟抑

先刺之而後宥之且赦之歟如曰刺之者殺之則春秋書刺與書殺等耳何諱之有乎晉獻公令奄楚刺重耳重耳逃於翟令賈華刺夷吾夷吾逃於梁其實未嘗殺也惟文公刺懷公於高梁則直殺之矣內傳言殺外傳言刺然厲公殺三郤亦云使胥之昧與夷陽午刺郤至苦成叔及郤錡則是春秋殺大夫列國皆曰刺以掩其專殺大夫之名及孔子脩春秋始改書殺以著其專殺大夫之辠獨於內仍書刺者諱言殺故書刺則刺非殺益明刺者或殺之或宥之或赦之辠未定之辭也吳王還自伐齊乃訊申胥訊者刺之刺者問之故申胥釋劍而對漢安檀侯劉福坐爲常山太守祝禮上訊未竟病死注云訊考問之禮古誼字所謂刺公子偃者亦如此方言凡草木刺人

自關而西謂之刺江湘之間謂之棘然則刺與棘通大司寇聽之棘木之下者刺之之謂也漢置刺史奉詔察州亦疋訓爲殺似失之宋書百官志曰刺之爲言猶參覘也寫書亦謂之刺漢制不得刺尚書事

司約掌邦國及萬民之約劑一曰治神之約二曰治民之約三曰治地之約四曰治功之約五曰治器之約六曰治摯之約大者書于宗彝小者書于丹圖古者天地異官民神異業故首治神而治民次之治地次之九職任於民六府修於地而功成焉故治功次之有功乃受器故治器次之有五器因有三帛二生一死摯故治摯次之六者皆有約約者結也要也子貢曰言以結之明神以要之神約者非命祀之謂蓋謂凡邦之大盟約北面詔明神大司寇涖之司盟掌之戎右贊

之司約書之而登其書于天府其貳在司盟者是也天官以
八則治都鄙而馭神之則爲先秋官以六約治萬民而治神
之約爲上易之觀也省方觀民神道設教者以此民約者小
司徒邦國之比要鄉師州里之役要也凡大司馬之所簡稽
旅師之所興積質人之所賣儥泉府之所斂賖有約劑者皆
是若夫遷殷而盤庚命衆封衞而陶叔授民非司約之所掌
也地約者封人所封之四疆量人所量之涂數形方所正之
華離遂人所造之形體匠人所晝之溝洫皆是詩曰王命召
伯徹申伯土疆正其界也春秋郤至爭鄇田閻嘉爭閻田周
之東遷也地約之亂久矣故子駟爲洫四族喪田因之作亂
宋鄭之間有隙地兩棄之而以六邑爲虛惡其爭也然則約

劑大亂開視約書不信者殺先王早巳防之嚴矣功約者如
二號爲卿勳在王室藏于盟府者是也周官凡有功者銘書
於王之大常而司常畫其象司勳藏其貳焉春秋之義苟有
以定國安民必書功于廟故襄公朝晉獻子書勞禮也器約
者凡喪祭賓射吉凶禮樂之器皆是春秋列國大夫亦得受
天子之器大路先路次路三命再命之服而魯叔孫穆子之
聘於周也王賜之路復命於君君復賜之使三官書之司徒
書名司馬書服司空書勳衞仲叔于奚有功賜繁纓與曲縣
之樂亦書在三官蓋器約之書於丹圖者如此魯衞三卿故
書爲三筴則天子六官皆書而藏之可知故約劑亂而六官
辟藏也周禮在魯相證益明矣摯約者謂六摯大宗伯作之

射人相之司士擯之膳夫膳之古者相見必以摯故有士相見禮春秋禮廢已久定公會晉師於瓦范獻子執羔趙簡子中行文子皆執鴈魯於是始尚羔是時大國之卿當小國之君皆執皮帛繼子男而遂不復以執羔爲尊貴矣至是晉上卿執之魯人始貴而尚之記者慨摯約之失官也宗彝者宗廟之常器所謂銘勳彝器歷世彌光韓非子曰至安之世不著名於圖書不録功於盤盂記年之牒空虛盤盂宗彝之屬圖書即丹圖古者功名著乎盤盂銘篆存乎壺鑑皆在記年之牒號曰春秋而謂盛世無之豈其然乎或曰丹圖者丹繪也夏禹撰元要集寶書書以南和丹繪封以金英之函檢以元都之印其言不雅馴石可破不可奪堅丹可礱不可奪赤

故古之圖書以丹示信焉斐豹隷也著於丹書書其辠也漢封功臣申以丹書之信書其功也說文引揚雄說以爲漢律祠宗廟丹書告則漢之告廟以丹書不獨封功臣矣抑又聞聖人上知千歲下知千歲非意之也蓋有所自也緑圖幡薄從此生焉古者緑圖記千歲之事丹圖書萬民之約民惟邦本本固邦寧千歲之事在其中矣緑圖幡薄亦奚以爲幡薄者幱帴也廣雅云幱帴謂之帊其文皆從巾故曰幡以其爲物也薄故曰薄其色赤故曰丹圖埤蒼云幱帴赤紙所謂赫蹏書孔穎達曰近世魏律緣坐配役爲工樂雜戶者皆用赤紙爲籍其卷以鉛爲軸蓋古之幡薄也丹書之遺法荀子曰誓誥不及五帝盟詛不及三王交質子不及五伯亦見穀梁董子曰戰不如不戰然而有所謂善戰盟不如不盟然而

有所謂善盟不義之中有義焉然則會盟非歟秋官曷爲有司盟也曰秋官之盟非春秋之盟春秋之盟不行於三王之盛世秋官之盟五帝用之然則二典曷爲不言盟曰虞禋六宗周祀方明一也皆不言盟而盟禮具焉矣虞禋六宗而覲四岳羣牧周祀方明而覲公侯伯子男臨之以上帝涖之以羣神非盟而何是故春秋善胥命而詩人刺屢盟其心一也古者非會同不盟時見曰會殷見曰同非此時而盟謂之屢盟盟禮已亡先儒無說覲禮加方明於壇上則會盟之禮猶存其略焉方明者六宗也其神卑於上帝尊於山川其主方四尺木爲之號曰方明設六色上元下黃東青南赤西白北黑設六玉上圭下璧南璋西琥北璜東圭六色以象之六玉

以禮之尊而宗之故曰六宗楚辭九章亦云五帝折中六神嚮服山川備御司盟所謂北面詔明神即此六神者六宗之神方明者六宗之位或曰六神五括吉祥之星見韓非飾邪篇

司盟盟萬民之犯命者詛其不信者有獄訟者則使之盟詛詩曰出此三物以詛爾斯毛傳云民不相信則盟詛之孔疏謂犯命者盟之不信曰詛之盟大詛小盟詛皆有辭墨子曰昔者齊莊公之時有王里國中里徼二子者訟三年而獄不斷齊君以爲殺之恐不辜釋之恐失有辜乃使之人共一羊盟齊之神社二子許諾於是泏洫摽羊而漉其血讀王里國之辭既終矣讀中里徼之辭未半也羊起而觸之折其脚祧神禼之禼擊也音害殪之盟所著在齊之春秋司盟所謂有獄訟

者使之盟詛其禮蓋如此雖事近乎誕而云在齊之春秋則非無據矣墨子雖涉異端敢於侮聖談道者斥之而我獨有取焉者以其去聖人未遠也盟禮既亡而共羊盟社漉血讀辭其禮存焉所謂齊之神社者其說亦見墨子燕有祖齊有社稷宋有桑林楚有雲夢此男女之所屬而觀也春秋莊公二十有三年夏如齊觀社穀梁以爲尸女尸女者主爲女往爾以觀社爲名讀春秋者疑之及觀墨子而其疑渙然釋矣故不讀非聖之書者不善讀書者也毛傳謂三物君以豕臣以犬民以雞而不言羊秋官小子羞羊珥於社稷珥祈神聽事類於盟墨子所謂盟於神社也然則盟詛蓋用羊歟孔疏謂詛用一牲公子鱄之去衛也濟河而盟曰昧雉彼視昧古茂字

蓋盟也而其辭則詛矣戰國策齊衛先君刑馬壓羊盟曰後世有相攻者如此牲古會盟之辭也盟有大小詛亦如之三物亦不必豭犬雞楚趙同盟毛遂歃血兼取雞狗馬是盟之大者三物並用矣天子馬牛諸侯犬豭大夫以下雉雞而兼用羊羊者祥也上下同之或曰獬豸神羊古者決獄命觸不直說苑奉使篇曰齊魯之先君相與刳羊而約曰後世子孫敢有相攻者令其皐若此刳羊是古之盟約皆用羊矣

旅上帝饗諸侯職金共金版康成引介疋鉼金蓋冶金謂之鍊鍊金謂之鉼鉼金謂之版論語說桀殺龍逢地出金版誕矣太公金版玉匱劉歆以爲近世之書信哉金版者國之典筴也周書大聚篇周公旦陳營邑建都之制别陰陽之利水土之宜命曰大聚武王乃召昆吾冶而銘之金版藏府而朔

之蓋藏之府朔旦省而行焉昆吾者職金之官也四月孟夏王嘗麥于太祖命大正正刑書假於社各牡羊一牡豕二王在東序大正居戶西南向九州伯咸在西向王升自客階作筴執筴從王若曰子小子聞古有遺訓予用皇威不忘祗天之明典爾執以屏助予一人集天之顯亦爾子孫其常能憂恤乃事勿畏多寵無愛乃囂亦無或刑于鰥寡非辠惠乃其常大正書乃降大史筴刑書九篇以升授大正乃左還自兩柱之間箴大正曰欽之哉諸正敬功順爾臨獄無頗保寧爾國世世不殆大史乃降大正乃中降王則退是月大宗序天時祠大暑少宗祠風雨百享大史乃藏之于盟府以爲歲典所謂銘之金版藏府而朔之者也刑書九篇是爲九刑大正

者大司寇凡秋官皆曰正王制正聽之漢有正平丞說者謂秦所置蓋周本有是官而秦改置云爾旅上帝作筴告天饗諸侯作筴命之西京賦乃爲金策用錫此土是古策皆以金矣太公金匱曰屈一人之下申萬人之上武王曰請著金版故莊子謂之金版六弢鄧析私造刑書名爲竹刑明國鑄刑書以金不以竹也銘之版曰刑書銘之鼎曰刑鼎二者不同杜預一之誤矣國家大訓或書之玉或銘之金皆曰版奉爲式故祈招之詩曰式如玉式如金大戴禮保傅篇曰素成胎教之道書之玉版藏之金匱素問曰著之玉版每旦讀之名曰玉機左傳凡刑器孔疏云書之于版故號爲器吳越春秋金簡玉字皆瑑其文墨子曰書於竹帛鏤於金石七略曰太公金版

職金凡國有大故而用金石則掌其令注謂用金石者作槍

雷椎椁之屬賈氏無疏學者嘗焉雷與椎金石也槍與椁竹木也連類及之凡守城有鹿角槍埋於坑拒馬槍塞於路皆木也揚雄傳木雍槍纍師古云以木擁槍蘇林云竹槍廣雅云簇謂之䈠一作籠謂之笪是爲䈠槍蔡謨與何驃騎書所謂數百步內布竹䈠如蝟毛賊不能飛者通俗文云剡葦謂之槍蓋取竹葦而銳其端兵略訓所謂剡摲筡卽此鼂錯傳具藺石如淳曰城上雷石雷一作礧陳思王征蜀論云下礧成雷榛殘未碎潘岳汧督誄辭所謂罥音的以鐵鑠機關既縱礧而又昇焉是也一名礮石閒居賦云礮石雷駭注云礮石今之拋石礮與拋通音匹皃反范蠡兵法飛石重二十斤爲機發行三百步說文建大木置石其上發以機以磓敵一名檜魏志謂之霹靂

車亦曰拋車霹靂與雷象其聲也後世易石以火號震天雷蓋師雷石之遺意而加酷矣椎者金椎楟一作桴誤墨子雜守篇曰凡禦雲梯之法必廣城以禦之不足則以木楟之左百步右百步然則楟者禦衝之具因雷而及槍因椎而及楟乃竹木非金石也楟讀如公羊恢郭之郭蓋恢而大之之名或讀爲揨揨乃鼓桴誤矣一說發石之木名檑故曰槍雷後世易以火號飛火槍蓋其遺術楟讀爲鐓蓋千金椎也秦始皇造橋鐵鐓重不可勝刻作力士像以祭之鐓乃可移動是爲千金椎

書甘誓湯誓皆曰孥戮汝孔安國云辱及汝子言恥累也又云古之用刑父子兄弟辠不相及今云孥戮權以脅之使勿

犯蓋明知古無從坐之法而曲爲之辭令出惟行犯者不赦
權以脅之非通論也案說文無孥後人所造帑在巾部金幣
所藏左傳鳥帑帑爲尾鳥之後也故人之妻子亦曰帑左傳
秦人歸其帑詩曰樂爾妻帑毛傳訓帑爲子俗讀帑爲吐蕩
反因作孥以別之由是奴帑孥相亂而不可復辨矣鄭司農
解周官引書曰奴戮汝則孥當作奴明甚泰誓四奴正士論
語箕子爲奴許叔重曰奴婢皆古之辠人也司厲職其奴男
子入於辠隸女子入於舂槀罰弗及嗣帝之德也辠人以族
受之殘也收帑之律始於秦古安得有帑戮之刑哉費誓汝
則有無餘刑非殺先儒以爲此卽帑戮之刑王肅謂同產皆
坐無遺免者康成謂奴其妻子不遺種類孔安國謂刑者非

一皆非也古之行師儲有餘備不虞乏軍興服上刑無餘非乏辠亦非殺非殺奈何戮之爲奴名勒丹圖入于辠隸職在司厲所謂奴戮者如此司農引書及論語箕子左傳斐豹爲證得之康成謂奴從坐而没入縣官者乃漢法非周制也孔安國尚書作孥戮史記作帑戮漢書作奴戮說苑晉誅羊舌虎叔向爲之奴亦見呂氏春秋蓋春秋亦有從坐者然祈奚卒救而免焉益信古無之矣郤芮食采于冀故曰冀芮與呂甥謀弒文公依秦漢法當族然辠止及身并奪其邑而已其子缺未聞從坐也後卒爲卿復與之冀春秋且然而況先王之世乎鶡冠子曰伊尹酒保太公屠牛牛古音偶與師奴協管子作草百里奚官奴海內荒亂立爲世師官奴者辠隸之奴也

司圜收教罷民凡害人者弗使冠飾而加明刑焉康成謂著墨幪蓋古之象刑尚書大傳曰唐虞象刑上刑赭衣不純純緣也中刑雜屨下刑墨幪以居州里而民恥之謂出圜土居州里民猶恥之司圜職所謂雖出三年不齒者也慎子曰有虞之誅以幪巾當墨以草纓當劓以菲履當刖以艾韠當宮布衣無領當大辟斬人肢體鑿其肌膚謂之刑畫衣冠異章服謂之戮然則唐虞之象刑卽司圜之明刑任之以事而收教之又異其章服以恥之罷民猶罷士亦曰惰游玉藻云垂緌五寸惰游之士玄冠縞武不齒之服蓋出圜土之罷民所謂三年不齒者則冠垂長緌當其未出則著墨幪焉而慎子謂以幪巾當墨則又不然罷民役之司空猶漢之城旦黥面曰

墨墨而役之者黥爲城旦不墨而役之者完爲城旦著墨幪者蓋完爲城旦者也當黥者墨其額不當黥者蓋墨其巾而已非謂廢墨辠而以幪巾當之也荀子不知其義乃曰象刑起於亂今悖矣國以耻爲維人以耻爲大有耻而格爲良士無耻而免爲幸民故德道禮齊象刑乃作惰游之士沉浮民閒害於州里所謂無業之人嗜酤酒好謳歌巷游而鄉居者而其辠未麗於五刑康成謂書其辠惡於大方版著其背必不然矣雖害於人無大辠惡不昏作勞有似乎罷於是坐之嘉石入之圜土役之辱事以勞苦其體墨其巾長其緌縞其武服之以不齒之服以發其羞耻之心如是三年而猶不改是靦然人面而爲禽則殺之無赦故曰不能改而出圜土者

殺一說出者解脫而出漢律諸囚徒私解桎梏鉗赭加皋一等爲人解脫與同皋故義縱爲定襄太守凡獄中重皋有私入相視者盡以爲解脫而殺之則是不能改而出圜土者漢律之所謂解脫也然甯成抵皋髡鉗解脫亡去㝢然家君則漢律雖嚴輕皋解脫者不殺號爲罔漏吞舟之魚古律罷民皋輕出圜土者殺則象刑較漢律而尤嚴矣先王以九職任萬民欲使天下無一人無業此象刑之所由作也刑不虧體罰不虧財以爲如是可以止矣不然罷馬不畏鞭罷民不畏法雖增而累之其無益乎賈山曰陛下即位赦皋人憐其亡髮賜之巾憐其衣赭書其背父子兄弟相見也而賜之衣然則著背之明刑起於秦漢也亡髮者賜巾是髡者得加冠飾

矣。蓋漢律之輕於古者如此。後漢鄴令甄邵諂事梁冀有同歲生得辠於冀亡奔邵邵陽納而陰告冀冀捕殺之邵當遷爲郡守而其母死乃埋尸馬屋先受官而後發喪及冀誅而河南尹李燮遇邵於塗使卒投車溝中笞捶亂下大署帛於其背曰諂貴賣友貪官埋母乃具表其狀遂廢錮終身此康成所謂書其辠惡於背者也然則漢之辠人衣赭者皆書背矣

服不氏養猛獸掌畜及閩隷養鳥而皆教擾之。夷隷與鳥言。貉隷與獸言。列子謂今東方介氏之國其國人數數解六畜之語者。蓋偏知之所得。上古神聖之人。備知萬物情態。悉解異類音聲。會而聚之。訓而受之。同於人民。故先會鬼神魑魅。次達八方人民。末聚禽獸蟲蛾。言氣血之類。心智不殊遠也。神聖知其如此。故其所教訓者。無所遺逸焉。然則服不氏能服不服之獸。而教養柔馴。其術本於古之神聖。而夷隷貉隷。

能通鳥獸之言則皆偏知之所得也自伯益佐舜調馴鳥獸爲百蟲將軍而崇伯鮌比獸之角能以爲城舉其尾能以爲旌召之不來仿佯于野蓋卽黃帝帥熊羆狼豹貙虎爲前驅鵰鶡鷹鳶爲旗幟以力使禽獸之術得其術而或以爲祟或以爲神爲神者乗能而上天爲祟者化爲黃能而入羽淵後世其術絶然往往有能通鳥獸之言王充稱廣漢楊翁仲乗蹇馬之野有放眇馬於田者鳴聲相聞翁仲謂其御曰彼放馬眇其御曰何以知之曰彼罵此蹇此亦罵之眇其御不信往視之目果眇而管輅亦曉禽言則能解六畜之語者不獨東方介氏之國矣大司樂合樂以作動物一變而致羽物再變而致蠃物三變而致鱗物四變而致毛物五變而致介物

六變而致象物合樂以來之則鱗介皆可致而況毛羽之屬乎傳翼戴角分牙布爪者爲物含齒戴髮四肢九竅者爲人人與人爲伍物與物爲羣豈非物以異類而相遠人以同類而相親然而苟有敎之誨之者人性固無有不善物性亦無有不馴是以明王在上鳥之惡者飛鴞格獸之猛者白虎仁大戴禮曰聖人有國龍至不閉鳳降忘翼爪鳥忘距鷙鳥忘攫蠭蠆不螫嬰兒蟁䖟不食夭駒此之謂也

魯臧文仲適晉宿於重館晉陽處父聘衛舍於甯嬴重館人甯嬴氏皆逆旅之官也賈逵孔晁以甯嬴爲逆旅大夫則周未聞有此官劉炫以爲逆旅之主庶民而已古之賓客不舍於庶民之家韋昭謂重館人守館之隸不知人與氏皆官名

貴非大夫賤不至隸且館者候館也周制畺有寓望謂寄寓之樓可以觀望亦曰候館館有積遺人掌之其官中士下士而賓客羈旅則委人以稍甸之畜聚供之凡軍旅之賓客館焉臧文仲魯卿也鄉行旅從非所謂軍旅之賓客歟委人之官與遺人等然則重館人者委人也國有賓客野廬氏令其徒擊㰌以宿衛焉凡有節及有爵者至則爲之辟而誅昌翔窺伺之姦然則甯嬴氏者野廬氏也周之廬猶漢之亭五里一郵十里一鄉鄉有亭亭有室風俗通曰亭留也蓋行旅宿衛之所古者列樹以表道挈壺以表井夜宿晝息賓至如歸野廬氏所謂宿息井樹者野之道路皆然矣十里一廬三十里一宿五十里一市宿有路室市有候館皆謂之廬故掌達

道路之官爲野盧氏國有五溝五涂以爲阻固司險藩而塞之野盧氏叙而行之則舟車擊互車不必轘轅舟不必砥柱也有節者爲之辟無節者不得行道路有節合符爲驗以傳輔之田成子去齊之燕鴟夷子皮負傳而從至逆旅逆旅之君待之甚敬然則野盧氏蓋逆旅之君矣西晉十里一官樆卽右野盧之法然官非下士又無胥徒守之以貧民主之以賤吏則何足以禁奸禦暴乎且因之以殖利依客舍收錢名曰樆稅故當時目爲道路之蠧焉樆門之設晨開昏閉卽脩閭之閭互所以禁止行人凡操持不物者行作不時者野盧氏禁之晨行者宵行者司寤氏禦之皆有道禁夜禁苟非皐人與奔喪莫不見日而行逮日而舍蓋日入慝作故古無夜

行之人也太元曰晝人之禍少夜人之禍多潘岳謂夜行者貪路皆以昬晨盛夏晝熱又兼星夜遂欲盡去官櫳獨畱逆旅異乎吾所聞士師野禁亦曰道禁野廬氏掌之横行徑踰蓋其一也徑謂之蹊釋名曰蹊係也射疾則用之故還係於正道康成亦云徑踰射邪趨疾禁之所以防姦謂不由正道昌翔覘伺將開寇盜之端故横行徑踰者禁之有相翔者誅之則寇盜之端絶矣蹊田皋輕奪牛罰重說者以爲輕重失倫横行徑踰其細已甚矣豈無大於此者乎君子絶惡於其細禁姧於其微射邪趨疾未必遂爲盜也而昌翔覘伺爲盜之端遂萌於此野廬氏掌凡道禁塞其塗弇其迹則形勢不得爲非使民無由接於姦邪之地故晏嬰治阿而築蹊徑者以此也孔門子

游稱子羽曰行不由徑謂其行方夫由徑犯野盧之禁先王之世人人不由安見其方春秋禁書雖存而官失其職道禁之不行久矣子羽獨奉而行之以爲先王之道存焉由此觀之則一步一趨無在而非先王之道也於呼此子羽之所以爲方歟太元曰孔道夷如蹊路微如大輿之憂此之謂也衞有亂季羔逃之走郭門門者曰彼有缺季羔曰君子不踰又曰彼有竇季羔曰君子不隧蓋由徑則必踰缺踰缺則必隧竇不踰不隧必自不由徑始故曰徑踰踰謂踰缺注疏不明故補之詩云周道如砥其直如矢不行直道是謂橫行管子謂里域不可以橫通亦以此

禮說卷十二

禮說卷十三

東吳　半農　惠士奇

秋官二

薙氏春爲阱擭穽地爲塹以捕禽注云擭柞鄂也堅地阱淺則設柞鄂於其中淮南子曰走獸擠脚蓋設柞鄂以擠其脚而獲之一名係蹄戰國策云人有置係蹄者而得虎虎怒決蹯而去蹯虎掌延叔堅曰係蹄獸絆也是爲柞鄂魯語云鳥獸成設穽鄂注云鄂柞格所以誤獸也一名蹝以羅獸足逸周書曰不卵不蹝以成鳥獸然則山不爲苑澤不爲沈春阱擭而秋杜塞之亦所以助生阜而畜功用歟翨氏注云置其所食之物於絹中鳥下來則掎其脚絹當作羅俗省爲絹其

音同也不徒係獸兼可羅鳥太元曰揮其罦絕其羂西京賦所謂罝羅羂結者卽此莊子曰蹄者所以在兎注云兎羂也一名兎弶[巨亮反]係其脚故曰蹄齊語渠弭於有渚環山於有牢卽雍氏所謂澤之沈山之苑牢立柵以遮獸渚立隲以捕魚繯齊語通爲環小匡誤爲綱馬融廣成頌所謂繯橐四野之飛征也軍行依山澤爲險阻兼取川禽原獸以佐軍糧管子所謂南伐西伐北伐之主者以此雍氏之所禁也而管子行之周官之法至齊桓而一變矣[墬形訓曰東方曰大渚曰少海注云少海澤名則渠弭爲澤明矣賈注云渠弭裨海也其説本此]根生之物爲草草麗乎土故掌土化者其官爲草人浮生之物爲萍萍麗乎水故掌水禁者其官爲萍氏萍氏禁川游兼

幾酒而謹酒韓非子曰道譬之若水溺者多飲之卽死渴者適飲之則生適者節也君子有酒節之而已易曰飲酒濡首不知節也鄉飲設禁射飲設豐賔飲告旨主飲謝賔主百拜終日爾恭其爲節也陔矣書曰毋彝酒彝酒者常酒也常酒者天子失天下匹夫失其身翢翢衡羽飲河顧其後也鳳凰雄鳴節節雌鳴足足取爲屬名思其義也可以人而不如鳥乎水性柔人多溺詩曰旨酒思柔則酒能溺人亦如水矣制柔以剛故書曰剛制于酒然而剛制不如温克也周公作酒誥言沉湎之爲害而殺羣飲之民則似剛近乎虐然以酒禁委掌水之官謂浮而不沉者莫如萍不湎於酒猶不沉於水則仍取温克之義焉不然殺羣飲何異刑弃灰輕皐而行

重罰非所謂殷罰有倫也豈周公行之爲仁商鞅行之爲暴

哉莊子外篇曰周周銜羽以濟司馬彪注曰周周河上鳥也頭重尾輕是以銜他鳥羽而飛過河言人可求益于物以補其所短也韓非子曰鳥有翢翢者重首而屈尾將欲飲于河則必顛乃銜其羽而飲之人之有所不足者不可不索其羽也說文無尾爲屈從尾出聲俗省作屈銜羽飲河其其言有味若銜羽濟河有何味乎銜其羽似非他鳥也

司烜氏掌以鑒取水于月鑒者鑑諸一名方諸淮南子許慎注曰方石也諸珠也古諸珠通劉子曰陽燧在掌而太陽火方諸運握而少陰水類感之也萬畢術曰方諸取水注云形若杯合以五石葛洪有岷山丹法鼓冶黃銅以作方諸承取月中之水古之鑒也豈其然乎案唐乾封元年果毅李敬貞議封禪用明水實尊淮南子云方諸見月則津而爲水高誘注云方諸陰燧大蛤也摩拭令熱以向月則水生以銅盤受

之下數石考工記云金錫半謂之鑑燧之齊注云取水火于日月之器準此注則水火之器皆以金錫爲之今有陽燧形如圓鏡以取明火應時得陰鑑形如方鏡以取明水未有得者比年祠祭用井水代之蓋金錫相半自是造鑑之法非陰鑑之制依古取明水合用方諸嘗於八九月中取蛤一尺二寸者依法試之自人定至夜半得水四五斗王充曰月中之獸兔蟾蜍其類在地螺與蚄也月毀于天螺蚄舀缺方諸鄉月水自下來同類明矣高堂隆謂陽符取火陰符取水名曰水火之鏡干寶謂五月丙午日中鑄陽燧十一月壬子夜半鑄陰燧而陰燧無得水之理其說皆非蛤一名魁大元曰大魁頤水酋酋之包言水之聚也符子曰鏡以曜明故鑒人蚌

以含珠故內照方諸一名蚌鏡古謂之鑒以此

司烜之烜一作㷄一作𤈦㷄爲楚語𤈦乃齊言㷄讀爲貨𤈦讀若燬韓詩王室如𤈦毛詩作燬左形右聲說文並存說者又謂齊人曰燬吳人曰𤈦方俗之訛也然則㷄𤈦燬烜皆通矣夏官司爟秋官司烜爟爲熱火所以爇也其形在地烜爲明火所以照也其精在天在地爲木乃火之形在天爲日乃火之精形用其熱精用其明故熱火取諸木明火取諸日焉或明或闇火性善藏見則有耀伏則無光故司烜氏修火禁以心星之見伏爲出內之紀綱也方諸取水或以井水代之說本管子春飲於青后之井夏飲於赤后之井秋飲於白后之井冬飲於黑后之井中央飲於黃后之井易曰井道不可

不草也言久則濁穢宜易其故乃知古者不徒改火且改井矣井卦九三井渫渫者渫其惡也故不食壽陽有歡樂井言三伏赫曦望見此井則爲之喜故井水渫惡行人惻焉不用則惡用汲則淸明王變而更之則天下皆受其福矣管子曰鑽燧易火杼井易水所以去茲毒也水有茲火有毒人或遭之年命促惟潔且新乃受福是故教民樵室鑽燧墐竈泄井所以壽民後世不然人多夭折未必不由此王褒頌卑辱奧渫注云奧幽也渫汙也汙穢則除去之故曰渫

司烜氏邦若屋誅則爲明竁焉康成云屋讀爲剭剭誅謂不於市而以適甸師氏明竁若今楬頭明書其辠法也司烜掌之則辠人夜葬歟漢書長安令尹賞爲虎穴收捕輕薄惡少

年內穴中皆死出瘞寺門桓東楬著其姓名康成所謂楬頭即此師古曰楬杙也椓杙於瘞處而書死者名也楬從木音竭屋誅蓋刑於喪國之社荀子曰皋人之喪不行晝行以昬殣古之法也然則皋人夜葬漢法亦然矣既葬而楬著皋名立於其地焉蓋與尹賞之事合非若子產誅公孫黑以木加尸也且楬者表識之名蜡氏有死於道路者埋而置楬楬之言桀也立於地不加於尸賈疏失之一說穿穴曰竁喪國之社屋之屋之者掩其上而柴其下使不得達上邦若屋誅司烜氏穿穴以通明故曰明竁蓋事畢則仍揜之火秉明故職在司烜氏班固述哀紀曰底剭鼎臣服虔曰周禮有屋誅誅大臣於屋下不露也古者複穴開上取明謂之霤明竁之義

取諸此。廣雅云。榍。蘱杖也。

虞書曰。鞭作官刑。朴作教刑。孔疏云。周禮條狼氏誓大夫曰。敢不關。鞭五百。左傳有鞭徒人費。圉人犖。子玉鞭七人。衛侯鞭師曹三百。後來亦皆施用。及隋造律。始廢之。淮南子人間訓有佽郎尹而笞之三百。蓋起於戰國。近乎古之官刑。左傳又有齊莊公鞭侍人賈舉。魯孟孺子鞭成有司之使。則是賤者非士大夫。獨條狼氏有誓大夫鞭五百之文。與曲禮刑不上大夫之言相反。于是學者疑周官非聖人之書。不知官刑與教刑。虞書並舉。官有慢事。箠以訊之。教或不率。朴以威之。象以典刑。自昔然矣。周公之爲師保也。使伯禽與成王處。成王有過則撻伯禽以耻之。楚文王田於雲夢。三月不反。保申諫曰先王卜以臣爲保吉王辠當笞臣承先王之命不敢廢寧得辠於王不敢負先王王曰敬諾乃席王王伏保申束細箭五十跪而加之王背如此者再曰小人痛之君子耻之耻之不變痛之何益此教刑也古者雖天子必朝師故國之至尊猶不廢笞後世之言禮者乃謂刑不上大夫豈其然乎春秋大夫無遂事出境可以安社稷利國家者則專之可劉向謂國有危而不專救者不忠國無危而擅生事者不臣蓋以爲擅生事者將有跋扈不臣之心故條狼氏誓之以爲戒若夫過誤之失常人所容懈慢爲愆輒相提拽乃至尚書解衣就格人君自起撞郎則吾未聞之於古（孔疏謂鞭刑及隋而廢非也隋文每杖人於廷一日數四高熲等切諫乃令殿內去杖後怒楚州行參軍李君才命杖之而殿內無杖遂以馬鞭笞殺之則隋亦未

嘗廢也唐開元二十四年夷州刺史楊濬犯贓決杖裴耀卿諫以爲決杖施於徒隸不可加於高官贖死雖優受笞爲辱恐百姓見之忘其免死之恩且有傷心之痛而張說亦諫決杖貴臣且謂張嘉貞曰宰相者時來卽爲豈能長據若貴臣可杖恐吾輩行當及之是時秘書監姜皎廣州都督裴伷先犯辠嘉貞奏請杖之故說云然。漢律有嬌詔害嬌詔不害害者死條狼氏所謂敢不關者嬌詔害者也不死而鞭律輕於漢矣如其不害漢律雖不害猶免官則專之可也而又何關焉武帝使吕步舒持斧鉞治淮南獄以春秋誼顓斷於外不請不請者不關也康成謂大夫自受命以出則其餘事莫不復請然則命之顓斷而後可以不關歟穀梁子以爲大夫不廢君命不專君命有君命而畱之爲廢無君命而遂之爲專若是者刑茲無赦是故冢宰八法以官刑糾治司寇五刑以官刑糾職條狼氏之誓也所以糾之也曰轘曰殺曰鞭曰墨是爲官刑官刑糾官職修抑又聞古之大夫有坐干國之紀者不謂之干國之紀則曰行事不請是掩其干紀之實假以不關之名此而不刑國無紀也國無紀必亡」

條狼氏誓僕右曰殺誓馭曰車轘轘一作軫於文皆從車蓋古之斬刑或云車裂龜策傳頭懸車軫四馬曳行鶡冠子曰害百姓者軫以狥說者謂齊車裂蘇秦秦車裂衛鞅其法起於戰國非也春秋桓十八年齊襄轘高渠彌於首止宣十一年楚莊轘夏徵舒於栗門皆弑君之賊也齊楚討而轘之以狥焉先王之法也襄二十二年楚殺令尹子南而轘觀起觀起者子南之私子南得辠觀起車裂則凡不臣者皆轘之不獨弑君之賊矣說者謂以左傳證周官康成之失然則東晉

不可以證西晉南宋不可以證北宋乎如謂左氏不可信則先秦無可信之書矣孔叢子曰齊王行車裂之刑羣臣爭之不聽子高見齊王曰聞君行車裂之刑無道之刑也學者皆以爲然愚獨以爲不然轘者不忠之刑焚者不孝之刑臣不臣二忠爲患轘者患也子不子倒孚爲𠫓（孚古子字𠫓古突字）焚者𠫓也易曰突如其來如突猶逆也子而逆出不容於內也故有焚如死如棄如之象掌戮亦云殺其親者焚之夫焚與轘皆刑之酷者也而加之逆節之子二心之臣卽刑當其辠子高不問其刑之當否而輒加以無道之名則是弑君者不轘殺親者不焚而後爲有道之刑也不亦異乎臣弑君子弑父非一朝一夕其所以包藏禍心實由於辯之不早而反掖之寃

必起於親近之臣馭則尤親近者也故誓之以車轘卽其事以警其心焉徇者使之明聽其辭故奮鐸誓者使之潛消其慝故執鞭易離之突猶太元遇之衝故其測曰衝衝兒遇不肖子也脩閭氏比宿欜而守閭互互謂行馬欜以行夜閭其門也管子曰閭閈無闔外內交通男女無別晏子曰急門閭之政而淫民惡之緩門閭之政而淫民說古者有虞氏始置木爲閭而謂之互者說文云䢘互令不得行木如蒺藜上下相距形若犬牙左右相制所以禁止行人郤克臧孫許同時聘於齊二大夫相與踦閭而語一在外一在內移日然後去墨子自楚還過宋天雨庇其閭中守閭者勿內也則閭互之法有節者內之無節者譏之春秋及戰國皆然矣齊有里尉猶周官

之里宰閭胥也審閭閈愼筦鍵筦藏于里尉凡出入不時衣服不中圈屬羣徒不順于常者閭有司見之復無時所謂閭有司者卽周官之脩閭氏歟宿互者宿守閭互而擊㯋以衛焉月令中冬命奄尹申宮令審門閭蔡邕破閭爲闈謂宮中之門曰闈奄尹主之閭里門非奄尹所主愚謂宮中有永巷巷門謂之閭韓非子曰昔者桓公宮中二市婦閭二百婦人守之故曰婦閭戰國策有守閭嫗不必破爲闈也迦一作椵封人注云楅衡如椵狀賈疏云衛者橫木於鼻今之駞猶然漢時有置於犬之上謂之椵椵一作枷廣成頌曰枷天狗緤墳羊三秦記曰麗山西有白鹿原原上有狗枷堡秦襄公時有大狗來下有賊則吠之一堡無患於是有狗枷之名則犬之有枷不始於漢矣

備所以衛也牆垣所以衛其家爪牙所以衛其體淮南齊俗

訓有穿窬揤捷抽箕踰備之姦高誘注云備後垣是牆垣者家之衛也秋官冥氏設弧張爲阱擭以攻猛獸而獻其皮革齒須備司農注云備謂搔是爪牙者體之衛也故備一訓垣一訓爪人無爪牙之衛乃削草爲甲鎔金爲兵以爲衛故甲兵亦名備左傳齊烏枝鳴曰用少莫若齊致死齊致死莫若去備老子曰入軍不備甲兵見韓非子備俗本作避非言不恃備以救害也桓魋以家備往白公以戰備獻一說備讀若釆蒲莧切音如辨象獸指爪說文釆從田爲番獸足也象其掌釆訛爲備聲之訛也踰備當作踰阫普回反音若裴莊子曰正晝爲盜日中冗阫阫一作培顏闔鑿培而遁注亦云培後墻則備當讀爲阫或曰不然居不爲垣牆人莫能毀傷行不從周衛人莫能

暴害故曰備者國之重也兵者國之爪也垣與爪俱以備名本乎古矣

柞氏注云柞除木之名先鄭讀柞爲屋笮之笮何休曰親過高祖毁其廟禮取其廟室笮以爲死者炊沐笮者廟之西北厞也西北隅幽隱之處謂之厞亦曰笮徹取其木以爲薪而炊沐焉舊說厞屋簷非也爾雅栭謂之楶廣雅楶謂之笮笮言廹迮厞言陫側則厞爲屋笮明矣賈疏目爲俗失之廣成頌云焚萊柞木注云柞音士雅反邪斫木也依鄭義當音側白反章懷讀爲槎本說文案爾雅屋上薄謂之筄注云屋笮蓋柱上爲薄柱頭爲櫨所謂楶也徹取其木卽取之此說文笮在瓦下棼上棼者複屋棟是爲複笮廣雅曰棼閣也卽今

之樓太史慈討賊賊緣樓行詈手持樓棼慈射之貫手著棼謂著樓簷下棟故舊說以扉爲屋簷一說屋笮者屋漏也釋名曰禮既祭改設饌於西北隅西北隅曰屋漏親死撤其薪以爨竈煮沐供諸喪用若值雨則漏遂以名之然則屋笮者當室之白也孫炎謂日光漏入抑或然乎康成曰漏隱也扉隱之處則直訓漏爲扉矣一說柞屋棧也亦謂之簀柞一作笮在各反見急就篇

薙氏殺草謂始生而萌之夏日至而夷之秋繩而芟之冬日至而耜之月令燒薙注引薙氏職夷作薙皇氏云夷音薙先薙其草草乾燒之含實曰繩皇氏音孕古作⿰月黽管子曰壬子水行御羽卵者不段毛胎者不䐈⿰月黽婦不銷棄草木根本美

蓋水氣行草木先受之而後及羽卵毛胎臝婦焉任身含實其理本同月令國多女災禾稼不熟水傷含任氣相感也臝一作⿰女黽太元云好⿰女黽惡粥又曰⿰女黽其膏女子之勞一作鱦家語王肅注云鱦魚之懷任然則女含胎魚遺子草結實皆從黽象其腹也耿黽怒鳴故象其腹萌之者斫其新夷之者芟其陳注云以鉤鐮迫地芟之若今取茭矣茭乾草也謂收乾草有陳根也秋敗其實冬剗其根從春至冬一年之事六鄉之易六遂之萊必休之乃可復種者以此釋地云一歲曰菑二歲曰新田三歲曰畬菑者災也謂災殺其草木也郭璞曰今江東呼初耕地反草爲菑新田者新成柔田畬和也田舒緩也然則菑者柞氏攻木薙氏殺草皆以水火變之則草木化爲糞壤

二歲乃柔三歲乃和此田所以有再易三易歟詩曰楚楚者茨言抽其棘自昔何爲我藝黍稷言耕者必先伐除茨棘而後種黍稷焉其法在農官則柞氏薙氏之職也故曰載芟載柞其耕澤澤除草曰芟除木曰柞載始也言耕之事始于此

說文曰凡字朋者羽蟲之長鳥者日中之禽舄者知太歲之所在燕者請子之候作巢避戊巳古文鳳象形鳳飛羣鳥從以萬數故以爲朋字魯郊以丹雞祝曰以斯鶾音赤羽去魯侯之咎所貴者象形以望其來所惡者覆巢以使之去此晢蔟之官所由設也春秋鳥鳴亳社而伯姬卒其爲夭也信矣鴝與鸜鵒非夭也退飛而宋襄喪師來巢而魯昭失國則又何說歟漢永平中神雀集於宫廷而賈逵稱爲瑞元和中異

鳥翔於殿屋而何敵目爲災既而迭對無徵敵言竟驗然則非常者乃爲天乎哲蔟氏覆而墮之如不去則庭氏射之自臧文仲祀爰居而其官廢矣漢祠黃帝用一梟破鏡梟食母破鏡食父。五月五日作梟羹賜百官即哲蔟之遺意若夫鶚鵩鴞鴸一名嚘羿應弦銜鏑矢不著地逢蒙縮手養由不睍雖有庭氏救日太陰之弓亦無所用之故曰力不勝天天不勝德似鳳者孽介雀者滅

庶氏除蠱以攻說禬之嘉草攻之翦氏除蠹以攻禜攻之莽草熏之大祝六祈有禬禜攻說之名黨正族師有祭禜祭酺之禮蠹猶蠱也嘉草一名莽草一名芒草見山海經朝歌之山有草焉名曰莽艸可以毒魚萎山有木狀如棠而赤葉名

曰芒草可以毒魚莽轉爲芒語有輕重耳淮南萬畢術曰莽
草浮魚介疋蕣春草注云一名芒草或云蕣即白薇非芒草
也吳氏本草曰莽草一名春草有毒五月採治風蓋蟲生於
風潛於陰魚陰類也治風之草能毒魚者亦能殺蟲歟左傳
公聚朽蠹而殺飛爲蠱蓋蠱皿蟲蠹木蟲生于陰中異名同
類物不堅爲盬盬與蠱通凡害物之蟲皆是也食心食葉食
根食節皆似蠱而害艮苗族師祭酺酺者蝝螟之神能爲災
害故族師祭之庶氏以攻說禬之翦氏以攻禜攻之以禳其
災又以嘉草攻之焚莽草而以其灰洒之以絕其害荊楚之
俗取菊爲灰以除麥蠹汜勝之術取麥種襍乾艾藏之以馬
蠶矢漬穀種則無蟲謂蟲生於濕熱燥之則蟲不生而收當

倍崔寔四民月令曰臘月祀炙萐萐麥芽也齊民要術誤爲蓮樹瓜田四角去蟲胡濫切爪蟲也其法本於庶氏蔚氏後世失其傳矣一說嘉草蘘荷也葛洪方曰人得蠱欲知姓名取蘘荷葉著病人卧席下立呼蠱主名一說芒草杬也亦疋杬魚毒杬一作芫見急就篇顏師古云芫華一名魚毒漁者煮之以投水中魚死浮出故名本草經云芫華一名去水味辛殺蟲淳于意診脉曰蟯瘕以芫華一撮飲之卽出蟯可數升病已然則能毒魚者亦能殺蟲也莽草蓋其類歟段氏雜俎言西域有禳蟲法作木天壇法以禳之後漢公沙穆爲弘農令時有螟蟲食稼穆乃設壇以禱於是暴雨既霽而螟蟲自銷此段氏所謂西域禳蟲法古之遺術也則庶氏攻說蔚氏攻禜亦必有道矣

壺涿氏除水蟲赤犮氏除貍蟲水蟲潛於藪澤貍蟲隱於牆壁注云水蟲狐蜮貍蟲䗪肌蛷疏云水蜮卽水中短狐而䗪肌蛷則闕焉廣雅負蠜䗪也蛷螋蛷也本草䗪名土鼈博物志曰蛷螋溺人景隨所著生瘡盧氏曰塗以雞腸草段氏曰治以莎衣結說林訓曹氏之裂布蛷者貴之高誘注曹布燒以傅蝫蛷瘡則愈蝫蛷卽肌蛷也陸佃埤雅䗪逢申日過街造化權輿曰短狐射氣蛷螋遺溺稽聖賦所謂蛷旋於影蜮射於光氣感使然莫或知之矣佃謂蛷螋者言捜求而去之則臆說也案蛷螋段氏雜俎作蠼螋蠼音瞿古蠼蛷蝫肌瞿求音同聲相近文異音同實一物廣雅以䗪爲負蠜乃鼠婦也本草䗪無甲有鱗狀似鼠婦春秋莊十八年秋有蜮二十九年秋

有蜚劉歆曰蜚負蠜郭璞曰負盤也或引山海經有獸如牛其名曰蜚行水則竭行草則死見則天下大疫其說近乎怪矣學者好怪以爲然愚謂蜮水蟲也蜚貍蟲也壺涿氏赤犮氏之所除而去之者也春秋失其官故蜮蜚書於策君子曰災也水蟲之災自外生貍蟲之災自內萌自外生者顯而有神自內萌者隱而無形故常藏於隙屋於文壁孔爲隙從𨸏象牆二小夾日莊之末年叔牙慶父貍蟲之應也處宮之中在君之側若不去之必將亡國是故自外生者敺之以土鼓自內萌者毒之以蜃灰害雖微而將大物無小而不除周公所以垂爲訓歟召南雀穿屋鼠穿墉而獄訟成焉雀所處者瓦之間隙屋之翳蔚也而社鼷不灌屋鼠不熏穿墉以爲藏

身之固非所謂切近災乎周鼎著鼠令馬履之爲其不陽也不陽之謂貍故貍之爲怪也好居隅隙之間赤犮氏目察區陬掌除物怪涼州張重華末年有螽斯蟲集安昌門外緣壁逆行重華兄祚小字螽斯都尉常據諫曰螽斯逆行災之大者願出之重華曰螽斯子孫繁昌何爲災也先是祚烝重華母馬氏及重華死馬氏遂廢重華子曜靈而立祚祚尋殺曜靈專爲姦虐涼州人咸賦牆茨焉此貍蟲之應與春秋有蜚同故特書之以爲災也重華末年猶莊公末年重華兄祚猶莊公兄慶父祚烝馬氏猶慶父通哀姜其事皆相類螽斯與負蠜亦相類

牡檸姑榆也檸一作姑釋木無姑其實夷似即釋草之莁荑本草莁荑一名無姑一名蔱蘠似即釋草之蔱蘠郭注以莁

蒬爲白蕢仍謂無姑卽蕪荑則與莁荑何以别乎急就篇注云莁荑無姑之實也無姑一名橭榆其莢圓厚然則實者爲無姑不實者爲牡姑猶牡蘜之不花者也易枯楊康成讀枯爲姑葢枯卽橭之省俗讀爲枯槁之枯失之矣

鄭注銜枚兩見一見大司馬職曰枚如箸銜之有繣結項中一見銜枚氏曰横銜之繣結於項賈疏云繣兩頭繫也以組爲之兩頭交於項後結之顔師古注漢書引鄭注結作絜曰繣絜於項云繣者結礙也絜繞也爲結紐而繞項也絜音頡則又訓繣爲結絜爲繞矣同時所見之本不同若此

銜枚氏掌司囂囂則亂亂則師田失律囂則讙讙則祭祀不敬叫呼歎嗚歌哭皆是也故爲之禁苟非師田祭祀則弗禁

也或曰哭非其地謂之野哭孔子惡野哭者爲其變衆故有哭於國中之道者亦謂之野銜枚氏爲之禁而孔子亦惡焉如其說則士大夫去國者鄉國而哭奔喪者齊衰望鄉而哭禮也皆國中之道也奚爲而禁之孔子曰所知吾哭諸野故哭所識則於野張帷禮也所謂野哭也又奚爲而惡之雜記國禁哭則止郊特牲喪者不哭不特不敢哭於道并不敢哭於家故殯宮朝夕奠皆不哭蓋國之大祭祀民皆敬之敬則吉圭清靜州里除不蠲刑者任人凶服亦皆禁焉非徒哭也非是則弗禁也然則何哉孔子惡野哭者曰非此之謂也郕人子蒲卒哭者呼滅子皐曰若是野哉哭不以禮是爲野舊說滅蓋子蒲名王肅謂人少名滅者又哭名其父不近人情

疑以孤窮自謂將亡滅也其說似是而非伯牛有惡疾夫子所痛曰蔑之命矣夫見漢書蔑猶滅也蓋痛之甚也如是則何野之有且古人以惡名何不可以滅名哭不必其子焉知非其父夫禮臣既死君不忍呼其名子既死父不忍呼其名哭者蓋其父也而呼子名君子以為野矣哭有禮亦有節哀矣而難繼情在而無文皆野也孔子之所惡也然則古不禁哭亦不禁歌歟甯戚將任車歌於車下買臣擔束薪歌於道中苟非師田祭祀則歌哭皆弗禁也狐援諫齊湣王而不用援一作咺出而哭國三日王問吏曰哭國之法若何吏曰斮王曰行之明哭國者斮無道之刑蓋起於戰國歟墨子號令篇曰無敢歌哭於軍中有則其皐射言惟軍中則然古無哭國之法

也。故其禁在銜枚氏。尸子曰。齊有田果者。命狗曰富。命子曰樂。將祭而狗入室。呼之曰富出。以爲不祥。其子死。哭曰樂乎。而不似悲也。是俗哭子皆呼名矣。喪大記曰。婦人下堂不哭。男子出寢門外見人不哭。注云。自堂及房。婦人所有事。自堂及門。男子所有事。非其事而哭。猶野哭也。則野哭非謂哭於野也。奔喪。哭避市朝。魯哀姜大歸。將行哭而過市。市人皆哭。則哭亦有不避市者。國中不禁可知。

伊耆氏。共王之齒杖。先鄭云。謂年七十。當以王命受杖者。今時亦命之爲王杖。然則七十賜杖名曰王杖。周之禮也。王充謝短篇曰。七十賜王杖。何起。著鳩於杖末。不著爵。何杖苟以鳩爲善。不賜鳩而賜鳩杖。而不爵。何說。風俗通曰。俗說高祖與項羽戰於京索。遁於薄中。羽追求之時。鳩止鳴其上。追者以爲必無人。遂得脫。及卽位。異此鳩。故作鳩杖以賜老者。而三齊略記所言漢祖事與此同。且云漢世元日放鳩。蓋爲此其說非也王子年記少皥結䕺茅爲旌以桂枝爲表刻玉爲鳩置於表端則鳩杖起於少皥亦非也伊耆氏共王杖則鳩杖起於伊耆矣鷹化爲鳩不仁之鳥感春之生氣變而之仁故羅氏獻鳩以養國老因著其形於杖以扶之助生氣也或曰鳩者不噎之鳥欲老人之不噎豈非古造而漢因歟大祭祀共杖咸康成讀咸爲函案咸古椷字天官書閒可椷劒索隱曰椷音函函容也函字本有咸音故從咸則知先儒讀咸爲函得其音矣秦置酒饗羣臣先召諸子賜食罷而出胡亥下陛視羣臣陳履杖善者殘敗之而去蓋燕饗在堂履杖不上堂陳於陛下僻隱之處故胡亥下陛得壞之八十杖於朝者履杖上堂猶劒履上殿異數也康成謂老臣雖杖於朝事

鬼神尚敬去之故大祭祀共咸有司以此函藏之旣事乃授之杖有函曲禮席閒函丈丈或爲杖王肅謂古人講說用杖指畫然則函杖猶杖函也蓋函藏於席閒杖之言丈也王杖長九尺言丈者舉成數也王杖御覽玉部引之作玉杖失之廣雅曰匧謂之槭

秋見曰覲覲之言請也漢律春曰朝秋曰請言請辠也覲禮三享畢侯氏乃右肉袒于廟門之東入門右北面立告聽事注云凡禮事左袒吉凶皆然右肉袒者刑宜施於右也易曰折其右肱秋覲以比邦國之功言校比其功以行黜陟告聽事者告王以比功之事言無功當黜宜退受刑右肉袒非請辠而何漢有請室應劭曰請辠之室大臣有辠造請室而請辠焉

自上言之曰比功自下言之曰請皋詩曰道阻且右言左順而右逆也軍禮不功將帥結草自縛袒右肩而入射禮司馬與司射交於階前相左喪禮商祝與夏祝交于階下則反之康成謂吉事交相左凶事交相右者以此蓋左爲陽爲吉右爲陰爲凶也春陽中萬物生故朝以圖事秋陰中萬物成故覲以比功夏萬物見其象顯故宗以陳謨冬萬物藏其象幽故遇以協慮覲乘墨車蓋將請皋所以自貶損朝則建旂乘路焉上公九斿九乘侯伯七斿七乘子男五斿五乘詩蓼蕭采菽皆諸侯朝天子之詩曰鞗革沖沖和鸞雝雝其旂淠淠鸞聲嘒嘒則朝乘路車如其命數也康成見覲乘墨車遂疑朝亦然故蓼蕭箋云此說天子之車飾者諸侯燕見天子天

子必乘車迎于門是以云然失之矣而采菽箋則云諸侯來朝王使人迎之因覲其衣服車乘之威儀所以爲敬且省禍福也此仍以爲諸侯之車服孔疏乃謂王乘駟馬迎諸侯則鸞旂驂駟皆非諸侯之物豈其然乎元鳥龍旂十乘箋云二王後八州之大伯所謂九命之外若有加益則是君之特賜非禮法之常而侯氏乘大夫之車亦惟覲爲然矣詩曰歲事來辟勿予禍適此覲禮請辠之辭歲事者歲功成於秋也小行人春入貢秋獻功康成謂若今計文書斷於九月其舊法盧植乃云計斷九月者秦以十月爲正誤矣

左傳昭十有三年叔向曰諸侯歲聘間朝再朝而會再會而盟杜氏云三年一朝六年一會十二年一盟凡八聘四朝再

會王一巡守盟於方嶽之下孔氏曰大宗伯云時見曰會殷見曰同鄭氏以爲時見無常期非也時見者謂再朝而會殷見者謂再會而盟尚書周官曰六年五服一朝又六年王乃時巡大行人亦云十有二歲王巡守殷國所謂侯服歲一見者乃遣使貢物非親朝也然周官云六年一朝而左傳云六年再朝二說亦未符合特以時會爲再朝之會殷同爲再會之盟可與鄭注並存以備一說昭三年傳子太叔曰文襄之覇也諸侯三歲而聘五歲而朝有事而會不協而盟說者以爲叔向言王制而游吉言覇主之法然會盟無常期合於周官矣

諸侯來朝行享於廟入大門下車所立之位上公立當車軹

侯伯立當前侯前侯俗本誤爲前疾自宋至今讀者不悟子男立當車衡案侯俗作疾論語邢昺疏鄉黨引周禮作前侯云侯伯立當前侯胡下又小雅蓼蕭章孔疏引大行人亦作前侯蓋說文疾作疾古文矦作厌相似易亂故前侯訛爲前疾賈疏不詳莫能辨正俗本流傳誤人久矣又案許叔重說文引周禮作前軓云軓車軾前也音範詩小戎陰靷毛傳云陰揜軓也孔疏謂以板木橫側車前陰映此軓故謂之陰考工記軓前十尺謂軾前曲中下垂拄地如人之頸故謂之侯侯猶胡也故鄭注訓爲胡以其在軓前故曰前侯然則陰也侯也胡也皆前軓之名揜軓曰陰曲中曰侯下垂曰胡總名爲軓當依說文定作軓則前衡後軹而軓在其間讀者一見而心目了然矣水經注

中都縣胡甲山山有胡甲嶺劉歆遂初賦所謂越侯甲而長驅者也蔡邕曰侯甲亦邑名古侯與胡通侯甲通爲胡甲故前侯注爲前胡然車之制莫詳於詩禮前軌見考工而侯胡無聞焉實事求是仍從說文爲正古音侯讀爲胡漢書贊抑抑仲舒再相諸侯身修國治致仕縣車易林范子妙材戮辱傷膚後相秦國封爲應侯此侯讀爲胡之明證也呂氏春秋郈成子爲魯聘于晉過衛右宰穀臣止而觴之顧反過而弗辭其僕曰曏者右宰穀臣之觴吾子也甚懽今侯渫過而弗辭再爲渫侯猶胡也則古侯讀爲胡畣明左傳童謠曰公在乾侯徵褰與襦襦與侯協詩曰羔裘如濡洵直且侯濡與侯協小雅及曲禮疏皆引大行人一作前侯一作前疾則知詩禮正義非出一人之手矣東京賦漢帝之德侯其禕而禕美也言漢之德胡其美也封禪書君乎君乎侯不邁哉邁往也言君胡不往也魏書高車傳斛律部帥倍侯利勇健處女謠曰求良夫當如倍侯倍侯與夫協乃知四夷尚有古音

大司馬九畿大行人六服畿限也以平邦國故曰畿服事也

以親邦國故曰服周語分之爲九合之爲五方千里曰甸服亦曰邦畿是爲邦內甸服則知邦外亦有甸服矣邦外侯服謂邦畿外方五百里之侯服也侯服外曰甸曰男曰采曰衛各方五百里康誥所謂侯甸男邦采衛者皆賓服也是爲侯衛賓服大行人掌大賓之禮自侯及衛各以遠近來賓故曰賓服衛服外曰蠻曰夷各方五百里皆要服也是爲蠻夷要服要服外曰鎮曰蕃各方五百里皆荒服也是爲戎翟荒服詩曰因是百蠻其追其貊奄受北國箋云韓外接蠻服因使時節百蠻貢獻之往來賜之蠻服追貊之國而總領之然則九州之外皆百蠻之地也書曰外薄四海咸建五長亦選其賢者以爲之主其來貢也則請於州牧故曰因時謂之時者

亦謂時叛時服荒忽無常易之比也有建萬國親諸侯之象然九五顯比而後夫在上前禽在初一舍之一失之絕域殊俗先王之所不能親也故不列於賓服焉爵之伯猶服之男故鄭伯也而當男服詩無衣七章晉次國也爲甸侯鄶莒鄅鄫路偪陽小國也皆爲采衛則似以國之大小爲服遠近之差齊元舅衛孟侯會宗國皆大邦也蓋皆侯服歟吳伯也而春秋書子凡在要服雖太子也鄭與曹皆伯爵而曹伯甸鄭伯男則又以封之先後爲叙矣故曰彌近彌大彌遠彌小海上有十里之諸侯以大使小以重使輕以衆使寡王者治天下若一家也大司徒之建邦國制其域而定其貢諸公貢其地之半侯伯貢參之一子男貢四之一大國貢重小國貢輕

齊魯衛侯也皆食諸公之地故公侯之貢重於伯而大司徒侯伯貢同是以春秋盟主遂使伯從公侯之貢子產曰天子班貢輕重以列列尊貢重周之制也卑而貢重者甸服也如其說則貢之輕重非徒以列之尊卑兼視其服之遠近然曹以甸而重鄭以男而輕爵列同而貢之輕重頓異則未免於偏當時主盟者必以爲不可平邱之會子產爭承至日中而未決者蓋以此禹貢冀州帝都故無貢周官亦然而邦畿之賦總銍秸粟米五者自百里至五百里近則賦粗而多遠則賦精而少要以五百里爲斷故賈誼曰古者天子之地方千里中之而爲都輸將繇使其遠者不過五百里而至諸侯之地方百里中之而爲都輸將繇使遠者不過五十里而至輸

者不苦其繇繇者不傷其費故遠人安此之謂也六服之貢惟祀惟嬪惟服皆爲包爲匭爲篚約而易舉輕而易致惟器惟財惟貨或多而難舉重而難致則從水運禹貢曰浮曰沿曰逹曰逾曰至曰入曰亂曰會皆水運之道所運者皆八州貢篚而粟米無聞焉說文水轉轂曰漕春秋秦晉泛舟其漕運之法乎自雍及絳路經千里而從渭入河從河入汾舳艫相銜坦無險阻而不以爲勞且歲飢偶一行之如乞糴於齊歸粟於蔡急病而救災也若夫數千里飛芻輓粟率三十鍾而致一石則起於秦而漢因之漕轉山東粟以給中都而更底柱之險敗亡無算所謂得一錢之賦而喪數十錢其煩費若此隋唐亦如之艱難之狀百倍於春秋矣雍州厥田上上

沃野廣衍而力耕農通灌溉其食自足本無藉於他州故邦國九貢無粟米而九賦斂財賄則粟米居多自郊至都亦如禹貢以五百里爲斷可知也古者以米爲財喪大記曰納財朝一溢米莫一溢米故知財賄爲粟米天子受四海之圖籍膺萬國之貢珍撫諸夏而綏百蠻贊𡚁后而調元氣九法在大司馬九儀在大行人九穀六畜之數要在職方氏由是懷方而遠物至合方而好善同形方而大小相比訓方而上下志通左傳鄭伯男也國語男作南古文男南通漢元鼎四年封周後孽子嘉爲周子南君蓋封以子男之爵男借作南也初元五年進爵爲侯綏和元年又進爵爲公與殷後孔吉皆爲公地各百里則其初不滿百里非子男之爵鄭薛瓚顏師古注皆非也酈道元謂衛將軍文子爲子南彌牟其後有子南勁勁朝於魏後惠成王如衛命子南爲侯秦并六國衛最後滅疑嘉是衛後故氏子南而稱君其說亦非也世本靈公生昭子郢郢生文子木郢字子南木字彌牟子以父字

爲氏猶魯仲遂之子爲仲嬰齊故曰子南彌年其後遂爲子南氏若仲遂之後以仲爲氏矣公羊說孫以王父字爲氏先之竹書命子南爲侯者蓋靈公本欲立子南于南立則名正言順爲衛後者莫宜於子南氏故惠成王命子南爲侯此紀年之意也若以氏爲爵吾所未聞且漢捨周後而立衛後可乎又稱君而氏子南是爲公子郢立後則又何說耶男訓爲任讀亦如之方言戴舊一名戴南南猶舊也則男南音義皆同矣予南卽予男復何疑　王制注謂周公復唐虞舊域分五服爲九其要服之內方七千里疏云要服去王畿三千五百里四面相距七千里是爲九州之內康成以九州之內爲釆九州之外爲流釆者取其美物以當穀稅流者夷狄流移或貢或否禹貢荒服之外三百里蠻二百里流卽周鎮蕃之地世一見之國然則要服曰蠻荒服亦曰蠻詩所謂百蠻指荒服也世一見者四塞世告至當鎮蕃之服在四方爲藪塞故曰四塞是爲九州之外明蠻夷要服在九州之內矣王會篇比服次之要服次之荒服次之方千里之內爲此服方千里之外爲要服三千里之內爲荒服是皆朝於內者此之言親先王所以親諸侯易之比卦取名於此注云此服名因於夏夏之此服周之賔服也管子千里之外二千里之內諸侯三年而朝習命二千里之外三千里之內諸侯五年而會至習命三千里之外諸侯世一見要服三千里四面相距六千里九命作伯故曰立爲六千里之侯則大人從

小行人合六幣圭以馬璋以皮璧以帛琮以錦琥以繡璜以黼圭璋曰先朝聘以之璧琮曰加享禮以之琥璜曰將大饗以之周書諸侯奉圭當其朝而皆布乘黃覲禮侯氏奠圭及其享而亦陳匹卓（康王之誥布乘黃朱謂陳四黃馬而朱鬣覲禮匹馬卓上九馬隨之卓猶的也以素的爲上）一馬此朝覲也皆先以圭致命然後陳馬於庭而享禮行焉諸侯之賵亦如之雜記曰上介賵執圭將命陳乘黃大路于中庭此非所謂圭以馬歟蓋弔之賵猶聘之享故其禮亦如之聘享或以皮或以馬聘禮曰庭實皮則攝之聘記曰庭實隨入左先皮馬相間可也則聘亦以皮馬矣惟聘用瑑圭璋短一寸爲巽耳璋以皮者亦以璋先之故曰圭璋特謂皮馬不上堂老子曰拱璧先駟馬拱璧者圭璋也此圭璋曰先

也。璧以帛。琮以錦。謂帛錦之上以璧琮加之。士昏禮注云。古文錦皆作帛。蓋古錦帛通。故不曰錦而皆曰帛。璧琮九寸。諸侯以享天子。而諸侯自相享。則以瑑璧琮享。諸侯束帛加璧享夫人。束帛(帛讀爲錦)。加琮。此享禮之璧琮曰加也。琥以繡。黃以黼者。謂天子饗諸侯。諸侯自相享酬。以繡黼而將以琥璜。終南諸侯受顯服。曰黻衣繡裳。采菽。天子命諸侯。曰元衮及黼。此王賜繡黼之文。其錫之也。王拜送爵。以琥璜將之。故曰琥璜爵。詩曰。承筐是將。此大饗之琥璜曰將也。春秋傳。虢公晉侯朝王。王饗醴。命之宥。皆賜玉五瑴。馬三匹。宥者。宥幣。玉似琥璜。不以繡黼而以馬。錫馬見於易。乘馬見於詩。又不以乘而以三。是何禮也。王命諸侯之禮亡。其數不可得聞矣。孔頴達曰聘禮禮賓之幣束帛乘馬致饔以酬幣致食以侑幣鄭云禮束帛乘馬亦不是過也則諸侯禮賓不以玉魯賄荀偃束錦加璧非禮也聘禮禮玉束帛以禮聘君未聞賄其臣雖有重賄亦不以璧宋以妾爲夫人饋左師束錦與馬先之以玉則春秋六幣之亂久矣韓起聘鄭私覿子產以玉與馬是大夫而行諸侯之禮也楚公子棄疾私見鄭伯齊公孫青私見衛侯皆以馬而不以玉君子以爲禮禮惟朝聘享頫乃有圭璋非是而以玉貨之而已春秋尚錦衛貨叔鮒魯貨子猶皆以錦鄭注二王之後享用圭璋經傳無文似出臆說古之聘也當其來聘則使卿辭玉於賓及其將歸則又使卿還玉於館蓋圭璋大器故始則辭終則還之而受璧琮說者以爲

輕財而重禮孔頴達謂六幣皆財也雖圭璋亦受之而不還豈其然乎圭璋璧琮琥璜作之爲六器吉禮以事神合之爲六幣賔禮以和好聯之爲六玉凶禮以斂尸會同設方明六玉獨無琮康成謂上下之神非天地之至貴者而斂尸六玉又云取象方明蓋取上下四方之象也璜琮禮地方明即六宗天神也故不以琮覲禮三享皆束帛加璧而不言琮者省文穆王見許男于洧上祭父以天子命辭曰去玆羔用玉帛見許男不敢辭還取束帛加璧毛公舉幣玉康成謂子男於諸侯下其瑞享用琥璜下其瑞者豫之可也曷爲改用琥璜乎六物以和諸侯故太元曰秉圭戴璧臚湊羣辟明非羣辟不以圭璧也呂氏春秋乃云晉使荀息以屈産之乘爲庭實

而加以垂棘之璧是璧不以帛而以馬矣則六幣非亂於春秋歟杜預謂古之獻物必有以先晉賂荀偃以璧馬爲鼎之先馬不上堂安得先之左傳先吳之鼎先吳猶故吳也吾聞圭先馬來聞馬先鼎失之甚矣吳越春秋太伯起城周三里二百步外郭三百餘里在西北隅名曰故吳人民皆耕田其中

禮說卷十三

禮說卷十四

東吳　半農　惠士奇

考工記

輪人爲輪牙也者以爲固抱也司農以牙爲輮書亦或爲輮世間謂之輞案廣雅⿰車單⿰車矍⿰車豦(⿰車豦郎)渠輮輩輞也⿰車單⿰車矍說林作蟬匱曰古之所爲不可更則推車至今無蟬匱注匱音夔而云車類誤矣鹽鐵論作蟬攫曰推車之蟬攫負子之教也韓非子曰古者樸陋故有珧銚而推車然則古之珧銚今之⿰車單⿰車矍皆車之輞歟釋名曰關西曰輮或曰⿰車民⿰車民急就篇作⿰車旁讀若民牙與互通紡車之輪謂之互一名⿰車圭⿰車矍說文作籆云收絲者卽紡車之輪所謂笙也籆一作籰與匱攫文異音同實一

物廣雅作轣從車得其正矣方言曰籆榬也兗豫河濟之閒謂之榬注云所以絡絲者然則⿰車單即榬轣即籆也

輪之輻望之欲其掔爾而纖案掔說文云人臂皃徐鍇曰梢長纖好也音所角切先鄭讀爲箾一作簫一作梢音山交反甘泉賦梢夔魖抶獝狂梢與抶義同謂皆梢而去之說文舜樂曰箾韶訓箾爲擊云以竿擊人左傳象箾南籥孔疏謂象箾武舞箾與揱通義取擊拂然則箾者干也舜舞干羽於兩階而有苗格簫韶九成而鳳凰儀逸詩曰鳳凰秋秋其翼若干其聲若簫有鳳有凰樂帝之心蓋干畫雜羽之文有似乎翼吹簫象鳳鳴舞干象其翼也則箾爲干明甚曰象箾曰韶箾皆謂舞以干戚曰管象曰簫韶皆謂奏以簫管韶箾與簫

韶猶象箾與管象也孔安國得之矣干爲兵器有征伐之容故漢房中歌曰簫勺羣慝天門歌曰飾玉梢以舞歌梢卽箾也執之以舞非干而何左傳建大車之輪以爲櫓則車輻可當干記者言輻之形如干之狀故曰犫爾廣雅犫擊也音山育反廣韻採入三簫卽古犫字捎藪捎溝皆與簫通

輪人爲輪望其轂欲其眼也先鄭讀眼爲限後鄭云出大貌釋名云眼限也瞳子限限而出也與二鄭之説同然眼説文作輥云轂齊等皃案輥與掍通洞簫賦掍其會同兩都賦掍建章掍一作混其訓爲同兼取約義集韻云束木也揚雄曰棍申椒與菌桂詩云約軝軝卽轂也約謂革纒之而加漆焉非掍之象乎是爲陳篆篆漆文也三十輻聚一轂會合齊同

可謂轂之善矣。方言曰：掩、提，同也。江淮南楚之閒曰掩，宋衛之閒曰提。提誤爲眼，說文引周禮甚明，從之爲允。菑蚤不齵，則輪雖敝不匡；養陰齊陽，則轂雖敝不歒。荀子「弛易齵差」，淮南子「兒齵之郄」。齵者，參差有鎛郄也。玉篇云：齒不齊。管子輕重甲篇曰：弓弩多匡輆。苦禮切。注云：匡輆，戾礙也。玉篇亦云：輆，車戾也。賈生道術篇曰：合得密周謂之調，反調爲戾。然則不匡者，菑蚤合密之調也。歒，先鄭讀爲秏，後鄭謂歒，歒暴也。晏子春秋云：輪，山之直木也，良匠揉之，其圓中規，雖有槁暴，不復嬴矣。後鄭謂後必橈減，幬草暴起。蓋槁則橈減，嬴則暴起，兩說相證益明。菑猶立也、臿也，義與剚同。瓠子歌「揵石菑」，師古曰：菑亦臿，音側吏反。即菑蚤之菑。東方人以物臿地爲剚，剚一作菑。

輪人爲轂。轂小而長，大而短，則有柞與摯二病。欲除其病，莫若伸其圍以爲長，屈其長以爲圍，則長短大小均齊，而二病除矣。欲言轂圍，先言牙圍。六分其輪崇，取一爲牙圍。三分其牙圍，畱一爲牙面。面，踐地者也。踐地之面不漆，其餘皆漆。椁其漆內之數而中詘之，以其半爲轂長，卽以其長爲之圍，以其圍之阞捎其藪。凡測圓者必先得其心，從心出線，則面面皆等。椁者，度量之名。度兩漆之內而中詘之，則輪之心也。輪內置轂，轂內貫軸，如此則軸正當輪心，面面皆等。然則中詘者，測圓之法，而轂之圍徑亦從此出焉。先鄭謂藪空壺中，後鄭謂當輻菑者。捎，除也。阞，三分之一也。壺中謂轂孔所以容軸者，而當輻入處謂之藪。賈疏所謂轂大頭寬者，指賢小頭狹者指軹寬狹處中者指藪也轂之兩頭爲軹參分其轂二在外一在內爲藪藪以置輻藪軹之間爲賢軹者止也言轂止於此賢者閒也言當藪軹之中閒藪者聚也言衆輻之所聚狀若蜂藪云爾依注設數以轂圍三尺二寸而三分之取其一以爲藪則藪圍一尺九分寸之六轂兩廂共徑七寸有奇足以內貫軸外受輻而無不勝任之患後鄭云輻廣三寸又云輻厚一寸則輻不圜何以知之以車人職知之車人職云輻長一柯有半其博三寸厚三之一此大車也其轂徑尺有五寸其輻橫濶三寸側厚一寸故書博或爲搏徒九反杜子春云當爲博後鄭從之以此知輻不圜也如以爲圜則大車之轂其圍四尺五寸一輻廣三寸三十輻共廣九尺而聚於四尺五寸之轂有是理哉或從故書博爲摶摶言圜厚言徑輻圍三寸徑一

寸乃可徑一圍三古之約法非密法也然如此則輻太弱轂太强强弱不相得非車之利也故輪人爲輻三寸綱其二寸以爲厚橫三側一然則曷爲又曰股圍骹圍蓋輻之形如璧之羨規其四角隋他果反而不圜兩頭大小股骹似之故取以譬焉兩强不能相服故曰轂强必以弱輻衆弱足以敵一强故輻不抗而搖一强足以當衆弱故雖有重任轂不折康成謂輻入轂中猶蒲在水中爲弱似未盡然所謂輻廣三寸半者亦隋長而非圜徑可知矣五分轂長去二爲賢賢圍一尺九寸二分去三爲軹軹圍一尺二寸八分賢軹皆有金各以法消去金厚之數則賢圍大于藪軹圍小于藪故賈疏曰寬狹處中鄭注所謂去一當作去二乃與藪相稱者是也據鄭注金厚一寸郎用鄭氏筭法徑當消

去二寸則圍當消去六寸以六寸減賢軹兩圍則賢圍一尺三寸二分軹圍六寸八分案藪說文作橾云車轂中空讀若藪急就篇作轑疑橾誤爲橾從車從木一也喿誤爲桑古音若藪漢讀爲橾又抏一作仡方言曰僞古訛字謂之仡仡不安也注仡吾敎反船動摇之貌則車之大抏狀如船矣

凡揉牙外不廉注云廉絶也案說文揉作煣屈申木也從火柔聲廉作燫車網絶也從火兼聲長門賦曰心燫移而不省故注引鄭注曰燫絶也則知古本考工亦作燫矣集韻燫移作燫㸇云火不絶皃燫省爲廉其音同也或非誤當兩存又

揉輻必齊注云揉謂以火槁之案槁一作撟長笛賦曰撟揉斤械注引鄭注曰揉謂以火撟之釋文亦有二音一劉音苦老反者作槁一沈音居趙反者作撟亦當兩存撟與矯同蒼

頭篇曰矯正也

輪人爲蓋蓋之柄爲達常其杠爲桯桯含達常者也蓋斗謂之部部者鑿孔以納蓋弓者也部厚一寸鑿廣四分其不鑿者上有二分下有四分合之爲一寸下直二枚者鑿孔外內若一曰直內孔之下與外平而上低二分不鑿則上有四分下有四分其鑿者二分而巳弓廣四分殺去二分而內于鑿內其端又殺去參分惟一分而巳故曰鑿端一枚端謂弓頭也注云六尺之弓倍之加部廣寸六凡丈二尺六寸有宇曲之減謂近部平者二尺而四尺爲宇曲低於部二尺撓之故低欲求其減之數則以爪末低於部二尺者爲句即於曲處垂線長二尺爲句宇曲四尺爲茲求其股股十二以句積與茲積相減餘十二爲股積除之股面三尺幾半也謂不滿三尺

半內少方五寸以股面加尊二尺則弓長五尺幾半故曰可覆軹不及幹輨或作幹本作輨俱音管輪直且無橈則登陀縊其牛下陀緧其後說文馬尾靴今之般緧則般緧在馬尾故曰緧其後又緧一名馬紂故關東謂紂爲緧緧一作鞦釋名曰鞦道也在後道使不得却縮也潘岳疾王濟裴楷乃題閣道爲謠曰閣道東有大牛王濟鞅裴楷鞧夾頸爲鞅後道爲鞧言濟在前楷在後也一作鰌荀子曰巨楚縣吾前大燕鰌吾後廣雅云綯紂緧也駟車之轅率尺所一縛詩五楘梁輈注云楘歷錄也梁輈上勾衡一輈五束束有歷錄也是爲率尺所一縛說文云曲轅⿰車贊縛直轅⿱⺮暈縛⿰車贊一作轢借官切車衡三束也又直轅車⿰車贊一名⿱⺮暈居玉切又治車軸曰

纂所眷切。三鋒戟方言謂之三刃枝單枝曰戈雙枝曰戟南楚宛郢謂之匽戟廣雅所謂雄戟也張揖曰雄戟胡中有鮔者鮔與距同橫捷曰鮔亦曰內謂胡以內橫捷於戟者也旁出爲枝是爲胡著柲直前爲援援上爲刺胡下爲勾胡中爲內內謂之鮔其柄謂之柲其鋒謂之戳音敹其子謂之戚音屖春秋傳楚武王授師孑以伐隨孔疏曰孑者擊刺之兵有上刺之刃又有下鉤之刃晏子曰崔杼刼大夫盟戟拘其頸劍承其心曲刃鉤之直兵推之急就篇有鑲鉤注云鑲者其刃却偃而外利以推攘而害人所謂直兵推之也鉤者形曲如鉤而內利以拘牽而害人所謂曲刃鉤之也曲刃謂胡如鉤內利禮圖畫戟兩旁有枝胡中無鮔三鋒向上而下無鉤此聶氏之臆造也春秋傳襄二十三年欒樂乘槐本而覆車轢槐而覆或以戟鉤之斷肘而死郭須世說云舊制三公領兵入見皆交戟叉頸而前叉者上刄鉤者下刄舊圖謂戟支曲下爲胡曲下者胡鈎也則知聶氏臆造失其舊矣說文云戈平頭戟也戟有枝兵也呂布營門射戟正中小支小支胡也戟旁曲枝故說文謂之枝兵戈亦有枝而平頭者蓋戈無刺也戈戟皆勾兵皇矣詩所謂鉤援卽此毛傳以鉤爲鉤梯而不言援失之矣戈戟有鉤有援直曰援曲曰鉤則鉤援爲戈戟又何疑乎淮南子曰古之兵槽矛無擊修戟無刺而方言又有無刄之戟秦晉謂之釨或謂之鏔吳揚謂之戈毛傳云殳長丈二而無刄然則無刄者

殳無刺者戈兼而有之者戟康成謂援之外句者胡也賈疏謂援七寸半亦以三寸爲横以四寸半向上爲磬折如其說則援亦曲矣與胡何以別乎且援既曲又安得有著柲直前之刺也以此知賈公彥之說非也鄭司農謂援直刃胡其孑則援之外勾指胡明矣胡中無距則下亦無勾康成謂胡以内接柲者亦謂距也柲者其本接與提逼非距而何孔疏云戈如戟而横安刃頭不向上故曰鉤孑又曰平頭

馬融云鋝與鍰同俗儒謂鋝六兩爲一川不知所出又云賈逵說俗儒以鋝重六兩周官劍重九鋝俗儒近是許叔重說文解字本於賈逵亦云鍰卽鋝而謂十一銖二十五分之十三又云北方以二十兩爲鋝則與馬融之説異矣康成謂今

東萊稱或以大半兩爲鈞十鈞爲鍰鍰重六兩大半兩鍰鋝似同亦無定說呂刑孔傳云六兩曰鍰王肅亦云然孔疏謂康成之言多於孔王所說惟挍十六銖爾然亦不知所出也案小尒疋曰二十四銖曰兩兩有半曰捷倍捷曰舉倍舉曰鋝鋝謂之鍰二鍰四兩謂之斤賈逵所謂俗儒之說其詳蓋出於此載於孔叢故安國據以爲傳然則三鋝重一斤二兩鋝一作選張敞好古文字其言曰甫刑之罰有金選之品應劭曰選音刷金銖兩名也顏師古曰選本作鋝鋝即鍰重六兩然則今文鋝古文選漢武帝造白金名白選選一作撰撰即鋝也音刷蘇林音選擇之選失之矣白選三品大者重八兩次六兩次四兩本無定數故諸儒疑之而不能決也尚書

大傳云夏后氏死辠罰二千饌馬融云饌六兩蓋古選撰饌通皆與鍰同鍰史記作率索隱云舊本率亦作選書大傳一饌六兩

函人為甲犀甲七屬壽百年兕甲六屬壽二百年合甲五屬壽三百年鄭司農謂合甲削革裏肉但取其表合以為甲革裏肉者革之敗蘖削去之則材良所謂視其裏而易則材更也康成謂屬者上旅下旅札續之數革堅者札長荀子曰魏氏武卒衣三屬之甲如淳謂上身一髀褌一脛繳一蘇林謂兕鍪盤領髀褌為三屬兕鍪冑也以冑為甲固非以脛繳為甲尤非上旅甲下旅裳甲裳三屬其札更長於合甲矣革之最堅者歟左傳組甲三百被練三千賈逵注云組甲以組綴

甲被練帛也以帛綴甲而有盈竅半任力盡任力之説其説本於呂氏春秋邾之故法爲甲裳以帛（注云以帛綴甲）公息忌謂邾君曰不若以組凡甲之所以爲固者以滿竅也今竅滿矣而任力者半耳組則不然竅滿則盡任力矣邾君以爲然然則察革之道先視其竅竅大則難盈故任力半竅小則易滿故任力全合甲者任力全之謂也而組練實爲之助焉故曰隨繩而斲因鑽而縫竅者鑽空所謂視其鑽空而窓（小孔貌）則革堅者以此合甲之堅亦以此邾之綴甲舊以帛用公息忌之言而以組其後有人傷之者曰公息忌之所以欲用組者其家多爲組也邾君不悦復用帛而不用組則是古之綴甲組練兼施矣綴以組謂之組甲綴以練謂之被練古之法也杜

頑排抵先儒撥棄古法乃云組甲漆甲成組文被練練袍如其說則組甲三百有甲無袍被練三千有袍無甲也而可乎燕王思欲報齊身自削甲札妻自組甲絣削甲札者司農所謂削其裹而取其表也組甲絣者太元曰錯絣也廣雅曰纑於近切幽布耕切紹音呂繫力若切絣也揚雄傳曰絣之以象類晉灼以絣爲雜師古以絣爲併併以連之雜以撰之所以箴縷縩之間攕擳晛䶂之郄此非古合甲之法歟詩曰貝冑朱綅傳云以朱綅綴之綅古纖字見間傳注謂以朱綫綴甲少儀國家靡敝甲不組縢注云組縢鎧飾以組飾之及紟帶也合觀衆說則賈逵之說益信一說屬者札也養由基蹲甲而射之徹七札焉晉惠公之右路石奮投而擊繆公之甲中之者已六札矣

未徹者特一札耳然則甲皆七屬也蓋札多則重重則不便屈信而易敗凡物剛者恒折是以壽短札少則輕輕則利於屈信而耐久凡物柔者常存是以壽長函人三甲首曰七屬師行三十里持重者服之減爲六屬又減爲五屬出奇制勝趨利者服之而魏氏武卒操十二石之弩負矢五十个日中而趨百里則尤利於輕更減而爲三屬秦人捐甲徒裼以趨敵虎賁之士跿跔科頭并去甲胄以爲輕便矣此皆氣之趫力之盛進則能神退則能速荀子所謂干賞蹈利之兵歟趙武靈王曰重甲循兵不可以踰險此之謂也後世甲輕故典韋陷陳重衣兩鎧若皆七札焉用兩重乎太元曰比札爲甲說苑曰草剛則裂比猶屬也草利於柔合以爲甲舉之而豐

衣之無齘凡皮皆曰札齊俗訓羊裘解札言裘敝也合爲屬散爲解一說合甲小匡所謂鞈革也注云鞈革重革當心著之所以禦矢鞈省爲合古今文甲一作脅音相近齊國之法重辠入犀脅輕辠入鞈革則合甲輕於犀甲信矣鞈猶堅也荀子曰犀兕鮫革鞈如金石

鞄人爲革伸之而直如其枉也急者先裂則是以博爲帴也帴當作俴管子參患篇甲不堅密與俴者同實又云將徒人與俴者同實是帴當作俴之明證也又荀子非相篇博而能容淺儒效篇以淺持博古人皆用淺對博猶薄對厚則以博爲俴又與荀子義同後鄭讀爲俴淺之俴得之矣說文帴讀若末殺之殺猶減殺也然以其物爲帬帔一曰婦人脅衣則

音義皆非集韻帴讀爲翦訓爲狹說本鄭司農亦無别據而小戎詩俴駟毛傳謂四介馬鄭箋謂以薄金爲甲之札韓詩則謂不著甲爲俴又與管子義符則帴當作俴益明或云讀若戔宜音殘非也劉昌宗讀爲片云狹小之義亦可備一說

論語繪事後素鄭注云繪畫文也凡繪事先布衆色然後以素分布其間以成其文考工記畫繪之事後素功注云素白采也後布之爲其易漬汙也古者裳繡而衣繪畫繪之事代有師傳秦廢之而漢明復古所謂斑間賦白疎密有章康成蓋目覩之必非臆說或云繪事素地加采謂之白受采此不知而妄爲之說也鄉射記曰凡畫者丹質則丹地加采矣司常九旗畫日月龍蛇之象亦以絳帛爲質也子夏疑素以爲

絢夫子以後素惟繪事爲然故舉以示之子夏遂因素而悟禮蓋五色之黑黄蒼赤必以素爲之介猶五德之仁義智信必以禮爲之閑且禮者五德之一德猶素者五色之一色以禮制心復禮爲仁禮失而采禮云禮云太素者質之始也則素爲質後素者繪之功也則素爲文故曰素以爲絢素也者萬物之所成終而所成始也故履初素賁上白初者履之始上者賁之終然則忠信之人可以學禮其説非乎忠而無禮則愿也信而無禮則諒也愿則愚諒則賊不學禮而忠信喪其美也是故畫繪以素成忠信以禮成素者無色之文禮者無名之朴老子不知以爲忠信之薄宮立而五音清甘立而五味平白立而五色明禮立而五德純故曰大文彌樸鋪卜切

乎似不足非不足也質有餘也吾以爲老子不知禮猶告子不知義而世稱孔子學禮于老聃其不然乎其不然乎

玉人天子用全上公用龍侯用瓚伯用將說文云瓚三玉二石也天子用全純玉也上公用駹四玉一石侯用瓚伯用埒玉石半相埒也然則龍當作駹將當作埒矣又云諸侯執圭朝天子天子執玉以冒之似犂冠又云瓛桓圭公所執從玉獻聲獻讀爲桓列女傳晉獻驪姬頌曰驪姬繼母惑亂晉獻謀譖太子毒酒爲權是獻協權古音也一說獻讀爲軒劉熙孟子注曰獻猶軒軒在物上之稱也故獻桓同音桓轉爲和猶獻轉爲莎素何反蓋音相近而通歟犂冠疑卽犂錧錧冒於犂故名犂冠然珩形似磬而冒非磬形當攷又云椎擊也齊

謂之終葵終葵爲椎猶邾婁爲鄒皆齊魯閒俗語犂館似馨
犂冠似冒以今曉古也久之而今復成古不可復識矣相玉
書言珵大六寸其燿自照見離騷王逸注玉篇亦云珵美玉埋六寸
光自輝而康成引相玉書珵作珽說文有珽無珵蓋珵即珽
古今文孔穎達曰物皆外光珽獨自照內含明也然則大圭
長三尺珽長六寸爲椎頭故曰杼上終葵首說者謂杼上者
綱其上此椎頭六寸指不綱者而言豈其然乎杼長也方言
引燕記曰豐人杼首杼首長首也楚謂之仔音序燕謂之杼諸
侯之笏詘前故前短天子之珽杼上故上長珽比他圭最長既曰方
正天子搢珽方正於天下也而又綱之誤矣一曰杼削也凡爲輪行澤者欲杼杼以行澤
則是刃以剷塗也是杼訓爲削也方則其形如削謂椎頭四角有廉稜西山

經曰嵆山之玉堅粟精密澤而有光郭景純云玉有粟文所謂穀璧禮記縝密以栗栗或作粟唐代宗即位楚州獻定國寶十有二其三曰穀璧白玉也如粟粒無雕鐫之跡王者得之五穀豐景純之言信矣然曰五穀豐誕哉又泰冒之山多藻玉說文云璪如水藻之文虞書璪火黺米又云琰璧上起美色也然則琬琰蒲穀玉之文理出於天然非關雕琢粟謂之穀藻謂之蒲養人安人其說妄矣瑑圭璋璧琮說文謂起兆瑑康成云瑑文飾也疏云直瑑爲文而已古有染玉法南山經曰侖者之山有木如穀其汗如漆名曰白䓘音羔可以血玉注云血謂染玉作光彩然則瑑爲文者蓋染之歟一說血玉者天府上春釁寶鎮及寶器是也鎮與器玉之美者司農讀釁爲徽蓋

取飾意亦謂染玉作光彩也血玉不以牲康成之説似失之
春秋文元年天王使毛伯來錫公命杜預云諸侯卽位天子
賜以命圭此臆説也禮曰諸侯薨使人歸瑞玉於天子諒闇
三年之後更爵命嗣子而還之（見白虎通）故在喪則視元士以君
其國除喪則服士服而來朝天子爵命之也其在來朝之時
乎春秋禮壞久矣晉惠魯文錫命於卽位魯桓衞襄追命於
旣薨則新天子輯瑞之典不行嗣諸侯還圭之禮亦廢吾不
知天王所賜者是何瑞也或曰琬圭諸侯有德王命賜之使
者執琬圭以致命焉春秋錫命蓋以此釋器曰珪大尺二寸
謂之玠玉人之鎭圭也天子守之詩云錫爾介圭以作爾寶
毛傳云寶瑞也鄭箋以爲諸侯之瑞圭自九寸而下介長尺

二寸非瑞也故以爲寶孫毓云特言賜之以作爾寶明非五等之玉如其說則介圭乃天子之守圭矣未聞以賜諸侯也詩云以其介圭入覲于王覲禮侯氏入門右坐奠圭卽詩所謂入覲之介圭則介圭非五等之玉歟箋義失之傳義爲長天子之圭中必康成謂必讀如鹿車縪之縪鹿車者其形窄小裁容一鹿縪猶綦也結於轐而連於軸方言曰車下鐵陳宋淮楚之間謂之畢大車謂之綦車下鐵者輹也一名車下縛子夏易傳曰輹車下伏兔謂之車屐以繩縛於軸因以名焉輹與轐通俗名鉤心亦謂之橛包以金縛以繩大車謂之綦小車謂之畢畢與縪通喪服傳冠繩外畢畢者繩之末也以繩繫軸猶以組繫圭故舉以況之劉昌宗讀縪若鼈謂兆

俗語音然方言淮楚則非獨北音也車屐一作車劇蓋音同歟廣雅曰組緷縫也軶束也釋名曰軶伏也伏於軸上也說文伏兔下革謂之䡘䡘古昬字讀若閔

聘用瑑圭減命圭一寸而無桓信躬蒲穀之文但有圻鄂瑑起一見典瑞一見玉人命圭繅皆三采三就瑑圭之繅則二采一就而已諸侯朝天子及自相朝則執命圭遣臣聘天子及聘諸侯則執瑑圭聘記所謂朝天子圭與繅皆九寸問諸侯朱緑繅八寸是也鄉黨執圭包氏注云執持君之圭蓋包氏章句本於張禹禹不信周官何晏注論語而取其說朱子仍其誤乃曰圭諸侯命圭學者遂不復知瑑圭璋璧琮爲何物矣何晏好老莊言作道德論凡國家典章制度全不畱心

以故三禮皆撥棄其誤乃至于此

楚漢春秋淮陰侯曰臣去項歸漢漢王賜臣玉案之食古者王后勞諸侯以玉案承棗㮚兩兩列之所謂玉案之食也說文檈爲圓案士昏禮之盛棗㮚也以笲音煩如筥䇠籚䇠羌居反籚音盧漢之寒具筥而加於橋橋所以庋笲故康成以爲案案有大小漢舊儀旋案丈二以陳肉食大案也漢書許后奉案上食孟光舉案齊衡小案也二王後二十有四兩兩列之則十有二諸侯十有八兩兩列之則九大夫十兩兩列之則五純猶兩也與淳通左傳淳十五乘或曰列或曰純純謂兩行並列諸侯夫人勞聘賓以二竹簋方元被纁裏有蓋其實棗蒸㮚擇飾案古以玉漢以金銀加文畫焉一爲奇二爲純二竹簋而方

則四也注失之案承食器如庪弆之橋橋之制未聞案者今之槃古之禁有足曰禁無足曰棜皆以承尊禮器大夫用棜士用禁以下爲貴也特牲饋食用棜或實獸於其上或覆壺於其中如漢陳食之案不獨承尊矣康成曰棜之制如今大木轝上有四周下無足鄉飲酒謂之斯禁以庪兩壺少牢饋食謂之棜以庪兩甒皆大夫之禮故康成云棜斯禁也無足有似於棜大夫用斯禁士用禁如今方案隋長隋他果反局足高三寸然則案有足也古器無案起於秦漢考工記蓋秦漢間之書歟漢之𥫱籚一作𥫱簶寒具筥也方言曰簶南楚謂之筲趙魏之間謂之𥫱簶古之竹籚也盧𥫱音同古今文說文𥫱作凵象形凵盧飯器以柳爲之或從竹去聲矢人爲矢雖有疾風弗之能憚故書憚或作但但言驚憚言

畏狀矢之形畏不若驚當作怛言矢輕重停勻風不能驚也其義見莊子大宗師篇子來將死妻子環泣子犁往問之曰叱避無怛化言死猶化勿驚怛之陸德明音義引考工記鄭注爲證音都達反廣雅怛憚省訓爲驚鄭注論語云憚難也似非驚廣雅失之怛一作𢙣傷也詩曰中心𢙣兮則怛兼兩義一作䩤音義同

旊人器中膞康成讀膞爲輇謂拊泥轉均封膊擬度端其器也淮南子曰一膞炭熯掇之則爛指萬石俱熯去之十步而不死蓋膞者埒之式則埒亦可名爲膞入火而熯則膞爲瓦器之埒矣（埒音普回反又芳符反）膊讀爲埏老子埏埴以爲器埏埴者埒也鶡冠子曰膞膊之土注云膊形埒削封以擬度之器又

曰合膊同根謂之宇宙合膊者器中膊之謂也膊一作専服賦曰大専槃物専讀爲鈞陶家名模下圓轉者爲鈞然則鈞専埏膊文雖異而音義皆同矣

梓人職云大胷燿後燿讀爲哨(音稍)馬融廣成頌曰鷙鳥毅蟲倨牙黔口大匈哨後然則燿一作哨音義宜然康成讀從之本其師之說也燿一作臞細小之貌與哨通臞一作臞(音衢)尒疋曰臞脙瘠也瘠則細小音殊而義同數目顧脰顧長脰貌莊子其脰肩肩或云羸小貌或云直貌故書顧作牼司農讀牼爲鬜頭無髮之鬜廣雅曰鬜(若瞎切)髡(口入切)鬝(音瞎)頌(口本口忽二切)禿也明堂位夏后氏以楬豆注云楬無飾也齊人謂無髮爲禿楬則鬜與楬音同器無文猶頭無髮其義亦同矣鬜一讀

爲閒說文從彭閒聲揚之爲閒抑之爲楬肩肩楬楬長而直也楬一作朅士喪禮朅豆兩丹壺記碧盧秃楬說文顧頭鬢少髮與鬜義同

廬人爲廬器句兵欲無彈刺兵欲無蜎說文曰僤疾也周禮句兵欲無僤僤有兩義一訓疾音但一訓動音善一作潬亦作澶一作蟺亦作蟬皆讀爲善訓爲動上林賦象輿婉僤言車之動宛潬膠盭言水之動靈光賦騰驤蜿蟺言蛟龍之動然則僤者動也先鄭讀僤爲彈掉之彈亦取動意當依說文作僤後鄭云故書彈或作僤俗誤爲但書無善本賈疏不詳貽誤後人久矣後鄭云蜎亦掉也讀若井中蟲蜎之蜎案尒疋釋魚蜎蠉注云井中小蛣蟩廣雅曰孑孓蜎也蜎即蚈秋

水篇虷蟹與科斗司馬彪云虷音寒井中赤蟲一名蜎然則蜎者水中孑孓掉尾之蟲動搖不定故曰蜎而搖之以眡其蜎蜎乃動搖之狀也勁則不動故曰橫而搖之以眡其勁賈疏謂蜎蜎擾擾然近之矣乃云井中蟲蜎從俗讀也以尒疋爲俗可乎又曰蜎蜎然均既曰蜎蜎焉得均說林訓曰孑孓爲蚉言蜎化爲蚉所謂蜎飛也訓蜎爲均誤矣孑孓卽蛣蟩文異音同字林云孑無右臂孓無左臂

明堂五室象五行祀五帝在國之陽九七爲陽明堂之數半之爲室倍之爲堂三四步四三尺者古算法也三爲實四爲法而一則每室各得七步爲修餘二步以益廣則每室各得九步爲廣以四乘三得十二尺爲二步卽廣修之較五室凡

室二筵者東西廣九筵南北修七筵廣修相減餘二筵以爲較也然則明堂五室三代同制夏度以步南北七步東西九步殷度以尋南北七尋東西九尋周度以筵南北七筵東西九筵此明堂之數半之爲室者也有室乃有堂言室而不及堂則得後而遺前顧左而失右矣前太廟後太室是明堂有前後也左个東右个西是明堂有左右也以前後分之則前修七步後修七步合之得十四步則堂修二七也以左右分之則左廣九步後廣九步合之得十八步（注差半步）則堂廣二九也此明堂之數倍之爲堂者也蓋從分其堂則左偏爲左个右偏爲右个横分其堂則外爲堂有階内爲室有戶故分之則青陽明堂太廟總章元堂爲堂木火土金水爲室合之則

前青陽後木室前明堂後火室前太廟後太室前總章後金室前元堂後水室李謐明堂制度論謂路寢有左右房明堂有左右个个者路寢之房也訓个爲房未之前聞个古介字秦誓一个臣古文一介臣故說文無个蓋今文个即古文介馬融曰間介無蹊古者士相見必有介謂之中間然則个猶間也明堂左右介者左右間也謐又謂堂之修廣當以理推而以記者爲謬非也記曰堂二室一其言甚明注者謬耳截廣補修堂方十六步廣修之較四步是四分之一也故曰廣四修一門堂亦如之堂三之二室三之一五運行大論曰黃帝坐明堂始正天綱臨觀八極考建五常五常謂五氣行天地之中者也端居正氣以候天和然則明堂五室始於黃帝矣疏五過論

曰上經下經揆度陰陽奇恒五中決以明堂蓋言人身之五中猶明堂之五室也由是察五色正五音敘五事立五倫設五官啟五門列五服作五刑皆從此出焉古者明堂之制下之潤溼弗能及上之霧露弗能入四方之風弗能襲徧覽是非周觀得失堯舜以昌桀紂以亡皆著於明堂

室中度以几堂上度以筵薛綜曰筵席也長九尺几俎也長七尺殷人重屋注云重屋複笮也賈疏以爲重檐愚謂笮讀爲格蓋復格也逸周書曰四阿反坫重亢重郎常累復格亢晁注云復格累之欂方言欂屋梠注云雀梠謂屋檐也亦呼爲連綿格即笮廣雅格謂之笮說文謂之複屋棟即今之樓

許叔重曰廟門容大扃七个闈門容小扃三个案扃說文

棼筵一丈

作鼏云以木貫鼎耳而舉之從鼎冂聲周禮廟門容大鼏七个即易玉鉉大吉也儀禮鼎設扃鼏鼏以覆扃以舉舉鼎則去鼏陳鼎則抽扃判然兩物說文一之誤矣又云鉉舉鼎也易謂之鉉禮謂之鼏案禮鼏若束若編以茅爲之非堅剛之物與鉉迥殊許氏不應錯誤至此說文冂部云冂覆也冂從鼎爲鼏則鼏非覆鼎之物乎以覆爲舉則又何說且儀禮非叔重所不見者蓋後人亂之則說文非許氏之舊信矣士冠禮注云今文扃爲鉉古文鼏爲密是以易之鉉當禮之扃所以舉鼎者也而以鼏當之可乎禮器犧尊疏布鼏注云鼏或作冪楚辭招魂作䍙傳寫之訛顏師古曰鉉爲耳扃爲關橫關之以舉鼎所以貫鉉非即鉉也易曰黃耳金鉉非扃明矣顏師古謂扃以貫鉉非即鉉也先儒合爲一

物失之其說近是並存以備攷

禮說卷十四